그래, 해답은 **성령**이다

그래, 해답은 성령이다

저자 **이병각 목사**

The Holy Spirit

도서출판 새한

저자 서문

"그래, 해답은 성령이다." 몇 년의 기다림 끝에 이 책을 출판하신 하나님께 먼저 영광을 돌리고, 이 말씀을 함께 나눈 예담교회 성도들과 출판을 맡아주신 새한기획출판부 민병문 장로님에게 감사의 말씀을 드립니다.

이 책은 2011년도 6월에 본교회 부흥사경회에서 성도들과 함께 나눈 말씀들을 토대로 주일 설교 몇 가지를 더하여 묶은 것입니다. 교회 건축과 그 후유증으로 교회가 힘들고 어려울 때, 주저앉아서 다시 일어서기 힘들 때, 생사를 알 수 없는 골짜기의 해골 떼와 같을 때, 하나님의 은혜를 사모하면서 나눈 말씀입니다. 이것 아니면 안 된다는 절박함으로 나눈 생명의 말씀입니다. 하나님이 그 때에 우리 교회에 꼭 필요한 말씀을 주셔서 감사하고, 가슴으로 말씀을 함께 나눈 성도가 있어서 감사합니다. 때론 말씀 사역이 힘들지만, 하나님과 성도 사이에서 은혜를 전달하는 사역은 세상이 모르는 즐거움과 생명이 있어 행복합니다.

강단에서 설교한 것을 묶은 책이기 때문에, 내용이나 주제에서 나타나는 약간의 중복은 넓은 아량으로 이해해 주시고, 오직 성령이 아니면 안 된다는 메시지에만 집중해 주시기 바랍니다. 성령은 우리 가슴에 와 계십니다. 가슴으로 전한 말씀이기에 가슴으로 읽어주시고, 또한 성령은 진리의 영이기 때문에 성경적인 지식으로 읽어주시기 바랍니다.

이 책은 크게 3부로 구성되었는데, 제1부에서는 성령에 관한 지식, 제2부에서는 성령으로 사는 생활, 그리고 제3부에서는 성령으로 세운 공동체를 다루었습니다. 성령을 어떻게 이해할 것인가, 성령에 대한 신학적 이해는 매우 중요합니다. 성령을 외친다고 성령이 아니고, 불로 불로는 외친다고 불이 아닙니다. 칼빈주의와 개혁주의 입장에서, 삼위일체 하나님을 믿는 입장에서 성령을 이해합니다. 경험주의나 신비주의 혹은 은사주의로 치우치지 않아야 합니다. 우로 치우치지 않아야 합니다. 반대로 성령에 무지하고, 성령을 성령으로 인정하지 않고 푸대접하는 이성주의나 합리주의도 아닙니다. 좌로 치우치지 않아야 합니다.

성령은 우리 안에 내주하시는 하나님의 영입니다. 우리를 예수 믿고 거듭나게 하고, 거듭난 후에 거룩한 삶을 살게 하고, 은사와 열매로 거룩한 능력과 축복을 주시는 영입니다. 성령을 떠나서는 살 수도 없고, 성령을 떠나서는 선한 열매를 거둘 수 없습니다. "그래, 해답은 성령이다." 백번 생각해도 성령이 아니면 그리스도인과 교회에 다른 변화가 일어날 수 없습니다.

성령은 이론이나 지식이 아니라 삶을 좌우합니다. 개인을 변화시키고 공동체를 변화시킵니다. 우리가 주의할 점은 공동체입니다. 물질주의와 진보주의, 번영신학의 거대한 파도가 몰아치는 세상에서 교회는 어떻게 존재합니까? 어떻게 세상의 유혹과 도전을 뿌리치고 교회를 지키고 하나님의 나라를 건설합니까? 오직 성령이 너희에게 임하시면 너희가 권능을 받고 예루살렘과 온 유대와 사마리아와 땅 끝까지 이르러 내 증인이 되리라. 예수님께서 제자들에게 세계 선교의 사명을 맡기면서 주신 것이 성령의 권능입니다.

한국 교회가 살아남을 수 있는 오직 한 가지 길은 성령입니다. 교회 갱신과 세계 선교는 이론이나 구호가 아니라 성령에 붙들리는 공동체가 되는가에 달려 있습니다. 한국 교회가 성령으로 다시 깨어나기를! 물질의 부유함과 성전의 크기와 성도의 숫자에 대한 자랑이 아니라, 육체의 힘이 아니라, 오직 성령의 힘으로 다시 일어나기를! 하나님이 한국 교회에 성령을 다시 부어 주시기를! 강단마다 오직 성령을 외치는 설교자와 오직 성령만을 간구하는 성도들이 넘쳐 나기를! 다시 성령으로 돌아가기를!

2016년 3월 27일 부활절에

이병각 목사

차례

저자 서문 / 5

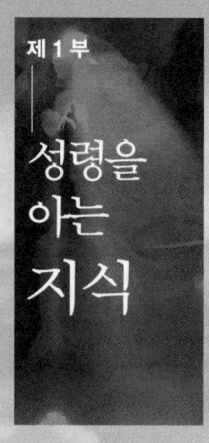

제 1 부 — 성령을 아는 지식

01. 성령을 대망하라(사도행전1:1-4) — 13
02. 성령이 교사이다(요한복음14:25-26) — 30
03. 성령의 인도를 받는 법(사도행전16:6-10) — 42
04. 성령 안에서 기도하라(에베소서6:18) — 54
05. 성령이 우리의 기도를 돕는다(로마서8:26-27) — 66
06. 오직 성령으로 충만함을 받아라(엡5:15-18) — 78
07. 오호라 나는 곤고한 사람이로다(로마서7:16-28) — 91
08. 육체의 소욕과 성령의 소욕(갈라디아서5:16-25) — 100

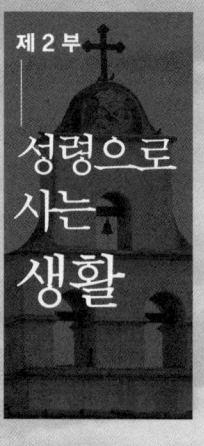

제 2 부 — 성령으로 사는 생활

09. 성령으로 거룩하라(로마서12:1-2) — 111
10. 성령이 주시는 평안(요한복음14:25-27) — 122
11. 성령이냐 돈이냐(사도행전8:14-21) — 134
12. 요셉처럼 성령이 감동한 사람(창세기41:37-45) — 143
13. 성령으로 형통하라(창세기39:1-6) — 154
14. 폭풍보다 강한 성령의 은혜(사도행전27:9-26) — 164
15. 성령은 거룩한 영이다(창세기39:7-18) — 172
16. 성령을 근심하게 하지 말라(에베소서4:25-32) — 182

17. 성령의 은사를 회복하라(사사기16:15-22) —— 191
18. 성령 충만함과 형통의 비결(삼상18:10-16) —— 200
19. 절망에서 희망으로(에스겔37:1-10) —— 210

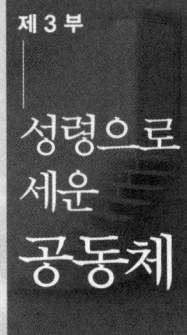

제 3 부

성령으로
세운
공동체

20. 성령으로 세운 공동체(사도행전2:43-47) —— 223
21. 성령이 역사하는 거룩한 집회(사도행전20:7-12) —— 234
22. 성령과 교회 일군(사도행전6:1-7) —— 245
23. 기도와 부흥(사도행전4:23-31) —— 253
24. 부흥과 성령 충만함(사도행전2:1-4) —— 263
25. 생수의 강(에스겔47:1-10) —— 273

제1부

성령을 아는 지식

Chapter 1

성령을 대망하라

사도행전 1:1-4

1.데오빌로여 내가 먼저 쓴 글에는 무릇 예수께서 행하시며 가르치시기를 시작하심부터 2.그가 택하신 사도들에게 성령으로 명하시고 승천하신 날까지의 일을 기록하였노라 3.그가 고난 받으신 후에 또한 그들에게 확실한 많은 증거로 친히 살아 계심을 나타내사 사십 일 동안 그들에게 보이시며 하나님 나라의 일을 말씀하시니라 4.사도와 함께 모이사 그들에게 분부하여 이르시되 예루살렘을 떠나지 말고 내게서 들은 바 아버지께서 약속하신 것을 기다리라

삼위일체에 대한 오해

우리가 믿는 하나님은 어떤 분이십니까? 우리는 삼위일체 하나님을 믿습니다. 하나님은 성부 하나님과 성자 하나님과 성령 하나님으로 계십니다. 하나님은 삼위로 계시나 한 분이신 하나님이십니다. 삼신이 아니십니다. 하나님은 그 본질과 능력과 영원하심이 같으신 한 하나님이십니다.

만일 성부 하나님, 성자 예수 그리스도, 그리고 성령이라는 말의 의미를 모른다면 혼란을 겪게 됩니다. 어느 때는 하나님이고, 어느 때는 예수님인지 헷갈립니다. 하나님을 믿는지, 예수님을 믿는지 모릅니다. 또 성령은 무엇입니까? 알려고 하면 복잡해집니다.

삼위는 혼동되지 않습니다. 성부는 성부이고, 성자는 성자이고, 성령은 성령입니다. 성부가 성자가 되거나, 성자가 성령이 되지 않습니다. 성부와 성자와 성령이 따라 모양을 달리해서 나타난다고 하는 것이 양태론적 단일신론입니다. 흔히 온도에 따라서 물과 얼음과 수증기로 나타나고, 혹은 하는 일에 따라서 집에서 아버지와 교회에서 집사와 회사에서 과장이라고 비유하는데, 다 양태론적 단일신론의 오류에서 비롯된 잘못된 비유입니다.

삼위일체에 대한 잘못된 설명은 또 있습니다. 구약은 성부의 시대, 신약은 성자의 시대, 그리고 오순절에 성령이 강림한 후에는 성령의 시대라고 합니다. 예수님이 부활 승천하신 후부터 재림하실 때까지는 성령의 시대이고, 이때에는 성부와 성자는 아무 것도 안 하고 성령만 역사한다고 합니다. 이것은 하나님의 역사를 시대별로 나누는 세대주의적 오류입니다. 삼위 하나님은 구약 시대나 신약 시대, 지금이나 미래나 언제나 함께 하십니다. 성부와 성자와 성령은 영원 전부터 영원까지 함께 하십니다.

하나님의 창조와 구원계획

삼위일체 하나님이 세상을 창조하셨습니다. 성부는 창조의 원인이시고, 성자는 창조의 중보자이십니다. 성부는 창조를 계획하신 분이시고, 성자는 영원한 말씀이십니다. 성부께서 빛이 있으라고 말씀 하시매 빛이 있었습니다. 말씀으로 하늘과 땅을 나누시고, 모든 피조물들을 만드셨습니다. 또한 성령은 성부의 계획과 성자가 말씀하시는 대로 지혜와 능력으로 창조를 실행하셨습니다. 성경은 하나님의 신이 수면에 운행하였다고 말씀합니다. 그 결과 지금의 보이는 세상이 만들어졌습니다. 눈에 보이는 세상은 성령 하나님의 작품입니다.

삼위일체 하나님은 죄로 인해 훼손된 세상을 폐기하지 않으시고 더 아름답게 회복시키십니다. 이것이 하나님의 뜻이고 주권적인 사랑입니다. 하나님이 세상을 이처럼 사랑하사 독생자를 주셨으니. 순서는 하나님의 창조와 타락, 그리고 회복입니다. 회복이 곧 구원입니다.

성부는 구원을 계획하시고 성자 하나님을 보내십니다. "하나님이 세상을 이처럼 사랑하사 독생자를 주셨으니 이는 그를 믿는 자마다 멸망하지 않고 영생을 얻게 하려 하심이라(요3:16)" 성자는 하나님의 뜻에 순종하여 세상을 구원하기 위해 인간으로 오셨습니다. 십자가에서 우리의 죄와 허물을 대신하여 고난을 받고 죽으셨습니다. 또한 삼일 만에 부활하셨고, 승천하셨으며, 하나님 보좌 우편에 앉으셨다가 장차 다시 오실 것입니다.

그리고 성령은 성자의 십자가의 구속을 우리에게 적용하십니다. 그는 우리의 믿음을 일으키시고 구원의 전 과정에 간섭하시고 십자가 구속의 효력을 나타내십니다. 성령은 하나님의 구원 계획을 구체적으로 실행하십니다. 성령의 인 치심으로 하나님의 구원이 우리 안에서 이루어집니다. "내가 너를 지명하여 불렀나니 너는 내 것이라(사43:1)."

구원이 이루어지는 순서를 구원의 서정이라 하는데, 대략적인 순서는 예정, 부르심, 중생, 회개, 믿음, 칭의, 양자, 성화, 영화입니다. 구원의 서정 전 과정에 성령이 역사합니다. 성령이 아니면 구원의 순서가 한 단계도 앞으로 나아갈 수 없습니다. 몸이 다시 사는 것과 영원히 사는 것을 믿습니다. 이러한 우리의 신앙고백의 마지막을 가능케 하는 것은 오직 성령의 역사입니다.

삼위일체 하나님

　성부 하나님과 성자 하나님과 성령 하나님의 위격은 각각 구별되나, 결코 삼신이 아니라 한 하나님이십니다. 하나라는 말은 동질이라는 뜻입니다. 그 본질과 능력과 영원하심이 같습니다. 성부 하나님의 능력과 성자의 능력, 성령의 능력이 동질입니다. 성부 하나님의 본질과 성자 하나님의 본질과 성령 하나님의 본질이 같습니다. 영원하심도 동질입니다. 성부가 영원하시고, 성자가 영원하시고, 그리고 성령이 영원하십니다.

　성부가 있는 곳에 성자가 있고, 성자가 있는 곳에 성령이 있습니다. 성부와 성자와 성령은 한 하나님이십니다. 한 번도 분리되거나 떨어진 적이 없습니다. 언제나 같이 합니다. 만약에 삼위가 조금이라도 차등하다면 삼신론이 되고, 이는 명백한 다신론적 우상숭배입니다.

　삼위일체 하나님은 단일신(one God)이 아니라 유일신(only God)입니다. 이슬람교나 유대교는 단일신을 믿습니다. 그들에게는 중보자가 되는 하나님의 아들(성자)이나 내주하시는 성령이 없습니다. 그들이 보기에 기독교의 삼위일체는 이해할 수 없는 이단 교리입니다. 기독교는 삼위로 계시면서 한 분이신 유일신을 믿습니다. 삼위는 본질과 능력과 영원하심에서 같습니다. 아버지의 것이나 아들의 것이나 성령의 것이 같습니다.

삼위일체 하나님이 성경이 말하는 하나님이십니다. 성경을 읽으면 하나님은 삼위일체임을 알게 됩니다. 삼위일체 하나님은 인간의 명상이나 철학적 사고의 산물이 아니라 하나님의 말씀에 근거한 신앙고백입니다. 삼위일체 하나님은 창조와 구원의 역동성을 잘 나타냅니다. 성부 하나님이 성자 하나님을 낳으시고, 성부와 성자가 보혜사 성령을 우리 안에 보내십니다. 거부할 수 없는 삼위 하나님의 구원 역사가 우리 안에서 이루어지는 것입니다. 삼위일체 하나님은 하나님의 하나님 되심과 하나님의 위대하심과 풍성함을 잘 드러냅니다.

결과적으로 삼위일체 하나님이 아니면 우리는 구원받지 못합니다. 설령 구원받는다 할지라도 아주 빈곤한 구원만 받을 것입니다. 삼위일체 하나님이 아니라면 하나님은 타자(Other)로 하늘 위에만 계십니다. 삼위일체 하나님이 아니라면 하나님은 우리와 상관이 없고, 우리 밖에 멀리 계십니다. 우리를 구원하기에는 너무 먼 당신입니다.

성부 하나님은 초월자이십니다. 세상을 창조하신 분이고 영원 전부터 계신 분입니다. 그런데 인간은 죄를 범함으로 하나님과 교제가 끊어졌습니다. 그리고 죄의 결과로 비참함에 떨어졌습니다. "너는 흙이니 흙으로 돌아갈 것이니라(창3:19)." 어떻게 죄인이며 피조물에 지나지 않는 우리가 하나님을 아버지로 부르며 교제할 수 있겠습니까? 죄인인 인간은 빛 가운데 거하시는 거룩하신 하나님께 한 걸음도 나아갈 수 없습니다. 죄인이 하나님의 이름을 부르면 그분의 진노만 받을 뿐입니다.

그런데 하나님의 아들 예수 그리스도가 중보자가 되심으로 죄인이 하나님 아버지께 나아갈 수 있는 길이 열렸습니다. "내가 곧 길이요 진리요 생명이니(요14:6)." 성자 예수 그리스도가 인간의 몸으로 오셔서 우리의 죄를 대신하여 십자가를 지셨습니다. 그러므로 언제라도 성자 예수 그리스도의 이름으로 성부 하나님이 계신 은혜의 보좌 앞에 나아갈 수 있습니다. 예수 그리스도의 십자가로 말미암아 하나님과 화목하고, 하나님을 감히 친 아버지라 부르게 되었으니 말로 다 할 수 없는 영광이고 축복입니다.

성령은 성부 하나님과 성자 예수 그리스도로부터 보냄 받은 영입니다. 성부와 성자에게서 끊임없이 나오시는 영이십니다. 성령은 성부가 누구이고 무슨 일을 하셨는지 우리에게 알려 주십니다. 성령은 성자 예수 그리스도가 십자가에서 행하신 구속을 알려 주십니다. 성령이 아니면 성부와 성자를 알 수 없습니다. 성령 안에서 우리는 성부와 성자를 알 수 있습니다. 그리고 성령 안에서 우리는 하나님께 합당한 영광과 존귀와 찬송을 영원토록 돌립니다.

성령은 천지를 창조하신 하나님이시며 인격적인 하나님이십니다. 막연한 힘이나 영향력이 아닙니다. 천사 같은 영적 피조물이 아닙니다. 성령은 죽은 지 삼일 만에 예수 그리스도를 다시 살리셨습니다. 성부 하나님이 예수 그리스도에게 성령을 물 붓듯 부으심으로 십자가의 구속 사역을 이루셨습니다. "이 잔을 내게서 옮기시옵소서 그러나 나의 원대로 마시옵고 아버지의 원대로 하옵소서(막14:36)." 성령은 성자에게 죽도록 충성할 힘과 부활의 능력을 공급하셨습니다.

성령은 능력의 영입니다. 거룩한 영입니다. 인격적인 하나님이십니다. 성령은 성령의 소욕을 나타내고 열매를 맺습니다. 사랑, 희락, 화평, 오래 참음, 자비, 양선, 충성, 온유, 절제 같은 것이 성령의 열매입니다. 성부 하나님과 성자 하나님을 아는 지식으로 충만해집시다. 그리고 성령 하나님을 아는 지식 또한 충만해집시다.

사도신경의 고백은 삼위일체 하나님에 대한 고백입니다. 첫째, 성부에 대한 고백입니다. 우리는 전능하셔서 천지를 만드신 하나님 아버지를 믿습니다. 둘째, 성자에 대한 고백입니다. 우리는 하나님의 외아들 예수 그리스도를 믿습니다. 그는 성령으로 잉태해서 동정녀 마리아에게서 나시고, 본디오 빌라도에게 고난을 받고 죽으셨다가 삼일만에 다시 살아나셨습니다. 셋째, 성령에 대한 고백입니다. 우리는 성령을 믿고, 거룩한 공회와 성도가 서로 교통하는 것과 몸이 다시 사는 것과 영원히 사는 것을 믿습니다. 성령은 지금부터 영원까지, 우리가 언제 어디서 무엇을 하든지 늘 함께 하십니다.

성령은 하나님의 영

성령은 하나님 아버지에게서 나오시는 영입니다. 끊임없이 계속 나옵니다. 하나님 아버지는 보좌에서 믿는 자들에게 계속해서 성령을 보내십니다.

성령은 하나님의 말씀을 계시하시는 영입니다. 모든 성경은 성령의 감동으로 된 것입니다. 예레미야는 눈물의 선지자입니다. 그는 바벨론 군대에 의해 예루살렘이 멸망당할 것이라는 예언을 하면서 많은 미움과 핍박을 받았습니다. 심지어 그를 죽이려는 자들도 있었습니다. 예레미야는 하나님의 말씀을 전하고 싶지 않았으나 전할 수밖에 없었습니다. 성령이 그에게 하나님의 말씀을 주셨기 때문입니다. "내가 다시는 전하지 여호와를 선포하지 아니하며 그 이름을 말하지 아니하리라 하면 나의 중심이 불붙는 것 같아서 골수에 사무치니 답답하여 견딜 수 없나이다(렘20:9)." 성령의 역사가 예레미야의 마음의 중심에 꺼지지 않는 불을 만들었습니다.

성령은 지혜의 영입니다. 노예로 팔린 요셉은 주인 보디발의 집에서 하는 일마다 형통함으로 가정 총무가 되었고, 나중에는 바로왕의 꿈을 해석함으로 단번에 애굽의 총리가 되었습니다. 요셉처럼 하나님의 성령이 충만한 사람이 없었습니다. 왕이 하사한 산해진미를 거부한 다니엘도 지혜와 꿈을 해석하는 성령의 은사를 받았습니다.

성령은 능력의 영입니다. 다윗은 물맷돌로 블레셋의 거인 골리앗을 쓰러뜨렸습니다. "손을 주머니에 넣어 돌을 취하며 물매로 던져 블레셋 사람의 이마를 치매 돌이 그 이마에 박히니 땅에 엎드러지니라. 다윗이 이같이 물매와 돌로 블레셋 사람을 이기고 그를 쳐 죽였으나 자기 손에는 칼이 없었더라(삼상17:49-50)." 다윗의 능력은 물맷돌이 아니라 성령에게서 나온 능력입니다. 다윗을 다윗으로 만든 것은 성령입니다.

삼손은 맨손으로 사자를 찢는 성령의 능력을 받았고, 여호와의 신에 크게 감동함으로 나귀 턱뼈 하나로 블레셋 사람 일천 명을 죽였습니다. "여호와의 신에 크게 감동되어 손에 아무 것도 없어도 그 사자를 염소 새끼를 찢음 같이 찢었도다(삿14:6)."

그런데 삼손이 나실인의 비밀을 누설하고 머리털이 밀리자 성령이 그를 떠나셨습니다. 결국 삼손은 힘을 잃고 블레셋 사람에게 붙잡혀서 두 눈이 뽑히고 연자 맷돌을 돌리는 노예 신세가 되고 말았습니다. "들릴라가 가로되 삼손이여 블레셋 사람이 당신에게 미쳤느니라 하니 삼손이 잠을 깨며 이르기를 내가 전과 같이 나가서 몸을 떨치리라 하여도 여호와께서 이미 자기를 떠나실 줄을 깨닫지 못하였더라(삿

16:20).” 성령이 떠나면 이와 같이 비참해집니다. 모든 영광과 능력이 오직 성령께 달려 있습니다. 다윗은 밧세바 사건을 눈물로 회개하면서 하나님께 간구합니다. "나를 주 앞에서 쫓아내지 마시며 주의 성령을 내게서 거두지 마소서(시51:11).”

땅에 있는 우리가 하늘에 계신 하나님께 기도합니다. 하늘에 계신 우리 아버지! 어떻게 이런 기도가 가능하겠습니까? 하늘과 땅의 차이와 단절을 무엇으로 극복하겠습니까? 성령 하나님이 우리 기도를 도우십니다. 우리가 "하나님 아버지" 라고 부를 때, 성령께서 우리를 하나님의 은혜의 보좌 앞으로 인도합니다. 시간이나 공간은 전혀 문제가 안 됩니다. 성령이 단번에 우리를 성부 하나님 은혜의 보좌 앞으로 인도하십니다. 얼마나 놀라운 일입니까!

성령은 예수 그리스도의 영

부활하시고 승천하신 예수 그리스도는 하나님 보좌 우편에 앉으셨습니다. 그리고 약속하신 보혜사 성령을 우리에게 보내셨습니다. "내가 아버지께 구하겠으니 그가 또 다른 보혜사를 너희에게 주사 영원토록 너희와 함께 있게 하리니(요14:16).” "내가 너희를 고아와 같이 버려두지 아니하고 너희에게로 돌아오리라(요14:18).”

성령은 성부 하나님이 보내는 영입니다. 그리고 성령은 영광을 받으신 예수 그리스도가 보내시는 영입니다. 예수 그리스도가 보내는 성령은 예수 그리스도가 누구인지, 그가 무슨 일을 하셨는지 알려 줍니다. 성령이 하시는 일은 예수 그리스도의 십자가의 구속을 믿게 하는 것입니다. 예수 그리스도가 우리의 죄를 대신해서 십자가에서 고난 받고 죽으셨습니다. 이것을 믿게 하시는 분이 성령입니다. 그러므로 예수 그리스도와 무관한 성령은 없습니다. 십자가 구속과 무관한 성령은 불건전한 신비주의로 빠집니다. 성령은 예수 그리스도를 마음껏 드러내십니다. 성자가 있는 곳에 성령이 있고, 성령이 있는 곳에 성자가 있습니다.

예수 그리스도가 이 땅에 오셔서 하신 일이 많습니다. 인간의 몸으로 오신 것 자체가 큰일입니다. 예수님은 세상과 인간을 창조하신 하나님인데 인간을 구원하기 위해 스스로 인간의 몸으로 이 땅에 오셨습니다. 로마의 압제를 받는 팔레스타인 나사렛에서 목수의 아들로 삼십년을 사시다가 요단강에서 요한에게 세례를 받으시고, 마침내 하나님의 나라가 임했다고 구원을 선포하셨습니다. 말씀과 함께 기적과 능력으로 하나님의 나라를 증거하시다가 십자가의 고난을 앞두고 겟세마네 동산에서 기도하셨습니다. 아버지, 이 잔을 내게서 제하여 주옵소서. 그러나 나의 원대로 마옵시고 아버지 원대로 하옵소서! 예수 그리스도는 세상 죄를 지고 가는 하나님의 어린양으로 대속의 죽음을 죽으셨습니다.

그리고 예수님은 약속대로 삼일 만에 죽은 자 가운데서 다시 살아나셨습니다. 죄와 사망을 이기시고 하늘로 승천하시고 하나님 보좌 우편에 앉으셨습니다. 나는 길이요 진리요 생명이니 나로 말미암지 않고는 아버지께로 갈 자가 없느니라. 은혜의 보좌 앞으로 나아가는 길이 활짝 열렸습니다. 중보자 예수님 때문에 하나님 아버지의 손에서 아무도 우리를 빼앗을 자가 없습니다. 예수님은 지금도 우리를 위해 기도하십니다. 누구든지 내 이름으로 구하라 그리하면 얻으리라.

예수 그리스도가 세상을 떠나 하나님 보좌 우편에 앉으심으로 우리는 버림받았습니까? 고아처럼 혼자 남았습니까? 아닙니다. 예수님은 약속대로 우리에게 보혜사 성령을 보내셨습니다. 내가 아버지께로 가면 너희에게 성령을 보내리라. "내가 너희를 고아와 같이 버려두지 아니하고 너희에게로 돌아오리라(요14:18)." 예수 그리스도가 보내신 성령은 예수 그리스도가 세상에서 계실 때 하신 일보다 더 크고 위대한 일들을 행하십니다. 더 많은 사람에게, 더 넓은 공간에, 시간을 초월해서 십자가의 구속을 적용시키십니다. 십자가의 구속의 효력을 나타내십니다. 선택 받은 모든 하나님의 자녀를 구원하고 인도하고 보호합니다. 생명을 얻되 더 풍성하게 하십니다.

성령이 아니면 그리스도인이 될 수 없습니다. 성령이 아니면 십자가의 구속을 깨닫고 믿을 수 없습니다. 성령이 주된 사역은 십자가의 구속을 우리에게 적용시키는 일입니다. 성령이 아니면 교회가 생길 수 없고, 성령이 아니면 복음 전파와 세계 선교가 이루어질 수 없습니다. "오직 성령이 너희에게 임하시면 너희가 권능을 받고 예루살렘과 온 유대와 사마리아와 땅 끝까지 이르러 내 증인이 되리라 하시니라(행1:8)."

오직 성령으로

성령을 대신할 것이 아무 것도 없습니다. 무엇으로 성령을 대신 할 수 있습니까? 승천하시기 전에 예수님은 제자들에게 성령을 받으라고 하셨습니다. "오직 성령이 너희에게 임하시면 너희가 권능을 받고 예루살렘과 온 유대와 사마리아와 땅 끝까지 이르러 내 증인이 되리라 하시니라(8절)." 하나님의 나라는 성령으로 세워집니다. 하나님의 나라는 군대나 정치나 경제의 힘으로 서는 나라가 아닙니다.

마술사 시몬은 성령의 은사를 보고 호기심이 발동했습니다. 그것이 굉장한 마술처럼 보여서 큰돈을 벌겠다고 생각했습니다. "시몬이 사도들이 안수함으로 성령을 받는 것을 보고 돈을 드려 가로되 이 권능을 내게도 주어 누구든지 내가 안수하는 사람은 성령을 받게 하여 주소서 하니(행8:18-19)." 하지만 시몬은 돈으로 성령의 은사를 사겠다고 제안했다가 사도들에게 큰 책망을 받았습니다. 너는 돈으로 망할 사람이다. 성령은 결코 돈으로 사고파는 것이 아닙니다.

성령이냐, 돈이냐? 둘 중에 하나를 택해야 합니다. 하나님과 재물을 겸하여 섬길 수 없습니다. 아무리 물질이 부유해도 성령을 대신할 수 없습니다. 나는 부자라 부족함이 없다고 자랑하던 라오디게아 교회는 책망 받았습니다. 너희는 눈멀고 벌거벗었다. 물질로 부유한 교회가 아니라 성령으로 부유한 교회가 되어야 합니다.

성령으로 충만한 초대 예루살렘 교회는 자발적으로 재산을 팔아서 가난한 성도들을 구제했습니다. 바나바가 대표적인 인물입니다. 돈보다 성령이 먼저입니다. "돈을 사랑함이 일만 악의 뿌리가 되나니(딤전6:10)." 아무리 물질이 풍요로워도 성령의 능력을 상실한 교회는 쇠퇴합니다. 세상 권력과 물질에 대한 야망을 가진 교회는 급속하게 세속화 되고 퇴락합니다. 하나님은 반드시 촛대를 옮기십니다.

북한이나 이슬람 국가에서 최악의 핍박을 받으면서도 믿음을 지키는 형제들이 있습니다. 그들의 힘은 어디서 나옵니까? 돈이 아니라 성령입니다. 성령이 충만한 교회가 환난과 핍박을 이깁니다. 그리스도인은 말세에 영적인 전쟁을 감당해야 합니다. 우리의 싸움은 혈과 육에 대한 것이 아니요 하늘의 권세 잡은 악의 영들에 대한 것입니다. "그러므로 하나님의 전신갑주를 취해야 합니다. 이는 악한 날에 너희가 능히 대적하고 모든 일을 행한 후에 서기 위함이라(엡6:13)."

그리스도의 군사는 성령의 군사입니다. 이 모든 것 위에 성령으로 무장합시다. 다윗의 물맷돌이나 모세의 지팡이는 성령이 사용하는 도구입니다. 성령이 함께 하면 물맷돌로 골리앗을 이기고, 성령이 함께 하면 지팡이로 애굽의 바로왕을 굴복시킵니다. 하나님은 약한 자를 들어서 강한 자를 물리치시고, 미련한 자를 통해서 지혜로운 자를 부끄럽게 하시고 영광을 받으십니다. 약할수록 성령을 받아야 하고, 미련할수록 더욱 성령을 받아야 합니다.

교회 부흥과 선교의 역사를 갈망한다면 성령을 대망해야 합니다. 교인의 숫자를 자랑하지 말아야 합니다. 교회 건물의 크기를 자랑하지 말아야 합니다. 성령을 자랑해야 합니다. 인간의 지식이 발달하고 문명이 발달할수록 성령의 자리가 없어지기 쉽습니다. 인간의 이성이 그 자리를 차지합니다. 하지만 성령을 무시하는 기독교는 능력과 지혜를 상실하고 역사의 뒤편으로 사라질 것입니다.

성령이 한 방울도 없으면 살았다는 이름은 있으나 죽은 자입니다. 황무지요, 사막입니다. 성령이 넘치면 푸른 초장이고 생명 시냇가입니다. 작고, 가난하고, 화려하지 않아도 좋습니다. 성령이 충만하면 진짜 그리스도인이고 진짜 교회입니다. 우리의 힘은 성령에 달려 있습니다. "겉 사람은 낡아지나 우리의 속사람은 날로 새로워지도다(고후 4:16)." 성령께서 우리의 속사람을 날마다 새롭게 하시기를 축원합니다!

성령 받기를 대망하라

성령을 기다리십시오. 성령을 대망해야 합니다. "사도와 함께 모이사 그들에게 분부하여 이르시되 예루살렘을 떠나지 말고 내게서 들은 바 아버지께서 약속하신 것을 기다리라(4절)." 성령이 아니면 구속 사역은 더 이상 진보를 이룰 수 없습니다. "오직 성령이 너희에게 임하시면 너희가 권능을 받고 온 유대와 사마리아와 땅 끝까지 이르러 내 증인이 되리라(행1:8)."

예수 그리스도가 승천하실 때 제자들에게 지상 명령을 주셨습니다. "그러므로 너희는 가서 모든 족속으로 제자를 삼아 아버지와 아들과 성령의 이름으로 세례를 주고(마28:19)." 하나님의 나라를 이 땅에 어떻게 건설할 것입니까? 오직 성령을 받아야 세계 선교의 사명을 이룹니다. 우리의 육신으로는 세계 선교를 이룰 수 없습니다.

우리가 대망하는 것이 무엇입니까? 로또 당첨입니까? 사업의 성공입니까? 수험생의 합격기원입니까? 실향민의 고향 방문입니까? 전쟁이 그치고 평화가 임하기를 바라십니까? 대망에는 다 큰 뜻이 있지만, 성령을 대망하는 것보다 더 큰 대망은 없습니다. 성령은 대망 중의 대망입니다. "예루살렘을 떠나지 말고 내게서 들은 바 아버지께서 약속하신 것을 기다리라(행1:4)." 성령을 대망해야 합니다. 성령 안에서 하나님의 나라가 임합니다.

성령이 아니면 믿는 자도 없고, 성령이 아니면 교회도 없고, 세계 선교도 없습니다. 그리스도인, 교회, 그리고 세계 선교는 성령 하나님의 작품입니다. 사도행전은 사도들의 행전이 아니라, 사도들을 통해 일하신 성령 하나님의 행전입니다. 지금도 성령 행전은 계속 됩니다.

주님이 다시 오실 때까지 성령은 계속해서 일하십니다.

우리는 천지를 만드신 하나님 아버지를 믿습니다. 우리의 죄를 대속하신 하나님의 아들 예수 그리스도를 믿습니다. 하나님 아버지와 하나님의 아들 예수 그리스도로부터 계속해서 나오시는 성령을 믿습니다. 성령은 성부와 성자에게서 끊임없이 나오시는 영이십니다. 끊임없이 받아야 합니다. 성령을 거부하거나 성령에 무관심하면 생명과 능력이 사라집니다. 성령이 아니면 하나님의 좋은 것 중에 아무 것도 얻을 수 없습니다.

참으로 건강한 사람이라면 육체가 건강해야 합니다. 정신과 마음이 건강해야 합니다. 그리고 영혼이 건강해야 합니다. 하나님이 사람을 지으실 때 흙으로 지으시고 그의 코에 생기를 불어넣으셨습니다. 성령이 임해야 살아 있는 생명입니다. 성령을 받아야 하나님과 끊어진 교제가 회복됩니다. 성령을 받아야 십자가의 복음을 감격으로 받아들입니다.

성령이 아니면 살았다는 이름은 있으나 실상은 죽은 자입니다. 겉으로는 사람 같아도 속은 생명 없는 마네킹에 지나지 않습니다. 진열대에 진열된 조형 음식물 밖에 안 됩니다. 그것들은 음식처럼 보여도 먹지 못하는 플라스틱일 뿐입니다. 골짜기의 해골 떼가 산 군대를 이루어야 합니다. 그러기 위해서는 살리는 영이신 성령을 받아야 합니다. 육으로 난 것은 육이고 영으로 난 것은 영입니다. 성령을 받지 않고는 하나님을 알 수도 없고 믿을 수도 없습니다. 우리 안에 성령의 내주하심을 확인합시다. "내가 나의 법을 그들의 속에 두며 그 마음에 기록하여 나는 그들의 하나님이 되고 그들은 내 백성이 될 것이라(렘32:33)."

성령 받기를 기도하라

　성령을 대망해야 합니다. 그렇다면 성령 받기를 기도해야 합니다. "여자들과 예수의 모친 마리아와 예수의 아우들로 더불어 마음을 같이 하여 전혀 기도에 힘쓰니라(행1:14)." "구하라 그러면 너희에게 주실 것이요 찾으라. 그러면 찾아낼 것이요 문을 두드리라 그러면 너희에게 열릴 것이니(눅11:9)." 하나님 아버지가 우리에게 가장 좋은 것 곧 성령을 주시리라.' 말로 구하고, 행동하고, 그리고 문을 열고 들어가십시오. 성령을 주실 것입니다.

　마가의 다락방에 모인 자들의 기도가 응답받았습니다. 오순절에 성령이 충만하게 임했습니다. "오순절 날이 이르매 저희가 다 같이 한 곳에 모였더니… 저희가 다 성령의 충만함을 받고 성령이 말하게 하심을 따라 다른 방언으로 말하기를 시작하니라(행2:4)." "하나님이 가라사대 말세에 내가 내 영으로 모든 육체에게 부어 주리니 너희의 자녀들은 예언할 것이요 너희의 젊은이들은 환상을 보고 너희의 늙은이들은 꿈을 꾸리라(행2:17)." 질그릇 속에 보배가 있습니다. 보배는 예수 그리스도입니다. 그리고 보배는 예수 그리스도가 보내신 우리 안에 있는 성령입니다.

　엘리야를 따르던 엘리사는 그의 영감의 갑절을 구했습니다. "건너매 엘리야가 엘리사에게 이르되 나를 네게서 데려감을 당하기 전에 내가 네게 어떻게 할지를 구하라 엘리사가 이르되 당신의 성령이 하시는 역사가 갑절이나 내게 있게 하소서 하는지라(왕하2:9)." "왜 나를 끝까지 따르느냐?"고 엘리야가 물을 때, 엘리사는 절박하게 외칩니다. "선생님의 영감을 내게 주소서!" 그는 간절히 구했습니다. 성령을 받기 전에는 포기할 수 없었습니다.

다윗이 밧세바 사건을 회개하면서 하나님께 참회의 기도를 드렸습니다. "나를 주의 앞에서 쫓아내지 마시며 주의 성신을 내게서 거두지 마소서(시51:11)." 다윗은 성령을 다시 회복해 주시기를 눈물로 구했습니다. 삼손은 블레셋 사람들에게 붙잡혀서 두 눈이 뽑히고 연자맷돌을 돌리면서 마지막으로 간구했습니다. "주 여호와여 구하옵나니 나를 생각하옵소서. 하나님이여 구하옵나니 이번만 나로 강하게 하사 블레셋 사람이 나의 두 눈을 뺀 원수를 단번에 갚게 하옵소서 하고(삿16:28)." 마지막으로 성령의 능력을 구했습니다.

구할 것을 구해야 합니다. 가장 좋은 것을 구해야 합니다. 그것이 성령입니다. 성령의 임재, 성령의 내주하심, 성령의 은사, 그리고 성령의 열매를 구해야 합니다. 이 얼마나 큰 축복입니까! 사막에도 길이 나고 황무지에도 꽃이 핍니다. 시절을 따라 열매를 맺고 생수의 강이 마르지 않습니다.

성령이여 강림하사 크신 권능 줍소서.
원하옵고 원하오니 충만하게 하소서.
힘이 없고 연약하나 엎드려서 비오니
성령 강림 하옵소서 충만하게 하소서!

성령이 교사이다

요한복음 14:25-26

25. ○내가 아직 너희와 함께 있어서 이 말을 너희에게 하였거니와 26. 보혜사 곧 아버지께서 내 이름으로 보내실 성령 그가 너희에게 모든 것을 가르치고 내가 너희에게 말한 모든 것을 생각나게 하리라

교사로 부르심

무디가 교회학교 교사를 자원했을 때, 교회는 맡길 아이들이 없다고 냉정하게 대답했습니다. 그러나 무디는 실망하지 않고 길거리로 나가서 직접 아이들을 모아서 큰 부흥을 이루었습니다. 될성부른 나무는 떡잎부터 알아봅니다. 후에 무디는 세계적인 부흥사가 되었습니다.

무디에게 비길 것이 못되지만, 저에게도 교사가 되고 신학대학원을 가면서 겪은 일들이 있습니다. 제가 제일 처음 교회에서 맡은 봉사는 여름성경학교 출석부를 담당하는 서기 보조교사였습니다. 새벽에 아이들 출석을 체크하는 일을 했습니다. 이것이 제가 교회를 다니면서 한 첫 봉사였습니다. 그 후에 중고등부 교사를 맡고 신학대학원에 입학했습니다.

어느 주일 오전, 급히 담임 목사님의 호출을 받고 사택으로 불려갔습니다. 오전 10시 경이었습니다. 목사님은 세례를 받지 않고 교사를 하는 것은 교회법으로 잘못된 것이라고 하시면서 저에게 오늘 당장 세례를 받으라고 하셨습니다. 저는 즉석에서 목사님의 세례 문답을 받고, 11시 예배 시간에 세례를 받았습니다.

문답도 간단했습니다. "예수를 구주로 영접했습니까?" "세례 교인이 되면 무슨 일을 해야 합니까?" 교인의 책임에 대해 물으셨습니다. 대답을 제대로 하지 못하고 우물쭈물 했더니, 대답을 유도하시느라 예를 드셨습니다. "교회 유리창이 깨지면 어떻게 해야 합니까?" 이번에도 대답을 못했습니다. 목사님이 급했던지 답을 알려 주셨습니다. 유리가 깨지면 교인이 헌금해서 새 유리로 갈아 끼워야 합니다. 세례를 받으면 교인의 책임을 다해야 한다고 하시면서 짧고 급한 문답을 마쳤습니다. 저는 학습 교인의 절차를 생략하고 세례를 받았습니다. 그래서 지금도 세례라고 하면 머릿속에 유리창이 강하게 떠오릅니다.

제가 교회에 처음 나갈 때 청년부 때의 일입니다. 청년부 담당 전도사님이 저에게 토요일 청년부 성경공부를 맡으라고 하셨습니다. 저는 교회 나온 지 얼마 되지 않은 초신자였고, 청년부에는 모태 신앙으로 교회를 오래 다니고 봉사하는 성숙한 그리스도인들도 많았습니다. 제가 맡을 형편이 아닌데 맡으라 하셨습니다. 이유가 있었습니다. 전도사님 댁이 망우리 근처라 한남동에 있는 교회와 거리가 멀어서 토요일에 교회 나오기 힘든 것이 제일 큰 이유였습니다. 할 수 없어서 억지로 맡긴 것이었습니다.

말이 안 되는 이유로 청년부 성경공부를 맡았는데, 신기하게도 토요일 청년부 성경공부 모임이 부흥했습니다. 많은 청년들이 참석했습니다. 성경을 잘 가르친다고 소문도 났습니다. 아마도 호기심이나 응원하는 입장에서 일부러 힘을 보태준 것 같습니다. 당시 저는 성령 체험을 하고 방언을 해서 교회를 소란스럽게 하고 담임 목사님에게 야단맞은 일종의 관심 병사였습니다. 이런 저런 상황이 청년들에게는 더 호기심으로 작용한 것 같았습니다.

그렇게 저는 대학을 졸업하고 총신대학 신학대학원에 진학해서 본 교회에서 교육전도사가 되었습니다. 돌아보면 교사의 경험과 성경공부 리더의 경험이 목회자의 소명을 확인하는데 큰 도움이 되었습니다. 성경을 공부하는 것이 즐겁고, 성경을 가르치는 것이 또한 즐거웠습니다. 나는 성경을 가르치고 해설하는 교사로 부름을 받았습니다. "시골 교회라도 좋다. 목사가 되자." 그래서 신학대학원에 입학했습니다.

말씀을 가르치라

성경을 가르치는 교사는 영혼의 교사입니다. 평생에 잘 만나야 할 사람이 셋인데, 좋은 부모를 만나야 하고, 좋은 의사를 만나야 하고, 그리고 영혼을 가르치는 성경 교사인 목자를 잘 만나야 합니다. 스승 중에 스승이 성경 교사입니다.

"그러나 너는 배우고 확신한 일에 거하라(딤후3:14)." 성경을 배우십시오. 그리고 가르치십시오. 가르치기 전에 먼저 배우는 학생이 되어야 합니다. 독초를 먹이거나 몸에 해로운 것을 먹이면 안 됩니다. 군인의 손에는 무기가 있고, 노동자의 손에는 일하는 도구가 있고, 공부하는 학생의 손에는 항상 책과 연필이 들려 있습니다. 그리고 교사의 손에는 성경이 있습니다. 성경 교사의 한 손에는 성경이 있고, 다른 한 손에는 상황이 있습니다. 성경을 읽고 그 뜻을 깨닫고, 그리고 그것을 상황에 잘 적용해야 합니다. 말씀이 삶의 원리가 되고 지침이 되어야 합니다. 말씀은 생활 속에서 빛과 소금으로 역사합니다. 기초가 잘못되면 모든 것이 한 순간에 무너집니다. 신앙의 기초는 성경입니다. 성경으로 시작해서 성경으로 끝나야 합니다.

> 나의 사랑하는 책 비록 해어졌으나
> 어머니의 무릎 위에 앉아서
> 재미있게 듣던 말 그 때 일을 지금도
> 내가 잊지 않고 기억합니다.

원로 목사님이 설교 중에 하신 말씀입니다. "요즘 성경을 안 읽고 밥 먹는 목사가 있다는데…" 얼마나 양심에 찔리는지 이 말씀만 나오면 고개를 들 수 없습니다. 목사만 그런 게 아닙니다. 성경 안 읽고 밥 먹는 교인들도 고개 들지 못하기는 마찬가지입니다. 그래도 그 말이 싫지 않습니다. 단순한 책망의 말씀이 아니라 영혼을 깨우는 말씀이기 때문입니다.

성경을 모르면서 성경을 가르친다고 하면 안 됩니다. 말씀의 은혜를 받지 않고 가르치면 세상 지식 밖에 안 됩니다. 성경이 어디에 있습니까? 성경 위에 먼지가 쌓이지 않았습니까? 성경을 마음 밖에 두지 않았습니까? 부실한 교사와 부실한 목회자는 하나님의 심판을 면할 수 없습니다. "내 형제들아 너희는 선생 된 우리가 더 큰 심판을 받을 줄 알고 선생이 되지 말라(약3:1)."

성경이 왜 거룩한 책입니까? 성경은 구원의 진리를 가르칩니다. 그리스도 안에 있는 영생을 선물합니다. "너는 네가 뉘게서 배운 것을 알며 또 네가 어려서부터 성경을 알았나니 성경은 능히 너희로 하여금 그리스도 예수 안에 있는 믿음으로 말미암아 구원에 이르는 지혜가 있게 하느니라(딤후3:15)." 구원의 진리를 가르치십시오. 성경은 창조와 타락과 십자가의 구속을 말합니다. 그리고 성령의 역사, 교회 공동체, 그리스도의 재림, 그리고 부활과 내세의 영생을 말합니다. 성경의 진리는 세상에서 얻을 수 없는 것입니다.

그리고 성경은 구원의 진리와 함께 구원 받은 후의 성도의 마땅한 삶을 가르칩니다. 그러므로 너희는 이렇게 살라. 성경을 통해 하나님의 뜻을 알아야 합니다. 어디서 길을 벗어났는지, 어떻게 고칠 것인지 성경을 통해 배워야 합니다. "모든 성경은 하나님의 감동으로 된 것으로 교훈과 책망과 바르게 함과 의로 교육하기에 유익하니 이는 하나님의 사람으로 온전케 하며 모든 선한 일을 행하기에 온전케 하려 함이니라(딤후3:16-17)."

성경이 말하는 노동을 예로 들어봅시다. 노동은 축복이자 저주입니다. 열심히 일 해서 일용할 양식을 얻는 것이 축복이고, 이마에 땀을 흘려야 하는 것은 저주입니다. 노동에는 축복도 있고 저주도 있습니다. 노동의 의미를 압시다. 직업 소명을 발견합시다. 직업은 먹고 사는 문제 그 이상입니다. 이웃을 사랑하고 하나님을 사랑하는 방편입니다. 노동은 거룩한 부름이고, 거룩한 예배입니다.

성경은 사랑과 결혼에 대해서도 가르칩니다. 부모를 떠나 둘이 한 몸을 이루라 합니다. 남편은 아내를 사랑하고, 아내는 남편에게 순종합니다. 부부는 평생 언약을 지키며 그리스도 안에서 한 몸을 이루고 삽니다. 가정의 목적은 하나님을 섬기는 것입니다. 자녀 양육도 하나님의 나라를 섬기기 위함입니다. 가정은 교회와 하나님 나라를 건설하는 기초입니다. 가족 구성원들 모두가 그리스도 안에서 장성한 분량까지 성장해야 합니다. 부부는 영적으로 평생 하나님을 섬겨야 합니다.

성경의 본문과 우리가 가지고 있는 상황은 서로 연결되어야 합니다. 성경은 '그 때' '거기서' 사건을 말하고, 우리는 '지금' '여기서' 살고 있습니다. 그 때와 지금, 거기와 여기는 서로 연결되어야 합니다. 성경 말씀을 삶에 적용해야 합니다. 적용은 두 세계의 다리를 놓는 작업입니다. 성경이 기록된 시대와 지금을 서로 연결해야 합니다. 성경은 고대 박물관에 진열된 오래된 서적이 아닙니다. 오늘의 세상은 성경과 무관한 다른 세상이 아닙니다. 성경은 다리 놓는 작업을 통해 지금도 적절하게 적용되고 경험되어집니다.

성경을 문자주의로 읽으면 안 됩니다. 문자주의는 바리새적입니다. 죽은 전통입니다. 성경을 문자로만 읽으면 오늘의 삶에 적용이 안 됩니다. 예수님도 풍성한 비유로 말씀하셨습니다. 하늘을 나는 새를 보라. 새는 주인이 없어도 잘 먹는다. 그러므로 너희는 무엇을 먹을까 염려하지 말라. 얼마나 생활 속에서 가슴에 와 닿게 말씀하십니까?

성경의 문자적 의미만 아니라, 그것이 갖고 있는 신학적 의미도 알아야 합니다. '안식일을 거룩하게 지키라.' 어떻게 지키는 것이 거룩하게 지키는 것입니까? 토요일이 안식일입니까, 주일이 안식일입니까? 이것은 신학적인 문제입니다. 토요일 안식일에서 주일로 바뀌었습니다. 우리는 예수님이 부활하신 날을 기념하여 주일을 예배의 날로 지킵니다. 초대 기독교는 주일에 예배드렸습니다. 안식교가 토요일 안식을 고집하는 것은 안식의 영적 의미를 모르기 때문입니다. 하나님은 엿새 동안 창조하시고 일곱째 날에 쉬셨습니다. 그리고 출애굽 한 후에는 애굽에서 구원받은 것을 기념하여 안식하였습니다. 창조의 안식에서 구원의 안식으로 발전했습니다. 예수님의 부활은 안식 중의 안식입니다. 죄와 사망을 이긴 것보다 더 큰 안식이 어디 있습니까?

우리의 구원은 전인격적입니다. "사랑하는 자여 네 영혼이 잘 됨과 같이 범사에 잘되고 강건하기를 간구하노라(요삼2)." 가정과 일터와 온 나라가 하나님 나라로 변합니다. 교회 안에서 고립된 섬처럼 사는 것이 아니라, 세상에 나가서 빛과 소금으로 삽니다. 그리고 하나님의 나라를 선포합니다. 예수님과 함께 하면 오락실도 갈 수 있습니다. 취미나 여가생활은 하나님이 주신 선물입니다.

근본주의도 안 됩니다. 근본주의는 축소주의의 다른 이름입니다. 원칙만 주장하다가 전체와 풍성함을 잃습니다. 현실 부적응은 잘못입니다. 단절이나 고립은 아닙니다. 우리는 예수님 안에서 생명을 얻되 풍성하게 얻습니다. 하나님은 온전하신 분입니다.

세속주의도 안 됩니다. 너희는 세상의 빛이고 소금이다. 세상에 있지만 세상에 속하지 않습니다. 세상은 하나님이 만든 아름다운 것이나, 세상에 있는 죄는 아름답지 않습니다. 하나님의 형상대로 지은 인간은 아름답지만, 타락한 인간은 하나님이 미워하십니다. 하나님의 뜻을 버리지 말아야 합니다. "너희 몸을 하나님이 기뻐하시는 거룩한 산 제물로 드리라. 너희는 이 세대를 본받지 말고 오직 마음을 새롭게 함으로 변화를 받아 하나님의 선하시고 기뻐하시고 온전하신 뜻이 무엇인지 분별하도록 하라(롬12:1,2)."

성경이 우리의 뼈가 되고 살이 되고 근육이 되고 피가 되게 해야 합니다. 하나님의 아들이 인간의 몸으로 태어나신 것처럼, 말씀이 우리 삶을 통해 세상에 드러나게 해야 합니다. "너희는 우리로 말미암아 나타난 그리스도의 편지니(고후3:3)." 세상 사람은 우리의 삶을 보고 하나님의 편지를 읽습니다. 우리를 보면 하나님의 말씀이 생각나게 해야 합니다. 우리의 삶이 하나님의 모든 것을 드러냅니다.

미우라 아야꼬는 남편이 맡긴 양복을 찾지 못해서 마음이 상했습니다. 세탁소에서 일하던 종업원이 남편 양복을 가지고 도망간 것입니다. 아야꼬는 주인에게 책임을 물어서 손해 배상을 받고 싶었지만 남편의 생각은 달랐습니다. 종업원의 잘못을 주인에게까지 묻고 싶지 않았습니다. 그 때 아야꼬의 마음을 움직인 남편의 한마디는 이것입니다. "아야꼬는 성경을 안 읽습니까? 성경대로 삽시다. 예수님은 우리 위해 당신의 목숨도 주셨는데 양복은 못 찾아도 괜찮아요." 이것이 남편의 진심이었습니다.

'들으라. 이스라엘아!' 자녀들에게 성경을 가르쳐야 합니다. 지식이 아니라 삶으로 가르치십시오. 지식이나 죽은 교리가 아니라 하나님을 경외하는 삶을 가르치십시오. "오늘날 내가 네게 명하는 이 말씀을 너는 마음에 새기고 네 자녀에게 부지런히 가르치며 집에 앉았을 때에든지 길에 행할 때에든지 누웠을 때에든지 일어날 때에든지 이 말씀을 강론한 것이며 너는 또 그것을 네 손목에 매어 기호로 삼으며 네 미간에 붙여 표를 삼고 네 집 문설주와 바깥문에 기록할찌니라(신명기6:6-9)."

손목은 행동을 의미합니다. 손목에 맨다는 말은 말씀을 따라 행동한다는 뜻입니다. 미간은 사상을 의미합니다. 미간에 붙여 표를 삼으라는 말은 말씀으로 사상을 삼으라는 뜻입니다. 집 문설주와 바깥문은 출입하는 곳입니다. 문설주와 바깥문에 기록하라는 말은 무슨 일이든지 말씀을 따라 행하라는 뜻입니다. 자녀들에게 말씀이 뼈가 되고 살이 되게 가르치십시오.

그러나 교사로 가르치기 전에 먼저 배워야 합니다. 개인적으로 성경공부를 해야 합니다. 경건 서적을 읽거나, 성경 사전이나 영상 자료를 참고해야 합니다. 경건은 이론이 아닙니다. 경건의 모양이 아니라 경건의 능력을 훈련해야 합니다. 묵상과 성경읽기와 암송과 은혜의 나눔을 통해 지속적으로 성장해야 합니다. 그룹 성경공부에 참여하고, 교회 교육 훈련 프로그램에 참여해야 합니다. 여름 내내 나무 그늘 아래서 노래하는 게으른 배짱이가 되지 말아야 합니다. 성경을 공부하고 충분히 알아야 추운 겨울을 이길 수 있습니다. 말씀은 머리에서 가슴으로, 가슴에서 손과 발로 전달되어야 합니다. 몸의 구석구석까지 전달되어서 피가 되고 살이 됩니다. 말씀이 내 삶의 습관이 되고 양식이 되어야 합니다. 이것이 진정한 생명입니다. 성경은 생명의 말씀입니다.

성령이 교사이다

참 교사는 임명장이나 교사라는 직책만으로 되지 않습니다. 머리 끝부터 발끝까지 성경으로 무장해도 참 교사가 되기에는 부족합니다. 말씀과 함께 성령의 역사가 있어야 참 교사가 됩니다. "보혜사 곧 아버지께서 내 이름으로 보내실 성령 그가 너희에게 모든 것을 가르치시고 내가 너희에게 말한 모든 것을 생각나게 하시리라(26절)." 보혜사 성령이 성경을 가르칩니다. 성령이 교사이시고, 교사는 성령의 인격적인 도구입니다. 성령의 가르침을 받을 때 참 교사가 됩니다.

다메섹으로 가던 바울이 부활하신 그리스도를 만났습니다. 바울은 정오에 하늘에게 빛나는 밝은 빛을 보고 그 자리에서 쓰러졌습니다. "당신은 누구십니까?" "나는 네가 핍박하는 예수다." 바울은 죽은 줄로 알았던 예수가 자기에게 나타난 것을 보고 큰 충격을 받았습니다. 눈을 뜰 수가 없었습니다. 그리고 즉각 회심하고 선포했습니다. "예수는 살아나셨습니다. 예수는 지금 살아 계십니다. 예수는 메시아이십니다."

우리는 바울처럼 극적인 체험을 할 수 없으나 바울처럼 성령을 받고 변할 수 있습니다. 예수를 믿으면 성령을 받고, 성령을 받으면 복음을 깨닫고, 모든 성경을 믿게 됩니다. 바울이 빌립보에서 복음을 전할 때 강가에서 말씀을 전했습니다. 그 때 루디아가 말씀을 듣고 구원 받았습니다. 성령이 루디아의 마음을 열어서 복음을 듣게 했습니다. 루디아의 집이 가정교회가 되고, 그 교회가 유럽 교회의 모태가 되었습니다.

예수를 믿고 안 믿고는 우리의 의지가 아니라 성령의 역사에 달려 있습니다. 믿고 구원 받은 후에 영적인 성장도 성령에 달려 있습니다. 말씀을 깨닫고 말씀대로 살아가는 것은 성령에 달려 있습니다. 성령이 충만하고 성령에 순종할 때 진정한 성장과 부흥이 일어납니다. 성령의 조명이 아니면 성경을 깨닫지도 못하고 가르치지도 못합니다.

가롯 유다는 예수님을 3년 반이나 따라 다닌 제자입니다. 그런데 그가 예수님을 은 30에 팔았습니다. 그는 예수님이 친히 발을 씻긴

제자입니다. 그런데 왜 배교자가 되었습니까? 성령의 역사가 없었기 때문입니다. 발람은 돈에 매수당해서 나귀 타고 이스라엘 백성을 저주하러 갔습니다. 천사가 칼을 들고 길을 막았습니다. 나귀는 더 이상 나아갈 수 없었습니다. 발람은 멈춰 서는 나귀에게 화를 내면서 채찍으로 때렸습니다. 왜 발람은 길을 가로 막고 칼을 든 천사를 보지 못했습니까? 영적인 눈이 감겼기 때문입니다. 자기가 무슨 일을 하는지 모릅니다. 돈에 매수당해서 이스라엘 백성을 저주하러 갔습니다. 성령의 역사가 없으면 흑암 그 자체입니다. 나귀에게 책망 받는 짐승보다 못한 인간이 됩니다.

성령은 일반은총과 특별은총을 다 같이 베푸십니다. 일반 은총도 성령의 것이고, 특별 은총도 성령의 것입니다. 양심은 일반 은총의 하나입니다. 비록 죄를 깨닫고 하나님 앞에 회개하지는 못해도 양심대로 살려고 하는 마음은 성령의 역사입니다. 이런 성령이 역사가 없으면 세상은 비 양심으로 가득할 것이고, 당장에 사탄의 세상이 되고 세상은 종말을 고하게 될 것입니다. 모든 선한 것이 다 하나님의 성령으로부터 나옵니다. 하나님이 지으신 모든 것이 아름답습니다. 그리고 그것은 성령의 작품입니다. "주 하나님 지으신 모든 세계 내 마음 속에 그리어볼 때 하늘의 별 울려 퍼지는 뇌성 주님의 솜씨 노래하도다."

성령은 양심이나 자연계에 역사할 뿐 아니라 더 특별하게 역사합니다. 바로 인간의 내면과 영혼에 임하시는 것입니다. 성령은 특별은총을 베푸십니다. 죄를 깨닫게 하시고, 예수 그리스도의 십자가의 대속을 믿게 하십니다. 믿음으로 하나님의 자녀로 거듭나게 합니다. 성령은 자연 계시만 아니라 하나님의 특별 계시를 나타내십니다. 성령이 하나님의 말씀을 기록하고, 성령이 말씀을 깨닫게 하십니다. 성령이 친히 교사가 되어 말씀을 가르칩니다.

무디가 왜 탁월한 교사입니까? 성령이 해답입니다. 말씀을 가르치고 선포하는 성령의 은사가 임했기 때문입니다. 초대 예루살렘 교회가 큰 부흥을 이루었습니다. 말씀을 가르치고 기도하고 교제하고 전도했습니다. 왜 이런 역사가 나타났습니까? 성령의 임재 때문입니다. 성령이 해답입니다. 성령이 아니면 부흥이 없고, 성령이 아니면 말씀이 없습니다. 또한 입을 열 수도, 영혼을 변화시킬 수 없습니다.

성령으로 가르친다는 말은 불건전한 신비주의를 의미하지 않습니다. 방언으로 성경 말씀을 대신하지 않습니다. 인간의 이성이 성령을 대신하지 않습니다. 오직 성령이 말씀하시고, 성령이 가르치시고, 성령이 깨닫게 하십니다. 교육 환경보다 성령이 우선입니다. 시설이 문제가 아닙니다. 재정이 문제가 아닙니다. 영상이나 다른 보조 자료보다 성령이 우선입니다. 이전에 비하면 지금의 교회는 가진 것이 많습니다. 사치스럽고 호화롭습니다. 그럼에도 불구하고 드러나고 있는 교회의 위기는 바로 말씀의 위기이고, 말씀의 위기는 곧 성령의 위기입니다.

열정과 확신이 없습니까? 성령의 생기가 없는 말씀은 죽은 말씀입니다. 성령으로 가르치십시오. 교회학교의 부흥은 말씀과 성령으로만 해결됩니다. 광야 길을 가던 이스라엘 백성에게 구름기둥과 불기둥이 있었던 것처럼, 우리에게는 말씀과 성령의 두 기둥이 필요합니다.

 Chapter

성령의 인도를 받는 법

사도행전 16:6-10

6. ○성령이 아시아에서 말씀을 전하지 못하게 하시거늘 그들이 브루기아와 갈라디아 땅으로 다녀가 7. 무시아 앞에 이르러 비두니아로 가고자 애쓰되 예수의 영이 허락하지 아니하시는지라 8. 무시아를 지나 드로아로 내려갔는데 9. 밤에 환상이 바울에게 보이니 마게도냐 사람 하나가 서서 그에게 청하여 이르되 마게도냐로 건너와서 우리를 도우라 하거늘 10. 바울이 그 환상을 보았을 때 우리가 곧 마게도냐로 떠나기를 힘쓰니 이는 하나님이 저 사람들에게 복음을 전하라고 우리를 부르신 줄로 인정함이러라

성령의 인도

바울은 2차 전도여행 중에 아시아 선교를 계획했으나 성령이 그것을 허락하지 않았습니다. "성령이 아시아에서 말씀을 전하지 못하게 하시거늘(행16:6)." 말씀을 전하지 못하게 하는 것이 무슨 말일까요? 구체적으로 어떻게 선교를 막았는지는 모르지만, 몸의 질병이나 여러 상황으로 선교를 못하게 된 것 같습니다. 꿈이나 환상으로 막았을 수도 있고, 유대인의 반대와 주변의 좋지 않은 환경으로 막았을 수도 있습니다. 분명한 것은 성령이 바울의 아시아 선교를 막은 것입니다.

바울은 아시아 선교를 고집했으나 이번에는 무시아 앞에 이르러 비두니아로 가고자 할 때 다시 예수의 영이 선교의 길을 막았습니다(행16:7). 예수의 영은 성령에 대한 다른 이름입니다. 성령이 선교의

길을 막았습니다. 비로소 바울은 아시아에서 선교를 더 하는 것이 하나님의 뜻이 아님을 알았습니다. 바울같이 유능하고 헌신적인 선교사도 성령의 인도가 없으면 한 걸음도 나아갈 수 없습니다. 복음을 전하는 선한 일도 우리 맘대로 하는 것 아닙니다. 오직 성령의 인도함을 받아야 합니다.

성령의 인도가 무엇입니까? 성령은 예수를 구주로 영접하는 순간부터 우리 안에 내주하십니다. 성령은 하나님 아버지가 보낸 영이고, 부활하시고 승천하셔서 하나님 보좌 우편에 앉으신 예수 그리스도가 보낸 영입니다. 성령의 인도는 곧 하나님의 인도이고, 예수 그리스도의 인도입니다. 성령은 예수를 처음 믿은 그 날부터 천국에 무사히 들어가는 날까지 우리 안에서 우리를 책임지고 인도합니다. 성령은 우리 안에서 우리와 인격적인 교제를 나눕니다. 우리의 마음과 생각과 행동을 주관합니다. 성령은 당신의 소욕을 강력하게 나타내심으로 육체의 소욕을 다스립니다. 성령은 성령의 뜻대로 우리를 인도하고 다스립니다.

성령의 주된 관심사가 무엇입니까? 하나님의 뜻과 계획을 우리 안에서 이루는 것입니다. 그것은 우리가 예수를 믿고 하나님의 자녀가 되는 것입니다. 성령의 관심사는 우리의 구원입니다. 그리고 성령은 이미 시작된 구원을 마지막까지 책임집니다. 믿게 하고, 믿음을 계속 유지하게 하고, 믿음이 성장하도록 합니다. 이것을 성도의 견인이라고 합니다. 더 정확하게는 하나님의 견인입니다. 부족하고 연약하고 미련한 우리를 하나님이 책임지고 천국까지 인도합니다.

성령의 관심사는 성령의 풍성한 열매를 맺는 것입니다. 성령은 우리가 마귀의 자녀처럼 사는 것을 좋아하지 않습니다. 어둠의 생활은 지난 날로 족합니다. 이제는 우리에게 빛이 임했습니다. 천국 시민답게 살아야 합니다. 의인은 일곱 번 넘어져도 여덟 번째 다시 일어납니다. 성령은 우리 안에서 시작하신 일을 끝 날까지 이루십니다. 그리고 우리의 소원이 아니라 성령의 소원이 우리 안에서 이루어집니다.

성령의 인도를 받으려면, 성령의 인도와 성령의 인도가 아닌 것을 구분해야 합니다. 성령은 잠깐 반짝거리다가 어둠 속으로 사라지는 도깨비불이 아닙니다. 성령의 인도는 늘 신실하고 변함이 없이 우리와 함께 합니다. 언제나 그 자리에 있습니다. 환상이나 환청은 성령의 인도가 아닙니다. 비이성적이고, 비인격적이고, 비상식적인 것이 성령의 인도가 아닙니다. 비이성적, 비인격적, 비상식적일수록 더 성령의 역사라는 주장은 억지입니다. 적반하장입니다. 천사를 가장한 마귀의 역사입니다. 성령의 인도는 불건전한 신비주의의 다른 이름이 아닙니다. 성령의 인도에 대한 잘못된 생각이나 불건전한 편견을 버려야 합니다.

성령은 인격입니다. 우리와 건전한 교제를 나누는 우리 안에 계신 하나님이십니다. 환상이나 환청 같은 특별한 방법을 사용할 수도 있지만 대개는 말씀을 통해 공개적으로 당신의 뜻을 드러내십니다. 하나님은 광야 길을 걷는 이스라엘 백성을 구름기둥과 불기둥으로 인도하셨습니다. 여기서 구름기둥은 말씀이고 불기둥은 성령입니다. 성령은 말씀을 사용해서 우리의 가는 길을 인도합니다. 또한 성령은 보혜사입니다. 성령은 여호와의 보내심을 받고 우리 안에 내주하시는 목자입니다. 우리를 가르치고 인도하고 다스립니다. "보혜사 곧 아버지께서 내 이름으로 보내는 성령 그가 너희에게 말한 모든 것을 생각나게 하시리라(요14:26)."

성령의 인도를 받는 법

첫째, 성령은 말씀을 통해 인도합니다. 성경에 우리를 인도하시는 성령의 뜻이 자세히 기록되어 있습니다. 어떤 일이 있을 때, 우리는 옳고 그름을 판단해야 합니다. 이것이 옳은지 아닌지 고민해야 합니다. 성경을 펴서 읽으시기 바랍니다. 성령의 인도를 주관적이라고 생각하지만 사실은 객관적인 것이 훨씬 앞섭니다. 신비한 뜻보다 드러낸 뜻이 99%입니다.

성령의 인도는 비공개가 아니라 공개적입니다. 성령의 인도는 럭비공처럼 불규칙으로 튀지 않습니다. 공포한대로 예상한대로 인도합니다. 누구에게는 이렇게 말하고 누구에게는 저렇게 말하지 않습니다. 여기서는 이렇게 말하고 다른 곳에서는 저렇게 말하면서 말을 바꾸지 않습니다. 언제 어디서 누구에게나 일정하게 말씀을 통해 인도하십니다.

말씀을 통해 성령의 인도함을 받는 예를 들어봅시다. "누구와 결혼할 것인가?" 성경은 결혼에 대해서 어떻게 말씀합니까? 빛과 어두움이 한 멍에를 맬 수 없습니다. 불신자는 결혼 대상이 아닙니다. 사랑과 순종으로 하나 될 수 있는가를 확인해야 합니다. "나는 정말 배우자를 사랑하는가? 정말 신뢰하는가? 부모를 떠날 준비는 되었는가?" 결혼함으로 하나님과 이웃을 사랑해야 합니다. 배우자와 함께 교회를 잘 섬겨야 합니다. 이것이 성경의 결혼관입니다. "이 사람이 나의 배우자입니까?" 하나님의 신비한 뜻을 묻기 전에, 먼저 성경이 말하는 것부터 대답해야 합니다. 이것이 성령의 인도입니다.

육체의 정욕은 참기 어려운 유혹입니다. 다윗도 밧세바를 범하는 죄를 지었습니다. 과연 성령은 이런 상황에서 어떻게 인도하실까? 계명을 생각해야 합니다. 간음하지 말아야 합니다. 요셉은 주인 보디발의 아내의 집요한 동침 유혹을 거절했습니다. 아무도 없는 날, 주인의 아내는 요셉의 겉옷을 붙잡으며 동침하자고 할 때 요셉은 단호하게 뿌리쳤습니다. 요셉은 하나님과 주인 앞에서 이런 큰 죄악을 범할 수 없었습니다. 결국 그는 겉옷이 벗어지도록 이 여주인의 손을 뿌리치고 그 자리를 피했습니다. 이것이 성령의 인도입니다. 순결해야 합니다. 동침할까 말까를 고민하지 말아야 합니다. 성경이 말씀하시면 단순하게 순종해야 합니다. 힘을 다 해 순종해야 합니다. 성령은 이미 뜻을 정해 놓고 우리가 따르기만을 기다리십니다.

"어느 교회가 좋은 교회이며, 어느 교회를 섬길 것입니까?" 교회 선택은 성도들에게 중요한 결정이고 또한 고민거리입니다. 건물이 크고 성도가 많으면 좋아 보입니다. 사람이 많은 데에는 뭔가 이유가 있습니다. 혹 아는 사람이 있으면 마음이 편하다는 생각이 들고, 유명한 사람이 다닌다면 호기심이 생기기도 합니다. 이왕이면 다홍치마입니다. 그러나 사람의 보기에 좋은 것보다 성령이 원하는 교회를 택해야 합니다. 성령이 원하는 교회가 어떤 교회인지 성경에 분명히 기록되었습니다. "내가 이 반석 위에 교회를 세우리니 음부의 권세가 이기지 못하리라(마16:18)." 반석은 십자가의 복음입니다. 복음이 바르게 선포되고 있는지 확인해야 합니다.

그리고 교회는 그리스도의 몸입니다. 잘 지어진 집입니다. 개인이 아니라 공동체입니다. 그리스도가 머리이고, 모든 이들이 지체입니다. 교회는 예수를 믿는 한 사람 한 사람이 모여서 이루어집니다. 은사대로 직분을 감당하고, 형제의 사랑으로 하나가 되고, 전도와 선교의 명령을 수행하면서 하나님의 나라를 건설하면 좋은 교회입니다.

또한 교회의 사명을 다하면 좋은 교회입니다. 이런 교회는 하나님의 목적을 이루는 교회입니다. 예배, 교제, 양육, 봉사, 그리고 전도와 선교가 이루어지면 좋은 교회입니다. 구원받은 성도를 잘 훈련하고, 천국 일군으로 양성하면 훌륭한 교회입니다. 성령이 역사하고 거룩한 성화의 역사를 이룬다면 좋은 교회입니다. 우리끼리 좋아하는 것이 아니라 불신자들을 향하여 나아가는 교회, 땅 끝까지 가서 복음을 전하는 교회가 좋은 교회입니다. 인간적으로 고민할 것 없습니다.

둘째, 성령은 믿음을 따라 인도합니다. 옳고 그름의 문제가 우선이고, 그 다음은 믿음의 문제입니다. 옳고 그름은 성경에 기록된 객관적인 진리의 문제이고, 믿음은 성경의 진리를 믿는 주관적인 신뢰의 문제입니다.

그러면 어떻게 믿음을 얻습니까? 하나님께 엎드려 기도해야 합니다. 성령의 인도를 구합시다. 하나님의 뜻이라면 믿읍시다. 그리고 일어나서 즉시로 순종합시다. 하나님의 뜻을 머리로 알고 마음으로 믿지 않으면 성령의 인도함을 받지 못합니다. 믿는다 하면서 반신반의하고 망설이면 성령의 인도함을 받지 못합니다. 믿고 행해야 합니다.

하나님이 아브라함을 부르셨습니다. 갈대아 우르를 떠나서 내가 네게 지시할 땅으로 가라. 아브라함은 말씀에 순종하여 가나안으로 갔습니다. 갈 바를 알지 못하고 나아갔습니다. 처음부터 가나안을 알고 간 것은 아니지만, 가나안에 도착했을 때 그 땅이 하나님이 지시하신 땅임을 알게 되었습니다. 하나님이 지시하는 땅이 정답입니다. 믿음으로 순종해서 가십시다.

믿는 사람과 결혼해야 합니다. 불신자와의 결혼은 아닙니다. 그렇다면 좀 더 구체적으로 믿는 사람 중에 누구와 결혼해야 합니까? 성경에 그 이름을 밝히지 않습니다. 어떤 동네, 어느 집으로 이사해야 합니까? 성경을 아무리 읽어도 구체적으로 밝히지 않지만 하나님의 뜻과 계획은 분명히 있습니다. 참새 한 마리가 날고 떨어지는 것이 하나님의 섭리입니다. 우리는 하나님의 섭리를 믿습니다. 하나님이 생사화복의 주관자이심을 믿습니다.

어디로 갈 것입니까? 바울은 드로아에서 기도하는 중에 마케도냐인의 환상을 보고 유럽으로 건너갔습니다. 그 환상에서 마케도냐인은 건너 와서 우리를 도와라고 말합니다. 그리고 바울은 이 사람의 간청을 하나님의 뜻으로 믿고 나아갔습니다. 말씀을 펴십시오. 그리고 엎드려 기도해야 합니다. 또한 일어나 행해야 합니다. 기도 외에는 마음의 확신을 얻을 방법이 달리 없습니다. "아무 것도 염려하지 말고 오직 기도와 간구로 너희 구할 것을 감사함으로 하나님께 아뢰라. 그리하면 하나님의 평강이 네 마음과 생각을 지키시리라(빌4:6)."

충분히 기도하면 확신이 생깁니다. 성경에 기록하지 않은 세밀한 부분까지 성령의 인도를 받습니다. 예수님이 열두 제자를 뽑을 때 밤을 새워 기도하셨습니다. 신적 지식으로 열두 명을 단번에 뽑을 수도 있지만, 철야 기도를 통해 응답받았습니다. 하지만 우리에게는 예수님 같은 신적인 지식도 없습니다. 오직 기도 밖에는 성령의 음성을 들을 다른 길이 없습니다.

에스라는 예루살렘으로 귀환하는 길의 평탄함을 위해 금식하여 기도했습니다. "때에 내가 아하와강 가에서 금식을 선포하고 우리 하나님 앞에서 스스로 겸비하여 우리와 우리 어린 것과 모든 소유를 위하여 평탄한 길을 그에게 간구하였으니(에스라8:21)."

느헤미야는 무너진 예루살렘 성벽을 재건할 마음이 있었습니다. 페르시아의 술관원장인 느헤미야가 어떻게 그 일을 할 것입니까? 술관원장을 그만 두어야 합니다. 왕의 허락을 받아야 합니다. 그리고 성벽 재건에 필요한 모든 것이 있어야 합니다. 하지만 그에게는 아무 것도 손에 잡히는 것이 없었습니다. 오직 마음에 예루살렘 재건에 대한 열망만 불탈 뿐이었습니다. 그러나 그것으로 족했습니다. 왜냐하면 성령이 인도하시기 때문입니다.

느헤미야는 6개월 이상 금식하여 기도하다가 왕에게 자기 뜻을 말했습니다. 그것은 목숨을 건 도박입니다. 만일 왕이 기뻐하면 뜻을 이룰 것이나, 왕이 거부하면 목숨을 잃을지도 모릅니다. 그러나 왕은 기쁘게 느헤미야의 청을 들어줄 뿐 아니라, 성벽 재건에 필요한 모든 것도 도왔습니다. 예루살렘으로 돌아가는 길의 안전을 위한 군사와 성벽 재건에 필요한 나무, 그리고 성벽 재건을 허락한다는 왕의 행정 증서도 얻었습니다.

어떻게 이렇게 완벽한 준비가 이루어질 수 있습니까? 기도한 만큼 성령이 예비하신 길로 인도합니다. 기도만큼 우리의 눈이 열립니다. 아람 군대가 도단성을 포위했을 때 엘리사는 하나님이 보낸 불 말과 불 병거를 보았으나 그의 종은 아무 것도 보지 못했습니다. 믿음만큼, 성령의 역사만큼 눈이 열립니다. 하나님의 영광을 봅니다.

우리의 가는 길이 평탄할지 혹 위험할지 우리는 모릅니다. 평탄한 길을 달라고 기도할 뿐입니다. 그러면 믿음대로 될 것입니다. 아무리 험할 길이라도 하나님의 뜻이 있고, 하나님의 뜻이라면 하나님이 감당할 힘을 주십니다. 요셉은 형들의 미움으로 노예로 팔려서 험한 길을 걸었지만 성령의 인도를 따라 애굽의 총리가 되었습니다. 요나는 다시스로 가는 배를 타고 배 밑층에 내려가서 잠을 자다가 풍랑에 잠을 깼습니다. 그는 제비뽑기에 걸려서 바다로 던져졌고, 큰 물고기 뱃속에 들어갔습니다. 성령의 인도를 거역하던 요나를 기다리는 곳은 물고기 뱃속이었습니다.

셋째, 성령의 인도함을 받으려면 주변의 환경, 여건, 정보, 자료 등을 잘 검토해야 합니다. 성경은 성령의 감동으로 기록되었습니다. 우리는 성경의 영감을 믿습니다. 기계적인 영감이 아니라 유기적인 영감을 믿습니다. 기계적인 영감은 마치 받아쓰기를 하듯 하나님이 불러주시는 대로 받아 기록했다는 것이고, 유기적인 영감은 기록자의 성품과 경험과 자료와 구전까지 참고하면서 성령의 영감으로 기록했다는 것입니다. 기계적인 영감은 눈 감았다가 눈 뜨니까 성경이 필사하듯 기록되었다는 것이고, 유기적인 영감은 교육과 사상과 단어 하나의 선택을 위해 오랜 시간과 준비가 필요했다는 것입니다.

모세가 사용한 '언약'이라는 단어는 성경에서 제일 중요한 핵심어입니다. 성경은 언약서입니다. 모세는 당시 흔히 쓰이는 계약 관계에서 '언약'이라는 단어를 선택하게 되었습니다. 언약은 모세가 창작한 단어가 아니라 당시 근동 지방에서 널리 사용되는 단어입니다. 종주와 피종주의 관계에서 사용되던 언약 개념이 하나님과 하나님의 백성의 관계를 설명하는 배경이 되었습니다. 구약은 오래된 언약이고, 신약은 새 언약입니다. 언약은 하나님과 우리 사이의 상호 관계를 설명하는 단어입니다. 하나님께 충성하면 하나님이 당신의 백성을 책임지십니다.

바울은 이방인을 위한 하나님의 택한 그릇입니다. 이방인을 위한 사도입니다. 그는 다소 출신입니다. 헬라어와 헬라 철학을 공부했고 로마시민권자입니다. 다른 유대인에게 없는 헬라적인 요소가 그에게 많았습니다. 바울이 이방인의 사도로 부르심을 받은 것을 확신할 수 있는 증거입니다. 바울은 아시아 선교가 막히자 드로아에서 기도했습니다. 그리고 마케도냐 사람이 건너와서 도와 달라는 환상을 보고 즉시 유럽으로 건너갔습니다. 드로아는 아시아와 유럽을 연결하는 항구입니다. 드로아가 아니었다면 바울이 그 환상을 보고 아시아를 포기하고 유럽으로 건너가는데 망설임이 있었을 것입니다. 그러나 드로아였기에 아시아에서 유럽으로 건너가는 것은 큰 문제가 안 되었습니다. 그래서 그는 즉시 순종하여 유럽으로 갔습니다.

교회에 필요한 물품을 구입할 때 어떻게 하십니까? 성경의 계시나 기도만으로 될 일이 아닙니다. 그것은 성경에 기록되지 않았고, 또한 기도한다고 하나님이 무슨 제품명까지 알려주시지는 않습니다. 무엇이 필요한지, 어디서 구매할 것인지, 어떻게 관리할 것인지는 우리가 꼼꼼히 생각해야 합니다. 거기에 성령의 인도가 있습니다.

배우자의 선택도 마찬가지입니다. 믿는 사람이어야 합니다. 기도 중에 그 사람이 배우자라는 확신이 있어야 합니다. 그리고 상당 기간의 교제를 통해 직접 상대방을 확인해야 합니다. 또한 그 사람의 성격이나 장단점을 충분히 알아야 합니다. 이삭은 얼굴도 모르는 리브가를 신부로 맞이해서 잘 살았고, 야곱은 라헬을 사랑함으로 결혼 지참금으로 14년이나 무임으로 일하고 결혼했습니다. 7년이 언제 지났는지 모르게 열렬하게 연애했습니다. 이삭은 중매 결혼했고 야곱은 연애 결혼했습니다. 야곱의 결혼도 하나님의 인도하심이 있었습니다.

사업을 하면 이익을 얻어야 합니다. 무슨 사업을 하든지 성령의 인도를 받으면 실패가 없습니다. 사업이 성경적인가 먼저 검토합니다. 다음은 기도해서 확신과 허락을 얻습니다. 그리고 사업이 성공할 요인들을 검토해야 합니다. 사양 사업은 안 됩니다. 경쟁이 심한 레드 오션 보다 경쟁이 없고 새로운 장을 여는 블루 오션이 좋습니다. 죽기 아니면 살기라는 경쟁보다, 상생하는 사업이 좋습니다. 햄버거 사업은 음식 사업이 아니라 부동산 사업입니다. 햄버거를 맛있게 잘 만드는 것도 중요하지만 햄버거를 파는 위치가 중요합니다. 첫째도 위치, 둘째도 위치, 셋째도 위치라고 했습니다. 참고해야 합니다. 안 보이는 뒷골목보다 사람의 출입이 잦은 자리가 하나님이 주신 햄버거 가게입니다.

직장을 선택할 때에도 성경적인 직업인지 먼저 물어야 합니다. 우상을 섬기거나 남에게 해를 주는 직업은 안 됩니다. 죄를 지으면서 돈을 벌어서는 안 됩니다. 그리고 나의 재능과 은사를 확인해야 합니다. 내가 하고 싶은 일이나 남들 보다 잘 할 수 있는 일을 찾아야 합니다. 나의 스타일에 맞아야 합니다. 일 중심인지 사람 중심인지, 내 스타일을 찾아야 합니다. 기도원에 가서 응답받는 것도 중요하지만, 견문을 넓히고 정보와 안목을 갖고 현장을 확인하는 것도 중요합니다. 직업에서 인턴십은 매우 중요합니다.

성령의 인도를 받으려면 기도하는 무릎과 현실을 직시하는 통찰력이 함께 필요합니다. 주관적인 확신과 함께 객관적인 검증이 필요합니다. 훌륭한 설교자는 한 손에 성경, 다른 손에 그 날의 신문을 든다고 합니다. 성경 본문도 중요하지만, 본문을 적용할 상황을 잘 파악하는 것도 성경만큼이나 중요합니다.

성령의 인도를 받으려면 오직 성령에게 모든 것을 맡겨야 합니다. 성경을 깨닫는 것도 성령의 역사이고, 기도하는 것도 성령의 역사입니다. 정보와 환경과 현실을 통찰하는 것도 성령의 역사입니다. 눈을 감으면 앞이 안 보이지만 눈을 뜨면 보입니다. 귀가 막히면 안 들리지만 귀가 열리면 성령의 세미한 음성도 들립니다.

죄인이 회개해서 예수를 믿는 것도 성령의 역사이고, 경찰이 죄인을 체포하는 것도 성령의 역사입니다. 믿는 자가 구제하는 것도 성령의 역사이고, 불신자가 남을 구제하는 것도 본인은 모르지만 역시 성령의 역사입니다. 기도해서 직접 병을 고치는 것도 성령의 역사이고, 병원에서 현대의학을 통해 고치는 것도 일반은총으로 역사하는 성령의 역사입니다.

성령의 내면적인 역사입니까, 아니면 겉으로 나타나는 역사입니까? 일시적인 유익만 있습니까, 아니면 지속적인 유익이 있습니까? 내면의 영혼까지 변화시킵니까, 아니면 양심과 도덕의 일부만 변화시킵니까? 겉으로 보기에는 같아도 속은 다릅니다. 차이가 납니다. 성령의 역사에서 깊이나 넓이나 효력의 정도가 다릅니다. 모든 선한 것은 하나님의 역사입니다. 성령이 주시는 선물입니다. 버릴 것이 하나도 없습니다. 성령의 역사 중의 역사는 말씀과 기도와 분별력에 있습니다. "하나님, 우리에게 성령의 역사를 날마다 허락하소서."

성령이여 그 음성을 항상 들려 줍소서.
내 마음은 정했어요. 변치 말게 하소서.

 Chapter

성령 안에서 기도하라

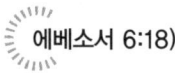 에베소서 6:18)

18. 모든 기도와 간구를 하되 항상 성령 안에서 기도하고 이를 위하여 깨어 구하기를 항상 힘쓰며 여러 성도를 위하여 구하라

항상 기도하라

"모든 기도와 간구를 하되 항상 성령 안에서 기도하고(18절)." 이 말씀은 기도를 어떻게 할 것인가를 가르쳐줍니다. 주목할 단어는 '모든', '항상', '힘쓰며' 입니다. '모든' 은 무슨 일을 만나든지 기도하라는 말이고, '항상' 은 언제나 기도하라는 말입니다. '힘쓰며' 는 마음을 다하고 힘을 다하고 뜻을 다하여 전심으로 기도하라는 말입니다.

왜 모든 일에, 항상, 힘써 기도해야 합니까? 기도할 일이 많기 때문입니다. "이 세상에 근심된 일이 많고 참 평안을 몰랐구나. 이 세상에 곤고한 일이 많고 참 쉬는 날 없었구나. 이 세상에 죄악 된 일이 많고 참 죽을 일 쌓였구나." 근심되고, 곤고하고, 죄악 된 일이 많아서 기도할 것 밖에 없습니다.

지금은 말세입니다. 문명이 발달해서 생활은 편리해졌지만 하나님을 대적하는 일이 하늘을 찌를 듯합니다. 먹든지 마시든지 무엇을 하든지 하나님의 영광을 위해서 일해야 하는데 그 반대입니다. 마치

소돔성이나 노아 시대와 같이, 먹고 마시고 시집가고 장가가는데 정신이 없습니다. "만물이 마지막이 가까웠으니 그러므로 너희는 정신을 차리고 근신하여 기도하라(벧전4:7)." 정신을 차리십시오. 잠을 깨십시오. 기도하지 않으면 영혼이 혼미합니다. 선악을 구분하지 못합니다. 하나님의 뜻과 우리의 뜻, 하나님의 일과 사단의 일을 구분하지 못합니다.

맑은 공기를 마시면 정신이 맑아지듯이 기도하면 영혼이 맑아집니다. 영적으로 맑아져야 하나님을 바로 섬길 수 있습니다. 군대 귀신 들린 사람이 소리 지르고 자해하고 옷을 벗고 무덤 가운데 거하고 있었습니다. 그는 영적으로 완전히 파탄 났습니다. 기도하지 않으면 우리도 그 군대귀신 들린 자와 다를 바가 없습니다.

제자들은 예수님의 약속대로 다락방에 모여 성령 받기를 기도했습니다. 오순절에 성령이 그들에게 임했습니다. "예루살렘을 떠나지 말고 내게 들은바 아버지의 약속하신 것을 기다리라. 여자들과 예수의 모친 마리아와 예수의 아우들로 더불어 마음을 같이하여 전혀 기도에 힘쓰니라(행1:14)."

예수님이 제자들에게 깨어 기도할 것을 명령하셨습니다. "제자들에게 오사 그 자는 것을 보시고 베드로에게 말씀하시되 너희가 나와 함께 한 시 동안도 깨어 있을 수 없더냐. 시험에 들지 않게 깨어 있어 기도하라. 마음에는 원이로되 육신이 약하도다 하시고(마26:40-41)." 제자는 하루아침에 되는 것이 아닙니다. 날마다 자기를 부인하고, 자기 십자가를 지고 주님을 좇아야 합니다. 깨어 기도하지 않고는 제자가 될 수 없습니다. 베드로가 주님을 부인한 것처럼, 우리도 깨어 기도하지 않으면 언제라도 주님을 부인할 수 있습니다. 데마는 세상을 사랑하여 바울을 버리고 데살로니가로 갔고, 롯의 아내는 세상을 사랑하여 멸망하는 소돔성을 뒤돌아보다가 소금기둥이 되었습니다. 누구든지 기도하지 않으면 언제라도 세상으로 돌아가고 맙니다.

유대인들은 하루 세 번 삼시, 육시, 그리고 구시에 기도했습니다. 다니엘도 하루 세 번 예루살렘을 향하여 열린 창에서 기도했습니다. 다니엘은 다른 신에게 기도하면 사자 굴에 던진다는 왕의 명령을 알고도 기도하던 습관대로 기도했습니다. 그 결과 다니엘은 사자 굴에 던져졌습니다. 그래서 다니엘은 사자의 밥이 되어서 죽었습니까? 아닙니다. 아무 일도 없었습니다. 하나님이 천사를 보내서 사자의 입을 봉함으로 다니엘은 사자 굴에서 무사히 살아났습니다. 한 번의 기도로 능력을 나타낸 것이 아니고, 하루 세 번 날마다 드린 기도가 다니엘을 사자의 입에서 구했습니다.

영적 전쟁에 승리하려면 기도해야 합니다. "끝으로 너희가 주 안에서와 그 힘의 능력으로 강건하여지고 마귀의 간계를 능히 대적하기 위하여 하나님의 전신갑주를 입으라. 우리의 씨름은 혈과 육을 상대하는 것이 아니요 통치자들과 권세들과 이 어둠의 세상 주관자들과 하늘에 있는 악의 영들을 상대함이라. 그러므로 하나님의 전신갑주를 취하라(엡6:10-12)."

애굽에서 해방된 이스라엘이 르비딤에서 아말렉과 전쟁을 합니다. 이것은 이스라엘이 겪은 첫 전쟁입니다. 군대도 조직되지 않았고 제대로 된 무기도 없습니다. 여호수아가 군대를 이끌고 전쟁터에 나가 싸우고 모세는 산에 올라가서 손을 들어 기도를 합니다. 모세가 기도하면 이기고, 모세의 손이 피곤하여 내려오면 집니다. 아론과 훌이 모세의 손이 내려오지 않도록 붙잡았습니다. 이스라엘은 모세의 기도의 힘으로 전쟁에 승리했습니다.

마귀를 이기는 길은 기도 밖에 없습니다. 변화산에서 내려온 예수님에게 귀신들린 아이를 데려왔습니다. 제자들은 고치지 못한 이 아이를 예수님은 단번에 귀신을 쫓아내어 고치셨습니다. 제자들이 예수님께 그 비결을 물었습니다. "주님, 우리는 왜 이 아이를 고치지 못했습니까?" 이에 대한 예수님의 대답은 명쾌합니다. "기도 외에는 이런 유가 나갈 수 없느니라." 기도의 능력 밖에는 귀신을 쫓아낼 다른 능력이 없습니다. 예수님이 변화산에 올라가서 기도하실 때, 산 아래 있던 제자들은 사람들과 함께 여러 가지 일에 분주해서 기도하지 못했던 것입니다.

우리와 예수님의 차이가 무엇입니까? 예수님은 하나님의 아들임에도 불구하고 우리보다 항상 더 많이 기도하셨습니다. 우리는 보잘 것 없는 인간임에도 불구하고 기도하는데 게으릅니다. 예수님은 새벽 미명에 일어나 한적한 곳에 나가서 기도했습니다. 밤을 새워 기도할 때도 있었습니다. 때로는 금식하여 기도했습니다. 기도는 어렵지 않습니다. "하늘에 계신 우리 아버지!" 이렇게 부르기만 하면 됩니다. 우리는 기도 없이 살 수 없습니다. 기도는 영혼의 호흡입니다. "하나님, 우리에게 기도의 영을 주옵소서."

성령 안에서 기도하라

항상 기도해야 합니다. 어떻게 항상 기도할 수 있습니까? 기도하고 싶은 마음은 있어도 기도의 무릎을 꿇기가 어렵고, 기도할 마음은 있어도 기도할 시간과 장소를 찾기가 쉽지 않습니다. 기도하지 않는 데에는 여러 가지 이유가 있습니다. '모든 일'에, '항상', '힘써' 기도해야 합니다. 기도하는 비밀이 무엇입니까? 성령에 달려 있습니다. 성령 안에서 기도하는 것입니다.

오후 찬양예배 시간에 있었던 일입니다. 그 날 대표 기도는 찬양대 지휘자 순서였는데, 그는 미혼인 남자 대학생 청년이었습니다. 기도가 부담스러우면 기도 못한다고 말하고 빠지면 되는데 기도한다고 일어섰습니다. 다 눈을 감고 기도하기를 기다렸습니다.

한참 시간이 지나도 아무 말이 없습니다. 분위기가 이상합니다. 답답합니다. 걱정됩니다. 불안합니다. 갑자기 당황해서 기도의 문이 막혔을까? 기다리는 시간이 지날수록 불안감은 커집니다. 드디어 긴 침묵을 깨고 기도가 시작되었습니다. "하늘에 계신 우리 아버지여." 그리고 또 침묵의 시간이 지났습니다. "이름이 거룩히 여김을 받으시오며." 어디서 많이 듣던 기도입니다. 주기도문입니다. 주기도문을 다 마치고 기도가 끝났습니다. 상당히 긴 시간이었습니다. 이렇게 주기도문을 천천히 하기는 처음입니다. 주기도문으로 대표 기도를 한 것은 그 때가 처음이고 나중에도 다시 본적이 없습니다.

그 기도가 잘한 것인지 못한 것인지 어떻게 판단하겠습니까? 기도문을 암송한 것이라면 대표 기도로 문제가 있고, 그렇지 않고 정말 성령께서 시키신 기도였다면 주기도문보다 더 훌륭한 기도는 없을 것입니다. 무엇이 진실인지는 기도를 들으신 하나님만 아실 것입니다. 기도는 입으로 하는 것이 아니라 마음으로 하는 것이고, 생각으로 하는 것이 아니라 성령의 도움으로 하는 것입니다. 기도문은 참고할 필요가 있지만, 기도문을 그대로 반복해서는 안 됩니다. 자발적으로 마음에서 우러나는 기도를 해야 합니다. 이런 기도가 성령께서 시키시는 기도입니다.

성령은 말로 다 할 수 없는 탄식으로 우리 안에서 우리를 대신해서 기도합니다. 우리 안에 계신 성령이 하시는 일 중에 기도만큼 크고 거룩한 일이 없습니다. 하늘에 계신 우리 아버지여! 이렇게 하나님을 부르는 것은 성령의 위대한 역사입니다. 세상에 있는 우리를 단번에 하나님 보좌 앞으로 데리고 갑니다. 하나님은 하나님이시고, 우리는 각자 사용하는 언어가 있습니다. 별다른 통역 없이 하나님 앞에 우리 언어로 기도하게 하시는 성령은 위대한 통역자입니다. 인간의 말을 하나님이 알아듣는 언어로 바꾸시는 위대한 통역자입니다.

과연 성령 안에서 기도한다는 말이 무슨 뜻입니까? 흔히 방언으로 하는 기도가 성령으로 하는 기도라고 생각하는데 그건 오해입니다. 방언은 방언이고 기도는 기도입니다. 기도 중에 방언으로 하는 기도가 있습니다. 방언은 성령이 시키는 기도 중의 지극히 일부입니다.

성령이 모든 기도를 시킵니다. 방언으로 하지 않는 기도 중에도 성령 안에서 하는 기도가 많습니다. 모세의 기도, 한나의 기도, 마리아의 기도는 다 방언 기도가 아닙니다. 모든 사람이 알아듣는 말로 한 기도입니다. 오히려 방언으로 하는 기도 중에 성령의 은사로 하지 않은 기도가 있을 수 있습니다. 악령이 시키는 방언인지, 인간이 꾸며낸 방언인지 누가 알겠습니까? 방언 기도는 마음의 열매를 맺지 못합니다. 자기가 하는 기도이지만 무슨 뜻인지 모릅니다. 방언할 때 통역이 있어야 합니다. 통역할 때에는 바른 통역인지 알려주는 영들 분별하는 사람이 있어야 합니다. 기도의 핵심은 방언이 아니라 성령으로 하는 기도입니다. 성령의 도움으로 기도해야 합니다. 그것이 방언일 수 있지만, 대개는 방언이 아닙니다.

　기도의 생명은 성령에 달려 있습니다. 기도 소리가 얼마나 큰가는 문제가 아닙니다. 한나는 소리를 내지 않고 입술만 움직였습니다. 엘리는 소리 내지 않고 기도하는 한나를 술 취한 여자라고 오해했지만, 한나는 성령에 사로잡혀서 자기의 마음의 슬픔을 쏟아내는 신령한 기도를 드렸습니다.

　기도의 시간도 문제가 아닙니다. 얼마나 오래 하는가도 중요하지 않습니다. 엘리야의 기도는 짧고 간결했습니다. "여호와 하나님, 불을 내려 주소서!" 또한 예수님의 "이 잔을 내게서 옮기시옵소서. 그러나 내 원대로 마옵시고 아버지 원대로 하옵소서!" "아버지, 저들의 죄를 용서하소서." 이러한 기도는 짧지만 성령으로 하는 기도입니다.

　얼마나 유창하게 하는가. 표현력도 문제가 아닙니다. 어눌한 한 마디라도 좋습니다. 투박한 기도가 더 성령으로 하는 기도입니다. 삼손이 죽기 전에 마지막으로 기도합니다. "한번만 힘을 주사 원수를 갚게 하옵소서." 이스라엘의 사사의 사명을 외면하던 삼손이 죽기 전에 회개하고 최후의 기도드렸습니다. 이스라엘의 사사로서 영광스러운 순교를 간구하는 삼손의 기도는 성령이 시키는 기도입니다.

　성령이 시키는 기도는 나를 위하지 아니하고 하나님을 위합니다. 육신의 것을 구하지 아니하고 신령한 것을 구합니다. 성령이 시키는 기도는 신비한 체험을 구하거나 현실 밖에 것을 구하지 않습니다. 하나님의 뜻이 이 땅에 이루어지기를 구합니다.

　이사야 선지자는 웃시야 왕이 죽던 해에 나라 걱정에 성전에 들어가서 기도하다가 하나님의 영광을 체험했습니다. 보좌에 앉으신 여호와 하나님의 옷자락이 성전에까지 흘려 내렸습니다. 그리고 천군 천사들이 찬송했습니다. "거룩하다! 거룩하다! 거룩하다!" 웃사야왕은 죽어도 하나님은 살아계십니다. 여전히 만왕의 왕이십니다. 이스라엘은 하나님을 배반해도 천군 천사는 끊임없이 하나님을 찬송하고 하나님을 섬깁니다. 하나님의 영광을 보는 것이 성령으로 기도하는 것입니다. 현실을 외면하고 피하는 것이 아니라, 주님의 뜻을 이루는데 기꺼이 몸을 내 놓습니다. "주여 내가 여기 있나이다. 나를 보내소서." 하나님의 부르심에 기꺼이 순종하는 것이 성령으로 하는 기도입니다.

성령 안에서 하는 기도는 회개하는 기도입니다. 입술로 하는 형식적인 회개가 아니라 마음속에서 하는 회개가 진정한 회개입니다. 다윗이 밧세바 사건으로 고통을 받다가 나단 선지자의 책망을 받고 회개합니다. "하나님이여 내 속에 정한 마음을 창조하시고 내 안에 정직한 영을 새롭게 하소서. 나를 주 앞에서 쫓아내지 마시며 주의 성신을 내게서 거두지 마소서(시51:10-11)." 다윗은 자신의 죄를 숨기고 은폐하려 했습니다. 완전 범죄를 꿈꾸고 밧세바의 남편이며 충성된 군인인 우리아를 고의로 죽게 했습니다. 그런데 성령의 역사로 다윗이 회개의 기도를 드리게 됩니다. "내가 토설치 아니할 때에 종일 신음함으로 내 뼈가 쇠하였도다(시32:3)." 이것이 성령 안에서 기도하는 것입니다.

나 행한 것 죄 뿐이니 주 예수께 비옵기는
나의 몸과 나의 맘을 깨끗하게 하옵소서.
물 가지고 날 씻든지 불 가지고 태우든지
내 안과 밖 다 닦으사 내 모든 죄 멸하소서.

성령 안에서 하는 기도는 하나님과 교통하는 기도입니다. 하나님과 우리 사이에 거리는 멉니다. 하늘과 땅 차이라고 하지만, 그것보다 천만 배 더 크고 멉니다. 이것은 양적인 거리가 아니라 질적인 거리입니다. 하나님은 하늘에 계시고, 우리는 땅에 있습니다. 하나님은 영원하시고 우리는 하루살이와 같습니다. 우리의 생각은 하나님의 생각에 전혀 미치지 못합니다. 그런데 우리가 어떻게 기도할 수 있습니까? 바로 성령 안에서 기도합니다. 하나님 아버지의 이름을 부르는 순간 성령께서 우리를 하나님 보좌 앞으로 인도합니다. 우리의 말을 하나님이 다 알아듣도록 성령이 탄식하여 아룁니다. 예수 그리스도가 십자가에 흘린 피로 우리 기도를 중보 합니다. 예수 그리스도가 우리의 기도를 받아서 당신의 이름으로 아버지께 올립니다. 이것이 하나님과 교통하는 기도입니다. 무엇이 우리의 기도를 가로 막겠습니까? 어떤 것도 막을 수 없습니다.

옛날에는 중요한 소식을 알릴 때 말을 타고 가서 알리거사 봉화대에서 연기를 피워서 알렸습니다. 통신 기술이 발달한 지금은 유선 전화가 있고, 손 안에 스마트폰이 있어서 언제 어느 때나 누구와도 통화할 수 있습니다. 하지만 아무리 발달한 통신 수단이라도 하나님과 교통할 수 없습니다. 그런데 성령께서 우리 기도를 하나님께 연결합니다. 이것이 언제, 어디서, 무슨 일을 당해도 하나님께 기도할 수 있는 이유입니다. 성령으로 기도하는 것입니다.

바울은 빌립보 감옥에 갇혀서 찬송하고 기도했습니다. 로마 감옥에서 빌립보 교회를 위해 기도했습니다. 부모 자식 간에도 소식이 단절되고, 한 집에서 살면서 말을 하지 않고 지내는데, 성령 안에서 하늘에 계신 하나님을 마음껏 부를 수 있습니다. 옥상 창고에서도 기도하고, 개집 안에서도 기도하고, 지하철이나 승용차 안에서도 기도합니다. 이것이 성령 안에서 하는 기도입니다.

성령의 뜻대로 기도하라

육신으로 하는 기도와 성령으로 하는 기도는 다릅니다. 성분이 다르고 내용이 다릅니다. 육신으로 하는 기도는 주로 육신을 위해 간구합니다. 무엇을 먹을지, 무엇을 마실지, 무엇을 입을지를 구합니다. 이것은 이방인의 기도와 다를 바가 없습니다. 하나님께 구하기는 하지만 우상에게 구하는 것과 별 차이가 없습니다. 성령으로 하는 기도는 성령의 소원을 아룁니다. 내 뜻이 아니라 하나님의 뜻을 구합니다. "그런즉 너희는 먼저 그의 나라와 그의 의를 구하라. 그리하면 이 모든 것을 너희에게 더하시리라(마6:33)."

우리 안에는 육체의 소욕도 있고 성령의 소욕도 있습니다. 이 둘은 치열한 다툼을 합니다. 갈등합니다. "육체의 일은 현저하니 곧 음행과 더러운 것과 호색과 우상숭배와 술수와 원수를 맺는 것과 분쟁과 시기와 분냄과 당 짓는 것과 분리함과 이단과 투기와 술 취함과 방탕함과 또 그와 같은 것들이라(갈6:18-21)." 성령으로 기도하면 육체의 소욕은 줄어들고 성령의 소욕은 늘어납니다. "오직 성령의 열매는 사랑과 희락과 화평과 오래 참음과 자비와 양선과 충성과 온유와 절제니 이 같은 것을 금지할 법이 없느니라(갈5:22-23)."

성령으로 기도하면 기도의 문이 열립니다. 끊임없이 기도의 영이 그 안에서 솟아납니다. 반면에 육체로 기도하면 금방 기도의 문이 닫

합니다. 기도는 육체의 힘으로 하는 웅변이나 언변이 아니라 성령께서 예수 그리스도의 이름으로 성부 하나님께 드리는 탄식입니다. 많이 가진 자는 더 많이 가지고 적게 가진 자는 있는 것도 빼앗깁니다. 성령으로 기도해야 평생에 기도의 문이 막히지 않습니다. 기도의 샘이 솟아 납니다.

성령으로 기도하면 여러 성도를 위해 기도합니다. 혈육은 혈육만 생각하고 성령은 성령 안에 있는 모든 형제와 교회 공동체를 생각합니다. 육신의 거리가 문제가 아닙니다. 외국에 나가 있어도 전화도 되고 인터넷도 됩니다. 얼마든지 수시로 대화할 수 있습니다. 영상 통화도 됩니다. 한 집에 살아도 마음의 문을 닫으면 말이 안 통합니다. 둘이 한 몸을 이룬 부부도 다툼이 있으면 보름이고 한 달이고 말을 하지 않습니다.

성령은 언제나 하나님의 가족을 생각합니다. 우리는 예수 안에 한 가족입니다. 예수 그리스도는 머리이고 우리는 한 지체입니다. 손과 발과 코와 귀와 눈이 한 몸입니다. 그리스도 안에서 하나이고, 성령 안에서 하나입니다. 한 성령을 받았습니다. 성령 안에서 기도하면 온 교회를 위해 중보기도 합니다. 목사님과 선교사님을 위해 기도하고, 몸이 아픈 분이나 실직으로 경제적 어려움을 당하는 분, 사고로 고통을 당하는 분, 믿음이 연약하여 흔들리는 연약한 지체를 위해 기도합니다. 나와 우리 가족만 위해서가 아니라, 모든 형제와 교회를 위해 기도하면 그것이 성령으로 드리는 기도입니다.

성령으로 기도하면 전도와 선교를 위해 기도합니다. "또 나를 위하여 구할 것은 내게 말씀을 주사 나로 입을 벌려 복음의 비밀을 담대히 알리게 하옵소서 할 것이니(엡6:19)." 성령은 복음 전파를 제일 먼저 생각합니다. "오직 성령이 너희에게 임하시면 너희가 권능을 받고 예루살렘과 온 유대와 사마리아와 땅 끝까지 이르러 내 증인이 되리라(행1:8)."

바울은 드로아에서 아시아 선교가 막혀서 하나님께 기도했습니다. 마케도냐 사람이 환상 중에 나타나서 건너와서 우리를 도우라는 환상을 보고, 바울은 아시아 선교를 포기하고 유럽으로 갔습니다. 아시아 선교를 고집하는 것은 육신이고, 유럽 선교에 순종하는 것은 성령의 역사입니다. 그 결과 바울은 더 많은 사람에게, 더 넓은 곳에서 복음을 마음껏 증거합니다. 이것보다 더 성령으로 하는 기도가 어디 있겠습니까?

요나는 니느웨로 가서 하나님의 말씀을 전하라는 명령을 어기고 다시스로 가는 배를 탔습니다. 요나는 육신적인 사람입니다. 회개하고 구원받은 니느웨에 좌우를 분별하지 못한 자가 12만 명이나 됩니다. 요나는 이들의 구원보다 박 넝쿨의 잎사귀를 더 사랑했습니다.

성령으로 기도해야 합니다. 니느웨를 구원해야 합니다. 유럽으로 건너가서 복음을 전해야 합니다. 천하보다 귀한 한 영혼입니다. "강권하여 데려다 내 집을 채우라." 바울은 로마를 보기 위해, 푯대를 향하여 날마다 기도하면서 나아갔습니다. 성령 안에서 기도하면 로마를 볼 것이고, 육체로 기도하면 지금 여기가 좋사오니 하고 여기 주저앉을 것입니다.

Chapter

성령이 우리의 기도를 돕는다

로마서 8:26-27

26. ○이와 같이 성령도 우리의 연약함을 도우시나니 우리는 마땅히 기도할 바를 알지 못하나 오직 성령이 말할 수 없는 탄식으로 우리를 위하여 친히 간구하시느니라 27. 마음을 살피시는 이가 성령의 생각을 아시나니 이는 성령이 하나님의 뜻대로 성도를 위하여 간구하심이니라

우리 안에 계신 성령

　우리는 하나님을 믿습니다. 하나님은 창조주이고, 우리의 생사화복을 주관하시는 분입니다. 하나님은 범죄 한 인간을 구원하십니다. 인간 중에는 의인이 하나도 없습니다. 하나님이 당신의 독생자 예수 그리스도를 세상에 보내서 십자가에서 고난 받고 죽게 하심으로 우리를 구속하셨습니다. 죄를 회개하고 예수 그리스도를 구주로 영접해야 합니다. 십자가의 대속을 믿는 자는 의롭다 함을 받습니다.
　예수를 영접하면 보혜사 성령을 받습니다. 그리고 성령이 우리 안에 내재합니다. 영원토록 내주합니다. 우리는 성령의 전입니다. 성령의 임재를 경험하며 성령 안에서 하나님과 깊은 영적 교제를 누립니다. 기쁠 때 성령과 함께 기뻐하고, 슬플 때 성령과 함께 슬퍼합니다. 성령은 인격적인 하나님이십니다.

성령이 우리를 인도합니다. 낮에는 구름기둥으로, 밤에는 불기둥으로 이스라엘을 인도하신 하나님이 우리를 말씀과 성령으로 인도하십니다. 성령의 역사는 구름기둥이나 불기둥 보다 더 강력합니다. 우리 안에서 불 같이 역사합니다. 더 지속적입니다. 지금부터 천국에 이를 때까지 영원토록 인도합니다. "네가 물 가운데로 지날 때에 내가 함께 할 것이라. 강을 건널 때에 물이 침몰치 못할 것이며 네가 불 가운데로 행할 때에 타지도 아니할 것이요 불꽃이 너를 사르지도 못하리니(사43:2)." 순례자의 모든 것은 성령께 달렸습니다.

성령이여 그 음성을 항상 들려주소서.
내 마음은 정했어요 변치 말게 하소서.

성령이 아니면 기도할 수 없다

기도하고 싶은데 기도가 안 됩니다. 기도하긴 하는데 기도가 막막합니다. 왜 그럴까요? 기도는 우리 안에 계신 성령의 도움으로 이루어집니다. 성령이 도우면 기도하고, 성령이 돕지 않으면 마음에는 원이지만 기도가 안 됩니다. 해답은 성령에 있습니다. "이와 같이 성령도 우리 연약함을 도우시나니 우리는 마땅히 기도할 바를 알지 못하나 오직 성령이 말할 수 없는 탄식으로 우리를 위하여 친히 간구하느니라(롬8:26)."

우리의 마음속에 누가 계십니까? 성령이 계십니다. 예수 그리스도가 보낸 보혜사 성령이 우리의 기도를 돕습니다. 성령이 우리를 하나님 보좌 앞으로 인도합니다. "하나님 아버지!" 하고, 기도의 문을 여는 것은 성령입니다. 기도를 실제적으로 돕는 분은 성령이고, 하나님 아버지께 기도를 중보하시는 분은 하나님의 아들 예수 그리스도입니다.

히스기야는 죽고 살지 못한다는 이사야 선지자의 말씀을 듣고 얼굴을 벽으로 향하여 기도했습니다. 기도에 전념했습니다. 눈물을 흘리며 통곡하여 기도했습니다. 히스기야가 기도한 것이 아니라, 그 안에 계신 성령이 시키는 대로 기도했습니다.

바울은 드로아에서 선교의 문이 막히자 답답했습니다. "너는 이방인을 위한 나의 택한 그릇이라." 그런데 왜 하나님이 부탁하신 선교가 막히는지 이해할 수 없습니다. 영적인 침체에 빠졌습니다. 바울은 기도 중에 마케도니아 사람이 나타나서, "건너와서 우리를 도우라"고 말하는 환상을 보았습니다. 바울은 아시아를 고집하지 않고 즉시 순종함으로 유럽으로 건너갔습니다. 바울은 빌립보 감옥에 갇혔을 때, 한 밤 중에 일어나 찬송하고 기도했습니다. 손과 발이 묶이고, 매를 맞아서 피를 흘렸습니다. 그는 이 상황에서 기도할 정신이 아닌데도 기도했습니다. 어떻게 상처 난 몸으로 깊은 감옥에서 한 밤 중에 일어나서 기도하고 찬송할 수 있습니까?

그는 성령이 시키는 대로 순종했습니다. 바울이 한 것이 아니고, 바울 안에 있는 성령이 하신 일입니다. 바울을 바울 되게 한 것은 바울의 열심이나 헌신이 아니라, 그의 안에서 기도를 돕는 성령입니다. 바울은 성령의 사람입니다. 성령으로 기도하고, 성령으로 행했습니다. 성령이 우리의 기도를 돕고 계십니까? 이것이 문제입니다.

왜 우리의 기도는 성령의 도움을 받아야 합니까? 첫째, 우리의 기도는 이기적이기 때문입니다. 성령이 아니면 나만을 위해 기도합니다. 나를 위하지 아니하고, 먼저 그의 나라와 그의 의를 구해야 합니다. 그런데 이방인처럼 의식주만 구합니다. 그것도 욕심스럽게 구합니다. "많이 주세요. 더 많이 주세요. 남들에게는 주지 말고 나에게만 주세요." 이건 마귀에게 속한 기도입니다. 우리가 기도하는 것 중에 천국의 쓰레기통에 들어갈 것이 많습니다. 우리는 아굴의 잠언을 기억해야 합니다. "나로 가난하게도 마옵시고 부하게도 마옵시고 오직 필요한 양식으로 네게 주시옵소서. 혹시 내가 배불러서 여호와가 누구냐 할까 하오며 혹시 내가 가난하여 도적질하고 내 하나님의 이름을 욕되게 할까 두려워 하리이다(욥30:8-9)."

사람은 육신적으로 이기적이지만, 영적으로도 이기적입니다. 하나님이 세상을 이처럼 사랑하사 독생자를 주셨으니. 하나님의 사랑은 아가페의 사랑입니다. 원수까지도 사랑합니다. 우리 기도도 마땅히 이런 사랑을 구해야 하는데 현실은 그렇지 못합니다. 요나는 니느웨로 가서 하나님 말씀을 전하라는 명령을 받고 다시스로 도망갔습니다. 큰 물고기 뱃속에서 들어가서 죽게 되자 서원했습니다. "내가 주의 목전에서 쫓겨났을지라도 다시 주의 성전을 바라보겠다 하였나이다(욘2:4)." 한번만 살려 주시면 니느웨로 가서 하나님 말씀을 전하겠습니다. 요나는 회개하고 니느웨로 가서 말씀을 전했습니다.

그러나 막상 니느웨 사람들이 회개하고 구원받는 것을 보자 마음이 기쁘지 않았습니다. 하나님은 요나에게 시원한 박 넝쿨을 주셨습니다. 요나는 박 넝쿨이 시원한 그늘을 만들면 기뻐하고, 벌레가 박 넝쿨을 먹어서 그늘이 없어지면 덥다고 짜증내고 불평했습니다. 그의 이러한 모습은 매우 육신적이고 감각적입니다. 요나에게는 니느웨의 구원받은 12만 명은 작은 일이고, 그늘을 가리는 박 넝쿨이 시드는 일이 큰일이었습니다. 요나는 얼마나 육신적이고 이기적입니까? 얼마나 배타적이고 독선적입니까?

하나님의 나라가 임하고, 뜻이 하늘에서 이룬 것 같이 땅에서도 이루어지게 기도합시다. 가족 구원을 위해 기도합시다. 이웃을 위해 중보기도 합시다. 교회와 민족을 위하여, 세계 선교를 위하여 기도합시다. 성령이 아니면 이런 기도를 할 수 없습니다.

둘째, 우리의 통찰력이 부족하기 때문에 성령의 도움으로 기도해야 합니다. 그렇지 않으면 우리 기도는 육신적이고 인간적인 것으로 가득 찰 것입니다.

바울에게는 사단의 가시 같은 질병이 있어서 그가 세 번이나 고쳐 달라고 하나님께 기도했지만 하나님은 그의 기도를 듣지 아니하셨습니다. 내 은혜가 네게 족하다. 바울은 질병으로 인하여 더 겸손해졌습니다. 하나님을 더욱 의지했습니다. 하나님의 뜻은 바울의 뜻과 다릅니다. 바울은 건강하면 더 열심히 선교한다고 하지만, 하나님은 바울이 병약하기 때문에 더 은혜를 받아서 능력 있게 선교할 수 있다고 하십니다. 하나님이 옳습니까, 아니면 바울이 옳습니까? 하나님이 옳습니다. 바울은 계속해서 아시아 선교를 고집했습니다. 그리고 그의 선교가 막혔습니다. 결국 드로아에서 기도 중에 그는 하나님의 뜻이 아시아가 아니라 유럽임을 알게 되었습니다. 바울은 즉시 드로아에서 마케도니아로 선교의 방향을 바꾸고 순종했습니다. 성령이 아니면 우리 기도는 산으로 가는 배가 될 것입니다. 형통함이 아니라 파선하는 배가 될 것입니다. 네 명철을 의지하지 말고 여호와를 의뢰합시다.

예수님이 잡히시기 전에 겟세마네 동산에서 기도하셨습니다. "내, 아버지여 만일 할만하시거든 이 잔을 내게서 지나가게 하옵소서, 그러나 나의 원대로 마옵시고 아버지의 원대로 하옵소서(마26:39)." 인류 구원을 위해 죽기를 기도할 때, 제자들은 뜻도 모르고 졸았습니다. "시험에 들지 않게 깨어 있어 기도해야 합니다. 마음에는 원이로되 육신이 약하도다 하시고(마26:41)." 성령이 우리 안에서 탄식합니다. 지금은 자다가 깰 때가 되었습니다. 성령이 우리의 기도를 깨워야 합니다.

셋째, 우리의 열정이 부족하기 때문에 성령의 도움을 받아야 합니다. 성령이 아니면 우리 기도는 하늘에 상달되기도 전에 얼음으로 변합니다. 얼음은 무거워서 하나님의 보좌 앞에 올라가지 못하고 땅으로 떨어집니다. 많이 기도한다고 되는 것이 아니라 상달되는 기도를 드려야 합니다. 입술로는 "주여! 주여!" 하면서, 마음은 냉랭합니다. 열정이 불타야 합니다. 열정은 내 것이 아니라, 내 안에 계신 성령의 것입니다. 육신의 혈기와 영적인 열기는 성격이 다릅니다. 영적인 열정으로 기도해야 합니다.

기도에 대해 믿지 못할 전설 같은 무용담이 있습니다. 이 이야기의 주인공은 상의 용사로 유명한 부흥사였던 이천석 목사의 이야기입니다. "기도하면서 소나무 뿌리를 뽑으십시오. 흰 눈 위에 앉아서 눈이 녹도록 기도해야 합니다. 배고파도 수도꼭지를 입에 물고 기도해야 합니다." 그는 그렇게 기도했고, 비록 한쪽 다리가 없는 장애인이었지만, 수많은 이적과 부흥회를 인도하는 유명한 부흥사로 사역했습니다.

성경에도 열정 넘치는 기도가 많습니다. 야곱은 천사와 씨름하면서 환도뼈가 위골되도록 기도했습니다. 다니엘은 사자굴 속에 들어가서 기도했습니다. 기도로 사자의 입을 봉했습니다. 엘리야는 갈멜산에 올라가서 바알 선지자 450명과 목숨을 건 기도의 대결을 벌였습니다. 에스더는 3일 금식기도 하고 왕 앞에 나아갔습니다. 죽으면 죽으리라! 성령이 아니면 이런 열정의 기도를 드릴 수 없습니다.

넷째, 무시로 성령 안에서 기도해야 합니다. 무시는 '항상' 이라는 뜻입니다. 쉬지 말고 기도해야 합니다. 기도의 향이 꺼지지 않게 해야 합니다. 비결이 무엇입니까? 우리 안에 계신 성령의 도움을 받는가에 달렸습니다. 왜 기도하다가 그만 둡니까? 바빠서 못하고, 힘들어서 못하고, 응답이 없어서 못하고... 기도를 중단하는 핑계가 얼마든지 많습니다. 기도의 시작은 창대한데, 기도의 나중은 심히 미약합니다. 왕같이 기도하다가 노예같이 그만 둡니다. 사무엘은 "기도를 쉬는 죄를 범치 않겠다"고 했습니다. 그는 이스라엘 사사의 공직을 은퇴한 후에도 기도를 계속했습니다. 우리는 기도하다가 포기할지라도 성령은 포기를 모릅니다. 말할 수 없는 성령의 탄식은 우리 안에서 계속됩니다.

불의한 재판관 앞에 나아갔던 과부를 기억해야 합니다. 과부는 자신의 원한을 풀어달라고 날마다 재판관을 찾았습니다. 그는 불의한 재판관이라 과부의 간청에는 관심이 없었습니다. 오직 돈만 바랄 뿐입니다. 그러나 시간이 지날수록 상황이 바뀌었습니다. 과부가 날마다 찾아가서 간청하는 것이 불편하고 괴로웠습니다. 네 원한을 풀어주리라. 불의한 재판관이라도 과부의 간청을 들어주는데 하물며 하늘에 계신 하나님이 얼마나 자비롭고 긍휼이 많으십니까? 하나님과 불의한 재판관은 비교가 안 됩니다. 하나님은 당신의 자녀의 부르짖는 기도를 반드시 들으십니다. 그런데 하나님은 탄식하십니다. 말세에 믿는 자를 보겠느냐. 믿고 구하는 자가 없다는 뜻입니다.

다섯째, 성령의 도움이 아니면 믿음의 기도를 드릴 수 없습니다. 의심하는 기도는 응답이 없습니다. 밀물처럼 들어와서 썰물처럼 빠져 나갑니다. 비오지 않게 해 달라고 기도하고 습관적으로 손에 우산을 들고 나갑니다. 입술로는 '아멘' 이라 하고, 일어서면 기도 응답을 안 믿는 사람처럼 행동합니다.

믿음이 없는 기도는 죽은 기도입니다. 응답 받을 생각을 하지 말아야 합니다. 엘리야는 갈멜산에 올라가서 하늘에서 불이 내려오기를 기도했습니다. 믿음의 기도는 성령이 역사하는 힘이 강합니다. 비가 오지 않도록 기도하면 삼년 육개월 동안 비가 오지 아니하고, 비가 오도록 기도하면 하늘의 문을 열고 비가 옵니다. 믿음의 기도는 병든 자를 일으킵니다.

여호수아는 기브온을 공격한 아모리 연합군을 물리치기 위해 기도했습니다. 해야, 너는 기브온 위에 머물러라. 해가 지지 않도록 기도했습니다. 하나님이 사람의 목소리를 듣고 해를 멈춘 것은 그 때 뿐이었습니다. 모세는 홍해바다 앞에서 손을 들고 기도했습니다. 밤새 기도할 때 동풍이 불더니 홍해가 육지처럼 갈라졌습니다. 그러나 백성들은 죽게 되었다고 모세를 원망했습니다. "모세에게 이르되 애굽에 매장지가 없으므로 당신이 우리를 이끌어 내어 이 광야에서 죽게 하느냐(출14:11)."

여섯째, 성령은 기도의 문을 엽니다. 한나는 아들이 없었기에 마음이 슬픈 여자였습니다. 아들을 낳은 첩 브닌나는 한나를 멸시하였습니다. 한나는 실로의 성막에 올라가서 슬픈 마음을 쏟아 놓고 하나님께 기도했습니다. 성령의 말할 수 없는 탄식으로 기도했습니다. "나는 마음이 슬픈 여자라 포도주나 독주를 마신 것이 아니요 여호와 앞에 나의 심정을 통한 것 뿐이오니(삼상1:15)." 엘리 제사장은 한나가 기도하는 것을 보고 술 취한 여자인 줄 알았습니다. 입술만 움직이고 소리가 나지 않았기 때문입니다. 기도는 입술로 하는 것이 아니라 마음으로 합니다. 기도는 마음이 아니라 영혼으로 합니다.

영혼을 움직이는 것이 성령입니다. 성령은 때로 눈물 흘리며 기도하게 하고, 때로는 기쁨으로 기도하게 합니다. 때로는 방언으로 기도하게 하고, 소리 없이 기도하게 하고, 폭포수와 같은 부르짖음으로 기도하게 합니다. 때로는 시간 가는지 모르고 밤을 새워 기도하게 합니다. 이는 다 성령이 우리의 기도를 돕기 때문에 나타나는 현상들입니다. 기도를 가능케 하는 비밀은 오직 성령에 달려 있습니다.

무엇을 구할 것인가

성령이 우리의 기도를 돕습니다. 그러면 무엇을 구할 것입니까? 성령이 시키는 기도는 어떤 것입니까? 하나님의 뜻이 이루어지기를 기도합니다. 뜻이 하늘에서 이룬 것 같이 땅에서도 이루어집니다. 하나님의 뜻은 모든 사람이 예수를 믿고 구원받는 것입니다. 하나님의 나라가 회복되는 것입니다. 창조주 하나님을 경배하고, 성자 하나님 예수 그리스도의 구속의 은혜를 찬송하고, 우리 안에 계신 성령으로 천국 생활하는 것입니다.

하나님은 모든 사람이 구원받기를 기도합니다. 소돔성처럼 불타면 안 됩니다. 노아 시대 홍수처럼 심판 받으면 안 됩니다. 하나님의 마음은 돌아온 탕자를 위해 잔치하는 아버지와 같습니다. 죽은 줄 알았던 아들이 돌아오자 아버지는 살진 송아지를 잡아서 동네잔치를 합니다. 양 아흔아홉보다 잃은 양 하나를 찾는 것이 하나님의 기쁨입니다. "너희는 가서 모든 족속으로 제자를 삼아 아버지와 아들과 성령의 이름으로 세례를 주라(마28:19).". "오직 성령이 너희에게 임하시면 너희가 권능을 받고 예루살렘과 온 유대와 사마리아와 땅 끝까지 이르러 내 증인이 되리라(행1:8)." 성령이 하실 일을 위해 기도해야 합니다. 십자가의 구속의 효력이 널리 나타나기를 기도해야 합니다.

성령은 거룩한 영입니다. "너희는 거룩하라 이는 나 여호와 너희 하나님이 거룩함이니라(레19:2)." 성령은 우리의 영적 진보를 소원합니다. 그리스도 예수의 장성한 분량까지 성장해야 합니다. 중생은 의식하지 못하는 순간에 임하는 생명의 선물입니다. 단회적인 사건입니다. 중생에는 우리가 협조하거나 노력할 것이 없습니다. 반면에 성화는 평생 계속해서 우리 안에서 이루어지는 과정입니다. 신앙생활 중에도 오르막이 있고 내리막이 있습니다. 상태가 좋을 때도 있고 나쁠 때도 있습니다. 유동적입니다. 그러므로 우리는 성화를 위해 노력해야 합니다.

우리는 야곱이 이스라엘 되는 것처럼 긴 순례자의 길을 갑니다. 성령이 아니면 육신적인 신자입니다. 세상적이고 세속적입니다. 육신의 정욕과 안목의 정욕과 이생의 자랑과 끊임없이 싸워 이겨야 합니다.

우리의 시민권은 하늘에 있습니다. 예수로 옷 입어야 합니다. 천국시민답게 살아야 합니다.

　기도해야 합니다. 찬송해야 합니다. 말씀 묵상해야 합니다. 예배해야 합니다. 전도해야 합니다. 사랑해야 합니다. 교제해야 합니다. 양육해야 합니다. 봉사해야 합니다. 어떻게 이 모든 것을 행할 것입니까? 성령이여 우리를 도우사 성령의 거룩한 소원이 우리 안에 이루어지게 하소서! 거룩함을 위해 기도해야 합니다. 성령이 우리 기도를 돕습니다. 구원의 처음부터 마지막까지 모든 것을 위해 기도해야 합니다. 구원 받았다는 말은 간단하지만, 그 안에 담긴 의미나 과정은 간단하지 않습니다. 구원의 순서는 다음과 같습니다. 하나님의 예정, 소명, 중생, 믿음, 칭의, 양자, 성화, 그리고 영화입니다. 성령이 아니면 이 과정이 결코 이루어질 수 없습니다.

　구원을 시작하신 분은 하나님이십니다. 하나님이 만세 전에 우리의 구원을 예정하셨습니다. 이것은 하나님의 주권적인 선택입니다. 때가 되면 하나님이 그의 백성을 부르십니다. 그때 그 백성은 구원에 이르는 효력을 발생하는 부름을 받습니다. 하나님이 생명의 선물을 우리 안에 넣어주십니다. 생명을 얻으면 죄 용서를 받습니다. 하나님을 믿고 하나님의 말씀을 믿게 됩니다. 하나님의 법정에서 의롭다 선언을 받습니다. 누구도 그 백성을 정죄할 수 없습니다. 이것이 예수 그리스도의 십자가 대속에 근거한 의로움입니다. 그는 하나님의 자녀로 양자가 됩니다. 하나님의 거룩한 백성으로 살게 됩니다. 그리고 마침내 하나님의 영광스러운 나라에 들어가게 되는 것입니다.

　성령이 아니면 구원의 시작부터 끝까지 책임질 수 없습니다. "나의 갈 길 다가도록 예수 인도하시니 내 주 안에 있는 궁휼 어찌 의심하리요 믿음으로 사는 자는 하늘 위로 받겠네 무슨 일을 만나든지 만사형통하리라. 무슨 일을 만나든지 만사형통하리라." 성령은 한 순간도 우리에게서 눈을 떼지 않습니다. 오직 성령께 우리의 모든 것을 맡깁시다. "성령이여, 우리의 구원을 온전히 이루소서."

Chapter 6

오직 성령으로 충만함을 받아라

엡 5:15-18

15.그런즉 너희가 어떻게 행할지를 자세히 주의하여 지혜 없는 자 같이 하지 말고 오직 지혜 있는 자 같이 하여 16.세월을 아끼라 때가 악하니라 17.그러므로 어리석은 자가 되지 말고 오직 주의 뜻이 무엇인가 이해하라 18.술 취하지 말라 이는 방탕한 것이니 오직 성령으로 충만함을 받으라

성령의 충만함이란 무엇인가?

예수 그리스도를 영접하면 성령을 받습니다. 예수님을 영접하고 처음 성령을 받는 것을 성령 세례라고 합니다. 성령 세례는 성령으로 깨끗하게 씻기는 것입니다. 이것은 성령의 인치심입니다. 인을 친다는 것은 소유권을 표시하는 것입니다. 성령으로 인을 치면 영원히 성령의 소유가 됩니다. 성령께서 우리의 구원을 책임진다는 표시입니다. 우리에게 오신 성령은 떠나지 않고 내주하십니다. 천국에 들어갈 때까지 우리 안에 계십니다. 그리고 성령을 받은 그리스도인은 평생 성령의 전이 됩니다. "내 마음은 그리스도의 집"이고, "성령의 전"입니다. 이 모든 것이 성령의 세례로 시작됩니다.

그런데 성령 충만과 성령 세례는 다릅니다. 성령 충만은 성령의 충만한 다스림을 받는 것입니다. 충만은 성령 세례를 받을 때 받을 수도 있고, 성령 세례를 받은 후에 시간적 차이를 두고 받을 수도 있습니다. 처음 충만이 성령의 세례입니다. 그런데 이 충만은 계속해서 받을 수 있습니다. 그리고 더 크게 충만 받을 수 있습니다.

성령 세례는 단회적 사건이고 성령 충만은 반복적 사건입니다. 세례는 할례와 같고, 충만은 유월절과 같습니다. 할례는 단회적이고 유월절은 반복적입니다. 성령 충만은 반복적이고 지속적입니다. 충만은 상태를 말합니다. 충만은 지배력을 말합니다. 성령이 얼마나 지배하는가를 말합니다. 우리에게 성령이 충만하면 성령이 우리 삶을 지배하고, 절반만 충만하면 절반만 지배합니다.

성령은 인격이시기에 우리를 강제로 다스리지 않습니다. 또한 성령은 인격이시기에 우리가 성령을 어떻게 모시는가에 따라서 성령을 기쁘게 할 수도 있고, 성령을 근심하고 탄식하게 할 수도 있습니다. 한번 받은 성령은 우리를 떠나지 않지만, 성령이 얼마나 강력하게 지배할 것인가는 우리가 성령에 어떻게 순종하는가 여부에 달렸습니다. 우리가 전적으로 순종하면 성령이 충만하고, 불순종과 거역을 일삼으면 성령이 탄식합니다.

삼손은 맨 손으로 사자의 입을 찢고, 나귀 턱뼈 하나로 블레셋 사람 일천 명을 죽였습니다. 그러나 삼손은 나실인의 비밀을 누설하고 머리털이 밀린 후에 힘을 잃었습니다. 두 눈이 뽑히고 연자 맷돌을 돌리고 조롱받는 노예 신세가 되었습니다. 삼손이 회개하고 다시 성령의 은혜가 회복되었을 때 하나님의 능력이 다시 임했습니다. 결국 삼손은 다곤 신전의 기둥을 쓰러뜨림으로써 블레셋 사람 삼천 명을 죽였습니다. 그는 살았을 때 블레셋 사람을 이긴 것보다 죽음을 통해 이스라엘 사사로서 더 큰 일을 했습니다.

성령의 충만함은 양의 문제가 아니라 다스림과 지배의 문제입니다. 이것은 겉으로 드러나는 모양이 아니라 속의 문제입니다. 성령의 지배를 받으십시오. 성령으로 충만하면 성령의 지배를 받습니다. 성령의 소욕대로 행합니다. 이전과 다른 사람이 됩니다. 성령에게 복종합니까? 성령의 하고자 하는 바를 따를 것입니까? 이것이 문제입니다. 성령 충만은 양이 아니라 성령 하나님에게 얼마나 순종하는가에 달렸습니다.

성령 충만은 우리 안에 이미 내주하시는 성령께 전적으로 다스림을 받는 것입니다. 우리가 성령을 어떻게 움직이고 조작하는 것이 아니라, 성령이 우리를 다스리고 압도하는 것입니다. 성령 충만은 전적으로 우리의 순종에 달려 있습니다. 우리가 무엇을 하는 것이 아니라, 우리가 어떻게 순종하는가에 달려 있습니다. 술 취하지 말고 성령으로 충만해야 합니다. 왜 성령 충만을 술에 비유합니까? 술에 취하면 술의 영향을 받습니다. 몸을 가누지 못하고 비틀거립니다. 감정을 통제하지 못하고 말을 많이 합니다. 평소에 하지 않는 실수도 하게 됩니다. 다 술의 지배를 받기 때문입니다.

성령이 충만하다는 것은 내가 어떤 신비한 세계에 들어가거나 체험을 하는 것이 아닙니다. 비몽사몽간, 이성을 잃고, 환상의 세계에 들어가는 것이 성령의 충만이 아닙니다. 비인간적이고, 비이성적이고, 비현실적일수록 성령이 충만하다는 것은 잘못된 생각입니다. 성령은 이성적입니다. 성령은 현실적입니다. 성령은 인간적입니다. 성령은 성경적입니다. 성령은 하나님의 성품과 뜻을 잘 드러냅니다. 성령의 충만함과 광신자는 전혀 어울리지 않습니다. 성령이 충만할수록 정상적이고 분별력 있는 신자가 됩니다.

성령 충만을 성령의 은사와 동일시하는 것은 잘못입니다. 성령의 충만함은 성령의 은사 그 이상입니다. 충만은 상태이고 은사는 기능입니다. 충만은 상태이고 열매는 성품입니다. 성령이 충만하면 은사가 나타나기도 하고, 열매가 나타나기도 합니다. 은사를 고집하다가 충만을 외면해서 안 됩니다. 충만은 범위가 넓고 은사는 범위가 좁습니다. 충만 안에 은사가 있고, 은사는 충만을 통해 극대화 됩니다. 성령의 충만을 받으십시오. 성령의 은사를 사모해야 합니다. 성령의 은사를 특별한 외적 현상을 동반하는 것으로 특정해서 안 됩니다. 방언이나 신유의 은사가 귀하지만, 성령의 충만함을 받아도 그런 은사가 나타나지 않을 수 있습니다. 칼빈이나 루터가 방언했다는 이야기는 없습니다. 은사 중의 은사가 말씀의 은사와 사랑과 섬김의 은사입니다. 성령 충만을 몇 가지 신비한 은사나 외적 현상만으로 제한해서 안 됩니다.

지금 성령으로 충만합니까? 과거의 충만을 묻는 것이 아닙니다. "지금 충만합니까?" 미래의 충만을 말하는 것이 아닙니다. 충만은 수시로 변합니다. "지금 충만합니까?" 충만에서 핵심은 "지금"입니다. 또한 충만에서 핵심은 인격입니다. 기능이나 눈에 보이는 결과가 아닙니다. 우리의 지정의는 성령의 다스림을 지금 받고 있습니까?

성령의 충만은 몇 사람 영웅의 이야기가 아닙니다. 성령 충만은 '모든' 그리스도인에게 나타나는 보편적인 현상입니다. 선교사나 목회자부터 평신도에게 이르기까지 누구나 성령 충만해야 합니다. 누구든지 나를 따르고자 하면 자기를 부인하고 자기 십자가를 지고 나를 따를 것이니라. 그렇습니다. 우리에게 주어진 달란트가 얼마든지 성령이 충만해야 감당합니다.

왜, 성령의 충만함을 받아야 하는가?

우리는 죄인입니다. 악합니다. 그런데 예수님을 믿음으로 말미암아 의롭다 함을 받았습니다. 의인인 동시에 죄인입니다. 우리 안에는 죄의 뿌리가 여전히 남아 있습니다. 부활의 몸에 참여하기 전에는 죄성이 남아 있습니다. 애굽으로 돌아가자고 외치던 이스라엘 백성처럼, 예수를 믿고 성령을 받은 그리스도인에게도 세상적이고 육신적인 속성은 여전히 남아 있습니다.

다윗은 밧세바와 간음했고, 베드로는 주님을 모른다고 세 번이나 부인했습니다. 아나니야와 삽비라는 밭을 판 돈 절반을 감추고 전부라고 거짓말 하다가 성령을 속인 죄로 죽었습니다. 절반만 헌금해도 칭찬을 받을 것인데, 그들은 왜 전부라고 거짓말을 했겠습니까? 섰다고 생각하는 자는 넘어질까 조심해야 합니다. 그렇습니다. 여기는 천국이 아닙니다. 우리는 아직 부활의 몸을 입지 않았습니다. 우리 안에는 육체의 소욕이 여전합니다. 오호라 나는 곤고한 사람이도다. 누가 이 사망의 몸에서 나를 건지랴. 바울의 탄식이 지금 우리의 탄식입니다.

우리는 미련합니다. 지혜가 부족하고 분별력이 없습니다. 하나님의 뜻에 순종하기 보다는 사람의 생각을 따르고 세상의 유행과 풍습을 따릅니다. "너희는 이 세대를 본받지 말고 오직 마음을 새롭게 함으로 변화를 받아 하나님의 선하시고 기뻐하시고 온전하신 뜻이 무엇인지 분별하도록 하라(롬12:2)."

나발은 다윗이 보낸 사람들을 욕하고 빈손으로 돌려보냈습니다. "다윗이 누구이며 이새의 아들은 누구냐 근일에는 자기 주인에게서 억지로 떠나는 종들이 많도다. 내가 어찌 내 떡과 물과 내 양털 깎는 자를 위하여 잡은 고기를 가져 어디로서인지 알지도 못하는 자들에게 주겠느냐 한지라(삼상25:10-11)." 양의 털을 깎는 잔칫날 자기 집을 찾아온 손님을 모욕하고 빈손으로 보낸 것은 나발의 큰 잘못입니다. 예의에도 어긋나고, 다윗에게 받은 은혜를 원수로 갚은 악행입니다.

나발은 왜 그랬겠습니까? 다윗과 그의 부하들을 사울왕을 반역하고 나라를 전복시키려는 반역 세력으로 판단한 때문입니다. 사울은 불신앙과 불순종으로 하나님께 버림받은 사람입니다. 하지만 나발은 그것을 구분하지 못했습니다. 영적으로 잘못되었기 때문입니다. 육은 육이고 성령은 성령입니다. 영의 눈을 떠야 합니다. 나발처럼 어리석은 자가 되지 말고 하나님의 뜻이 무엇인지 분별합시다.

술 취하지 말고 오직 성령으로 충만해야 합니다. 왜 술 취합니까? 뭔가 허전하기 때문입니다. 뭔가 다른데서 힘을 얻고자 하는 갈망이 우리 안에 있기 때문에 술 취합니다. 당시 술 취함은 사회 문제였고 그것은 에베소 교인도 예외가 아니었습니다. 겉으로는 그리스도인이지만 속은 세상의 영향과 지배를 받았습니다. 그리고 취하는 것은 취하는 것으로 그치지 않습니다. 한번 술에 취하면 2차, 3차 다른 문제를 일으킵니다. 처음에는 사람이 술을 먹지만, 나중에는 술이 사람을 먹습니다. 이로 인해 크게 실수해서 가정이 파괴되거나, 이웃과 사회에 큰 해를 입히는 비극적인 사건으로 비화되기 합니다.

우물가의 여인처럼 우리 안에는 타는 목마름이 있습니다. 남편 다섯을 두고도 만족하지 못하는 여인처럼, 우리 안에도 만족하지 못하는 그 무엇이 있습니다. 돈, 명예, 정욕, 그리고 알 수 없는 다른 어떤 것이 우리를 취하게 합니다. 지금은 중독의 시대입니다. 중독이 얼마나 심각한지 모릅니다. 인터넷, 도박, 술, 마약, 섹스 등등. 한번 중독되면 스스로 끊기 어렵습니다. 우리는 중증 중독의 시대를 살고 있습니다. 그렇기 때문에 오직 성령으로 충만해야 합니다. 우물가의 여인처럼 다시 목마르지 않는 생수가 필요합니다. 성령으로 충만해집시다. 어거스틴이 말한 것처럼, "내 영혼이 주님 안에서 안식하기 전에는 진정한 안식이 없습니다." 성령이 아니면 목마름을 해결할 수 없습니다. "하나님이여 사슴이 시냇물을 찾기에 갈급함 같이 내 영혼이 주를 찾기에 갈급하나이다(시42:1)."

왜 우리는 성령의 충만함을 받아야 하니까? 성령이 충만해야 성령의 은사와 열매를 얻기 때문입니다. 은사는 기능이고, 열매는 인격입니다. 성령이 충만하면 기능이 필요한 만큼 은사를 얻고, 인격이 필요한 만큼 열매를 얻습니다. 탐스러운 열매, 놀라운 은사는 다 성령이 주시는 선물입니다.

은사나 열매가 다 귀합니다. 모든 근원이 성령의 충만함에 있습니다. 성령의 열매는 사랑, 희락, 화평, 오래 참음, 자비, 양선, 충성, 온유, 절제 같은 것입니다. 얼마나 탐스럽습니까? 성령의 은사는 방언과 신유와 예언과 통역과 영들 분별과 능력 행함과 지혜와 지식입니다. 얼마나 귀한 능력입니까? 이와 같은 강력한 영적 무기들이 성령의 충만함에서 나옵니다. 아브라함, 다윗, 모세, 사무엘, 베드로, 그리고 바울같이 하늘의 별처럼 빛나는 믿음의 사람들은 하나같이 성령이 충만한 사람들이었습니다.

성령 충만함을 어떻게 받는가?

첫째, 성령을 근심케 하지 말아야 합니다. 성령은 우리 안에 계신 하나님이십니다. 성부와 성자에게서 끊임없이 나오시는 영이시며 인격이십니다. 성령의 충만함은 인위적으로 조작할 수 없습니다. 어떻게 하나님과 우리의 관계를 속인단 말입니까?

불건전한 신비주의자들은 성령 충만을 무슨 인위적인 비법으로 얻는 것처럼 이야기 합니다. 그러나 성령 충만의 비법은 없습니다. 이미 성경을 통해 만천하에 다 공개되었습니다. 성령 충만은 신비한 기술이 아니라, 성령에 순종하는 인격에 달려 있습니다. 성령이 기뻐하는 것은 행하고, 성령이 싫어하는 것은 하지 않는 것이 성령 충만의 비법이라면 비법입니다.

성령이 싫어하는 것이 무엇입니까? 육체의 일, 곧 음행과 더러운 것과 호색과 우상숭배와 술수와 원수 맺는 것과 분쟁과 시기와 분 냄과 술 취함과 방탕함 같은 육체의 소욕 같은 것들입니다. 악령이 언제 역사합니까? 우상을 섬기거나, 육신의 소욕을 따르거나, 더럽고 추한 욕망을 채우려 할 때 역사합니다. 사울왕이 다윗을 시기할 때 악령이 역사했습니다. 다윗이 밧세바와 동침하고 범죄 했을 때, 여름 가뭄에 마름 같고 뼈가 부러지는 고통이 찾아왔습니다. 그러나 회개하고 마음을 깨끗케 하면 다시 성령의 충만함을 회복하게 됩니다. 성령 충만의 시작은 애통하고 회개하는 마음입니다. 1907년 평양에서 일어난 대부흥운동의 시작은 회개 운동이었습니다.

둘째, 성령은 말씀을 기뻐 사용하십니다. 말씀이 성령 충만함에 이르는 도구입니다. 오순절에 성령을 받은 베드로를 비롯한 사도들은 곧 입을 열고 말씀을 선포했습니다. 그리고 이 말씀을 듣고 회개하고 그리스도를 영접한 이들에게 성령 충만함이 임했습니다. 말씀이 충만한 교회가 성령이 충만하고, 성령이 충만한 교회가 선교의 지경을 넓힙니다. "오직 성령이 너희에게 임하시면 너희가 권능을 받고 예루살렘과 온 유대와 사마리아와 땅 끝까지 이르러서 내 증인이 되리라(행1:8)."

바울이 빌립보에서 복음을 전할 때, 성령께서 자주 장사 루디아의 마음을 열고 말씀을 듣게 하셨습니다. 말세에 하늘에 권세 잡은 악의 영들과 싸우기 위해 우리는 전신갑주를 입어야 합니다. 말씀의 검과 믿음의 방패를 우리의 손에 잡아야 합니다. 성령이 사용하는 수비용 무기가 믿음의 방패라면, 보다 공격적인 무기는 말씀입니다. 말씀이 선포되는 곳에 회개가 임하고 성령의 충만함이 임하게 됩니다. 성령은 신비롭게 단독으로 역사할 수도 있지만, 대개는 말씀을 사용하면서 역사합니다.

성부 하나님은 말씀하십니다. 그리고 성자 예수 그리스도는 말씀이십니다. 성부와 성자에게서 보냄을 받은 성령은 말씀을 사용하십니다. 성령은 공기 중에 안 보이게, 혹은 어떤 비밀 암호를 통해 활동하는 것이 아니라 우리의 지정의를 통해 깨닫는 말씀을 사용하여 역사하십니다.

셋째, 성령 충만함은 기도 응답으로 받습니다. 구해야 합니다. 찾으라. 두드리라. 하나님 아버지가 너희에게 가장 좋은 것을 주시리라. 가장 좋은 것이 무엇입니까? 성령입니다. "너희가 악할지라도 좋은 것을 자식에게 줄줄 알거든 하물며 너희 천부께서 구하는 자에게 성령을 주시지 않겠느냐(눅11:13)." 힘써 성령을 구해야 합니다. 성령 안에 모든 신령한 복과 땅에 기름진 복이 담겨 있습니다. "예루살렘을 떠나지 말고 내게 들은 바 아버지의 약속하신 것을 기다리라. 요한은 물로 세례를 베풀었으나 너희는 몇 날이 못되어 성령으로 세례를 받으리라 하셨느니라(행1:4-5)." 사도들은 성령으로 세례를 받는다는 약속을 의지하고 마가의 다락방에서 성령 받기를 간절히 기도했습니다. "여자들과 예수의 모친 마리아와 예수의 아우들로 더불어 마음을 같이하여 전혀 기도에 힘쓰니라(행1:14)."

마침내 기도 응답으로 오순절에 성령이 충만하게 임했습니다. 삼손이 회개함으로 간절히 기도할 때 성령의 은사가 회복되었습니다. 엘리사는 하늘로 승천하는 엘리야를 끝까지 따르다가 성령의 갑절을 구했습니다. 엘리야가 물었습니다. "네가 무엇을 원하느냐?" 엘리사가 대답합니다. "갑절의 영감을 원합니다!"

넷째, 성령의 충만함은 은사를 사용하는 자에게 임합니다. 한 달란트를 받았다고 불만하고 땅에 묻어두면 한 달란트 그대로 있습니다. 결국 이 악하고 게으른 종은 있는 것까지 빼앗깁니다. 하나님께 심판받을 때 큰 책망을 받습니다. 은사는 사용하는 만큼 더 주십니다. 사용하는 만큼 더 강해지고 더 날카로워집니다. 좋은 우물이라도 사용하지 않고 덮어두면 썩습니다. 좋은 우물은 날마다 사용하는 우물입니다. 가을에 낙엽이 떨어져야 봄에 새싹이 나오듯 죽어야 새 것이 나옵니다.

성령 충만은 하나님을 섬기고 하나님께 영광 돌리기 위해 주신 선물입니다. 선물을 선한 목적대로 잘 사용하면 더 큰 선물을 받습니다.

착하고 충성된 종이 됩시다. 은사로 섬기든 직분으로 섬기든 다 성령으로 섬기십시오. 우리의 힘으로는 할 수 없습니다. 내 것으로는 결단코 못합니다. 모든 것이 하나님으로부터 와서 하나님으로 인하여 하나님께 돌아가기 때문입니다.

모세는 하나님과 얼굴을 대면한 사람입니다. 모세가 얼마나 많은 일을 했습니까? 출애굽부터 가나안을 바라보는 요단 동편까지 일했습니다. 일하는 만큼 성령 충만함을 주십니다. 엘리야는 바알의 선지자들과 치열한 영적 전쟁에 승리했습니다. 갈멜산의 불의 사람입니다. 하나님은 일한 만큼 성령 충만함을 주십니다. 엘리사는 엘리야의 영감의 갑절을 받았습니다. 엘리사는 엘리야보다 갑절의 기적을 행했습니다. 베드로의 그림자나 바울의 손수건만 닿아도 귀신이 나가고 병든 자가 치유되는 역사가 나타났습니다. 하나님은 일하는 종들에게 감당할 만큼 성령의 충만함을 주십니다. 반대로 게으르고 악한 종에게는 주신 성령도 거두어들입니다. 성령이 떠난 삼손은 두 눈이 뽑히고 연자 맷돌을 돌리는 노예 신세로 전락했습니다.

성령 충만의 결과가 무엇인가?

성령 충만의 결과가 무엇입니까? 성령이 충만하면 구름 위를 걸을 것 같은 신비롭고 황홀한 무슨 세계가 열릴 것입니까? 그럴 수 있습니다. 바울도 셋째 하늘을 보고 왔다고 부득불 자랑했습니다. 말로 다 할 수 없는 영광의 세계를 보았습니다.

성령이 충만하면 마음이 평안합니까? 그럴 수 있습니다. 바울은 빌립보 감옥에 갇혔을 때 한 밤 중에 일어나 찬송하고 기도했습니다. 다니엘은 사자굴에 던져져도 평안한 밤을 지냈습니다.

그리고 성령이 충만하면 근본적으로 성령의 다스림을 받습니다. 성령이 나의 삶의 현장을 책임집니다. 내가 어떤 상황에 있더라도 상관이 없습니다. 로마 감옥에 갇힌 바울은 감옥 안에서 기뻐합니다. 빌립보 교회에 기뻐하라고 편지합니다. 하박국 선지자도 가진 것이 없어도 기뻐합니다. 외양간에 소가 없고, 감람나무에 소출이 없고 무화과나무에 열매가 없어도 기뻐합니다.

성령이 충만하면 삶이 변합니다. 신앙생활에 활력이 넘칩니다. 섬김, 봉사, 전도와 선교의 역사가 나타납니다. 여호와는 나의 목자시니 내게 부족함이 없으리로다. 성령이 충만하면 다윗처럼 목자의 노래를 부릅니다. 내가 온 것은 양들이 생명을 얻되 풍성하게 얻고자 함이라. 나를 믿는 자는 배에서 생수의 강이 흘러나리라. 영적인 축복의 모든 것은 오직 성령 충만함에서 나옵니다.

성령이 충만하면 만족스러운 수준의 성화를 이룹니다. 야곱이 이스라엘 됩니다. 예수님을 닮아가게 됩니다. 그리스도의 장성한 분량까지 도달하게 됩니다. 예수 그리스도는 우리를 구원하기 위해 인간의 몸으로 오셨고, 우리의 죄를 대신해서 십자가에서 고난 받고 피 흘려 죽으셨습니다.

성령이 충만하면 주님이 내 안에 있고, 내가 주님 안에 있습니다. 주님과 내가 신비한 연합을 이룹니다. "내가 그리스도와 함께 십자가에 못 박혔나니 그런즉 이제는 내가 산 것 아니요 오직 내 안에 그리스도께서 사신 것이라(갈2:20)." 육은 죽고 영이 삽니다. 오직 우리의 시민권은 하늘에 있습니다. "너희는 먼저 그의 나라와 그의 의를 구하라 그리하면 이 모든 것을 너희에게 더하시리라(마6:33)" 무엇을 먹고 무엇을 마시고 무엇을 입을 것인가는 이방인이 구하는 것입니다.

기도의 능력이 어디서 옵니까? 산을 바다에 옮기는 능력이 어디에서 옵니까? 지혜는 어디서 옵니까? 남들이 갖지 못한 비전은 어디에서 옵니까? 전도와 선교의 사명은 누가, 어떻게 감당합니까? 땅에 떨어져 죽는 한 알의 밀알은 어디에서 옵니까? 모든 선한 것이 하나님에게서 나옵니다. 성령의 충만함에서 나옵니다.

우리는 말세의 고통 받는 시대를 살고 있습니다. 성령 충만함이 아니면 말세의 고통을 이길 수 없습니다. "사람들이 자기를 사랑하며 돈을 사랑하며 자긍하며 교만하며 훼방하며 부모를 거역하며 감사치 아니하며 거룩하지 아니하며 무정하며 원통함을 풀지 아니하며 참소하며 절제하지 못하며 사나우며 선한 것을 좋아 아니하며 배반하여 팔며 조급하며 자고하며 쾌락 사랑하기를 하나님 사랑하는 것보다 더하며(딤후1:2-5)."

성령이여 강림하사 나를 감화하시고
애통하며 회개할 맘 충만하게 하소서
성령이여 강림하사 크신 권능 주소서
원하옵고 원하오니 충만하게 하소서

빈들에 마른 풀 같이 시들은 나의 영혼
주님의 허락한 성령 간절히 기다리네
가물어 메마른 땅에 단비를 내리시듯
성령의 단비를 부어 새생명 주옵소서.

Chapter 7

오호라 나는 곤고한 사람이로다

로마서 7:16-28

16. 만일 내가 원하지 아니하는 그것을 행하면 내가 이로써 율법이 선한 것을 시인하노니 17. 이제는 그것을 행하는 자가 내가 아니요 내 속에 거하는 죄니라 18. 내 속 곧 내 육신에 선한 것이 거하지 아니하는 줄을 아노니 원함은 내게 있으나 선을 행하는 것은 없노라 19. 내가 원하는 바 선은 행하지 아니하고 도리어 원하지 아니하는 바 악을 행하는도다 20. 만일 내가 원하지 아니하는 그것을 하면 이를 행하는 자는 내가 아니요 내 속에 거하는 죄니라 21. 그러므로 내가 한 법을 깨달았노니 곧 선을 행하기 원하는 나에게 악이 함께 있는 것이로다 22. 내 속사람으로는 하나님의 법을 즐거워하되 23. 내 지체 속에서 한 다른 법이 내 마음의 법과 싸워 내 지체 속에 있는 죄의 법으로 나를 사로잡는 것을 보는도다 24. 오호라 나는 곤고한 사람이로다 이 사망의 몸에서 누가 나를 건져내랴 25. 우리 주 예수 그리스도로 말미암아 하나님께 감사하리로다 그런즉 내 자신이 마음으로는 하나님의 법을 육신으로는 죄의 법을 섬기노라

바울의 탄식

"오호라 나는 곤고한 사람이로다. 이 사망의 몸에서 누가 나를 건져내랴!(24절)." 바울이 탄식합니다. 왜 바울은 이토록 깊은 탄식을 하고 있습니까?

바울은 헬라 문화가 꽃 피운 다소에서 철학을 공부한 지식인입니다. 세계화에 적합한 인물입니다. 바울의 아버지는 부자이고 유력한 사람입니다. 그는 로마 제국에 공로를 인정받아 로마 시민권을 받았

고, 바울을 다소에서 예루살렘으로 유학시킬 만큼 능력이 있었습니다. 바울은 예루살렘에 유학해서 율법을 공부한 유대인 중에 유대인이고, 바리새인 중에 바리새인입니다. 당대 최고의 스승인 가말리엘 문하에서 율법을 공부했으며 어린 나이에 산헤드린 공회원이 된 유대교의 촉망받는 지도자였습니다. 유대교에 충성해서 스데반 집사를 쳐죽이는데 앞장섰습니다. 바울이 보기에 스데반이나 그리스도인은 세상을 시끄럽게 하는 이단입니다. 살려 두면 안 되는 쓰레기 같은 자들입니다. 인간적으로 바울에게는 탄식할 만큼 부족한 것이 전혀 없습니다.

그런데 바울은 절망적으로 탄식합니다. 바울의 탄식은 영적인 것입니다. 자기가 믿고 자랑하던 율법 앞에 스스로 절망합니다. "그러므로 내가 한 법을 깨달았노니 곧 선을 행하기 원하는 나에게 악이 함께 있는 것이로다(21절)." 바울은 어떻게 하든지 율법을 지키고 선을 행하려 했지만 결과는 악입니다. 선을 행하기 원하는 나에게 악이 있는 것을 스스로 발견했습니다. 자신이 없습니다. 섰다고 생각했는데 넘어졌습니다. 앞이 안 보입니다. 빗자루를 들고 먼지를 쓸어냅니다. 먼지를 쓸면 쓸수록 더 많은 먼저가 일어납니다. 먼지가 더 멀리 날아갑니다. 율법의 노력으로는 먼지를 더 일으킬 뿐입니다.

바울은 죽음에 이르는 절망만큼 탄식합니다. 내 안에 두 사람이 있습니다. 머리와 손과 발이 다르게 움직입니다. 머리가 생각하는 대로 손과 발이 움직이지 않습니다. 생각하는 대로 행동이 일치하면 얼마나 좋겠습니까? 마음먹은 대로 안 됩니다. 생각하는 대로 가슴에 느끼고, 가슴이 느낀 대로 행동하면 얼마나 좋겠습니까? 전인격적인 삶을 원하지만 그렇게 되지 않습니다. "내 속사람으로는 하나님의 법을 즐거워하되 내 지체 속에서 한 다른 법이 내 마음의 법과 싸워 내 지체 속에 있는 죄의 법으로 나를 사로잡는 것을 보는 도다(22-23절)." 내 안에서 전쟁이 일어났습니다. 하나님의 법이 죄의 법과 싸웁니다. 하나님의 법이 이겨야 하는데 결과는 반대입니다. 죄의 법이 나를 사로잡습니다.

암 세포가 정상 세포를 공격해서 이깁니다. 몸은 생명의 위협을 느낍니다. 면역 체계가 무너집니다. 이것은 죽음에 이르는 길입니다. 사랑해야 하는데 시기하고 미워합니다. 마음에는 원이로되 육신이 약하도다. 기도하고 싶은데, 기도해야 하는데 기도가 안 됩니다. 예수님은 땀방울이 핏방울이 되도록 기도하셨는데, 베드로와 요한과 야고보는 졸음을 이기지 못하고 졸았습니다. 경건의 모양은 있으나 경건의 능력은 없습니다. 사랑해야 하는데 미움과 갈등이 더 큽니다.

이스라엘 백성들이 개선하는 군사들을 향해 칭송합니다. "사울은 천천이고 다윗은 만만이다" 사울은 이 소리를 듣는 순간부터 마음이 달라졌습니다. 시기와 질투가 불같이 일어났습니다. 그에게 있어서 다윗은 더 이상 국가를 구한 영웅이 아닙니다. 딸 미갈을 주기로 한 사위가 아닙니다. 이제는 왕권을 노리는 위험인물이고 정적일 뿐입니다. 사울은 다윗을 죽이려고 혈안이 되고 말았습니다. 다윗은 사울에 대한 악감이 없다고 여러 차례 밝혔지만 소용이 없습니다. 결국 다윗에 대한 사울의 적대감은 그가 블레셋과 전쟁에서 전사함으로 끝났습니다. 이것이 바로 우리 안에 있는 탄식입니다.

우리는 사람들 보는데서 하는 행동과 혼자 있을 때 하는 행동이 다릅니다. 아무래도 혼자 있으면 긴장감이 사라지고 방종하기 쉽습니다. 살을 빼려고 다이어트 할 때, 밥상 앞에 앉으면 먹는 것이 절제가 안 됩니다. 운동을 해야 하는데 몸이 운동을 거부합니다. 이외에도 핑계 거리가 많습니다. 오늘은 시간이 없어서. 비가 와서. 추워서. 더워서... 그리고 남자들은 예비군 군복만 입으면 딴 사람이 됩니다. 정장을 하고 직장에 출근할 때 모습과는 많이 다릅니다. 평소에 안하던 행동도 하고, 그것이 부끄러운 줄도 모릅니다. 군대는 개인이 아니라 집단입니다. 징집 제도에서 군 복무는 자발성이 아니라 국민의 기본 의무입니다. 이런 이유로 군복만 입으면 내가 아닌 다른 사람의 모습이 나타나는지 모르겠습니다.

"수고하고 무거운 짐 진 자들아 다 내게로 오라. 내가 너희를 쉬게 하리라(마11:28)." 우리가 지고 있는 율법의 짐이 무겁습니다. 하나님을 사랑하고 이웃을 사랑하고 싶으나 마음대로 안 됩니다. 우리는 율법의 무거운 짐을 지고 시내산을 오릅니다. 언덕이 가파르고 힘이 없어 다시 밑으로 굴러 떨어집니다. "오호라 나는 곤고한 사람이로다. 이 사망의 몸에서 누가 나를 건져내랴!(24절)." 율법의 짐을 지고, 율법의 행함으로 의롭다 함을 받으려고 하면 이 탄식을 면할 길이 없습니다. 자기 파산을 인정해야 합니다. 그리하면 회생의 길이 열립니다. 죄의 삯은 사망입니다. 이것을 인정하면 생명의 길이 열립니다.

예수 그리스도를 믿어라

"내가 율법으로 말미암아 율법을 향하여 죽었나니 이는 하나님을 향하여 살려 함이니라(갈2:19)." 율법에 대한 기대와 미련을 포기해야 합니다. 율법에 대하여 죽어야 합니다. 율법으로 의롭다 함을 받는

다는 생각을 버려야 합니다. 그리하면 살 길이 열립니다. 카드가 편리하지만 카드 사용으로 자꾸 빚이 늘어나면 카드 자체를 없애야 합니다. 육식이 몸에 안 좋으면 채식으로 바꾸어야 합니다. 엘리트 스포츠보다 학원 스포츠를 육성해야 합니다. 축구나 야구 같은 인기 종목보다 육상이나 수영 같은 기초 종목을 육성해야 합니다. 방향을 전환해야 합니다. 안 되는 것은 과감하게 버리십시오.

예수 그리스도는 나를 위해 십자가에서 고난 받고 죽으셨습니다. 예수 그리스도의 십자가를 믿으면 의롭다 함을 받습니다. 믿음으로 살아가십시오. 율법에 대하여 죽어야 살 길이 열립니다. "내가 그리스도와 함께 십자가에 못 박혔나니 그런즉 이제 내가 산 것 아니요 오직 내 안에 예수께서 사신 것이라. 이제 내가 육체 가운데 사는 것은 나를 사랑하사 나를 위하여 자기 몸을 버리신 하나님의 아들을 믿는 믿음 안에서 사는 것이라(갈2:20)." 일을 하지 않고도 일한 것으로 여김을 받는 자는 복됩니다. 포도원에 아침부터 와서 일한 사람이 한 데나리온을 받았습니다. 오후 다섯 시, 문 닫기 한 시간 전에 와서 일한 사람도 같이 한 데나리온을 받았습니다. 일한 것이 없이 은혜로 구원 받는 사람이 복이 있습니다.

예수 그리스도가 나를 대신하여 십자가에 죽으신 것을 어떻게 믿습니까? 나의 죄를 깨닫게 하시는 분이 성령입니다. 예수 그리스도의 대속을 믿게 하신 분이 성령입니다. "날 위하여 십자가에 중한 고통 받으사 대신 죽은 주 예수의 사랑하신 은혜여." 이 찬송을 부르게 하시는 분이 성령입니다. 우리 안에 믿음을 일으키는 분이 성령입니다. 죽은 자를 살리고 중생케 하시는 분이 성령입니다. "너는 내 것이라"고 소유권을 표시하시는 분이 성령입니다. 성령은 평생 우리 안에 내주하십니다. 우리가 예수를 영접하는 순간부터 천국에 들어가는 날까지 우리를 책임지고 보호하고 인도합니다.

성령은 새 생명을 줍니다. 성령은 율법을 깨닫고 사랑하고 행하게 합니다. 스스로 율법을 행함으로 의롭다 함을 받으려면 실패하지만, 성령이 주시는 힘을 의지하면 얼마든지 율법을 지킬 수 있습니다. 구원의 수단으로서 율법은 버려야 하지만, 구원 받은 성도의 성화를 위한 수단으로서 율법은 지켜야 합니다. 성령의 도움으로 그리스도의 장성한 분량까지 성장해야 합니다. 성령을 의지하면 살 길이 열립니다. 지난날 탄식은 사라지고 영광의 찬송을 부르게 됩니다.

모세가 시내 산에서 받은 율법을 돌 판에 기록했으나 그 돌 판은 깨졌습니다. 돌 판에 새긴 글자는 세월이 지나면 마모되고 희미해집니다. 잊어버리거나, 깨지거나, 먼지가 쌓입니다. 돌 판에 새긴 글자는 마음의 감동도 주지 못하고 지킬 힘도 주지 못합니다. 성령이 우리 마음 판에 하나님의 계명을 기록합니다. 성령이 그 계명을 깨닫고 지키게 돕습니다. "내가 나의 법을 그들의 마음속에 두며 그 마음에 기록하여(렘31:33)." 이제 율법의 시대를 끝내고 성령의 시대를 열어야 합니다. 예수 믿으면 성령을 받고 성령의 사람이 됩니다.

그래, 해답은 성령이다

율법 아래 있는 사람은 비참합니다. 율법을 행함으로 의롭다 함을 받을 육체가 없기 때문입니다. 반면에 예수 믿고 성령을 받은 사람은 행복한 사람입니다. 예수 그리스도의 십자가를 믿음으로 의롭다 함을 받습니다. 예수 그리스도를 믿으면 보혜사 성령을 받습니다. 성령은 예수를 영접하는 순간부터 천국 가는 날까지 우리의 모든 것을 책임지고 돕습니다. 암탉이 병아리를 품고, 독수리가 날개를 펴서 하늘을 날고, 목자가 양을 인도하는 것처럼 성령이 모든 것을 책임집니다. 나를 믿는 자는 그 배에서 생수의 강이 흘러나리라! 이 물을 먹는 자마다 다시 목마르거니와 내가 주는 물을 먹는 자는 다시 목마르지 아니하리라. 그 속에서 영생하도록 솟아나는 샘물이 되리라. "그래, 해답은 성령이다!" 성령으로 인해 우리의 지난날 탄식은 사라집니다.

예수 그리스도는 2천 년 전에 골고다 언덕에서 십자가에 못 박혀 죽으셨습니다. 2천 년 전에 죽으신 그 분이, 골고다 언덕에서 죽으신 그 분이 내 안에 계십니다. 내 안에 계신 성령이 예수 그리스도를 증거 합니다. 예수 그리스도가 하신 일을 깨닫게 합니다. 이제 우리는 성령으로 행해야 합니다. 성령은 인격입니다. 전인격적으로 성령에 순종합시다. 깨닫고, 결단하고, 행합시다. 하나님의 말씀을 지켜 행합시다. 돌 판에 새긴 율법은 깨지고 부서졌지만, 성령으로 마음에 새긴 율법은 선명하게 우리 마음에 기록되었습니다. 성령이 우리를 직접 가르치고 행할 힘을 주십니다.

"하늘에 계신 우리 아버지여!" 어떻게 우리가 하나님을 부를 수 있습니까? 하나님이 계신 곳이 아무리 높아도 성령이 우리를 하나님께 인도합니다. 우리 안에 계신 성령이 우리를 위하여 탄식하며 간구합니다. 어떤 난관이 있어도 하나님과 대화가 열리게 합니다. 성령이 우리를 영광의 보좌에 계신 하나님 앞으로 인도합니다. "하나님 아버지!" 하고 부르는 순간, 성령이 물 붓듯이 우리 심령에 역사합니다. 생수의 강 같은 성령의 역사가 임합니다. 봄비로 내리는 성령이 땅을 적시고 싹이 나게 합니다. 아름다운 결실을 맺게 합니다. 화초에도 영양분을 주어야 합니다. 물과 거름을 안 주면 잎이 시들고 말라 죽습니다. 이와 같이, 성령의 생수를 받아야 우리 영혼이 살아납니다.

성령의 음성을 들으십시오. 성령과 대화해야 합니다. 성령이 말할 수 없는 탄식으로 우리를 위해 기도합니다. 마음을 쏟아놓고 기도해야 합니다. 한나는 아들이 없어서 마음이 슬픈 여자입니다. 그러나 실로의 성막에 올라와서 슬픈 마음을 쏟아놓고 기도했더니 얼굴에 수색이 사라졌습니다. 화장품 중의 최고가 기도입니다. 자연 미인의 비결이 기도입니다. 모세의 얼굴에 광채가 나서 백성들은 모세의 얼굴을 바라볼 수 없었습니다. 그때 백성들이 모세에게 간청했습니다. "우리와 말 할 때에는 수건으로 얼굴을 가려 주세요!"

성령은 하나님의 말씀을 즐겨 사용하십니다. 성경은 성령의 감동으로 기록된 하나님의 말씀입니다. 성령의 음성을 들으려면 말씀을 읽어야 합니다. 주야로 묵상해야 합니다. 또한 기록된 대로 행해야 합니다. "모든 성경은 하나님의 감동으로 된 것으로 교훈과 책망과 바르게 함과 의로 교육하기에 유익하니(딤후3:16)." 성령은 뜨거운 불입니다. 그리고 성령은 어두움을 물리치는 밝은 빛입니다. 성령 안에 어둠이나 구부러짐이 없습니다. 공의가 강같이 정의가 하수같이 흐릅니다.

성령의 소욕대로 행해야 합니다. 우리 마음에 육체의 소욕과 성령의 소욕이 갈등하고 있습니다. "육체의 일은 현저하니 곧 음행과 더러운 것과 호색과 우상숭배와 술수와 원수를 맺는 것과 분쟁과 시기와 분 냄과 당 짓는 것과 분리함과 이단과 투기와 술 취함과 방탕함과 또 이와 같은 것들이라(갈5:20-21)." 성령으로 행하지 아니하면 육체의 소욕이 이기고, 성령으로 행하면 성령의 소욕이 육체의 소욕을 이깁니다. 우리는 어디에 지배 받고 있습니까? 육체의 소욕입니까, 성령의 소욕입니까? 성령의 소욕은 성령의 열매를 맺습니다. "오직 성령의 열매는 사랑과 희락과 화평과 오래 참음과 자비와 양선과 충성과 온유와 절제니(갈5:22)."

오호라 나는 곤고한 사람이로다. 이 사망의 몸에서 누가 나를 건져내랴. 우리에게 이 탄식은 사라졌습니다. "해답은 십자가의 복음입니다." 우리를 위해 대속하신 예수 그리스도의 십자가를 어떻게 믿을 수 있습니까? "해답은 성령입니다." 예수를 믿으면 성령을 선물로 받습니다. 성령 안에서 율법을 지키고, 성령 안에서 기도하고, 성령 안에서 성령의 열매를 맺습니다.

세상 모든 정욕과 나의 모든 욕망은 십자가에 이미 못을 박았네
어둔 밤이 지나고 무거운 짐 벗으니 주의 영이 함께 함이라
성령이 계시네 할렐루야 함께 하시네.
좁은 길을 걸으며 밤낮 기뻐하는 것 주의 영이 함께 함이라.

Chapter 8

육체의 소욕과 성령의 소욕

갈라디아서 5:16-25

16. ○내가 이르노니 너희는 성령을 따라 행하라 그리하면 육체의 욕심을 이루지 아니하리라 17. 육체의 소욕은 성령을 거스르고 성령은 육체를 거스르나니 이 둘이 서로 대적함으로 너희가 원하는 것을 하지 못하게 하려 함이니라 18. 너희가 만일 성령의 인도하시는 바가 되면 율법 아래에 있지 아니하리라 19. 육체의 일은 분명하니 곧 음행과 더러운 것과 호색과 20. 우상 숭배와 주술과 원수 맺는 것과 분쟁과 시기와 분냄과 당 짓는 것과 분열함과 이단과 21. 투기와 술 취함과 방탕함과 또 그와 같은 것들이라 전에 너희에게 경계한 것 같이 경계하노니 이런 일을 하는 자들은 하나님의 나라를 유업으로 받지 못할 것이요 22. 오직 성령의 열매는 사랑과 희락과 화평과 오래 참음과 자비와 양선과 충성과 23. 온유와 절제니 이 같은 것을 금지할 법이 없느니라 24. 그리스도 예수의 사람들은 육체와 함께 그 정욕과 탐심을 십자가에 못 박았느니라

우리 안에 두 가지 소욕

우리 안에는 두 가지 소욕이 있습니다. 하나는 육체의 소욕이고, 다른 하나는 성령의 소욕입니다. 이 둘은 서로 거스릅니다. "육체의 소욕은 성령을 거스르고 성령은 육체를 거스르나니 이 둘이 서로 대적함으로 너희가 원하는 것을 하지 못하게 하려 함이니라(17절)."

육체의 소욕은 타고난 소욕입니다. 하나님을 믿지 않습니다. 하나님 대신 우상을 숭배합니다. 그리고 육신의 정욕과 안목의 정욕과 이

생의 자랑을 좋아합니다. 나를 사랑합니다. 반면 성령의 소욕은 성령으로 얻은 새로운 소욕입니다. 하나님을 믿습니다. 예수 그리스도의 십자가 은혜를 믿습니다. 성령의 임재와 내주로 새로운 성품을 얻습니다. 하나님을 사랑하고, 이웃을 사랑합니다.

사울이 다윗을 미워하고 시기하고 죽이려 하는 것은 육체의 소욕입니다. 사울은 천천이요 다윗은 만만이라. 사울은 백성들의 개선가에 자극을 받았습니다. 사울이 죽도록 미워한 다윗은 누구입니까? 다윗은 골리앗을 물리치고 블레셋으로부터 이스라엘을 구한 영웅입니다. 다윗은 사울의 시기와 미움으로 유랑 생활을 하게 되었습니다. 그가 이스라엘에 숨을 곳이 없어서 블레셋에 망명했을 때, 아기스왕의 신하들이 다윗을 알아봄으로 다윗의 정체가 탄로 났습니다. 절대 위기의 순간이었습니다. 다윗은 미치광이 시늉을 하면서 극적으로 위기를 탈출했습니다. 사울에게 쫓겨 다니던 다윗은 사울을 죽일 수 있는 몇 번의 기회가 있었지만, 하나님이 기름 부은 왕을 자기 손으로 죽일 수 없다는 신앙의 양심으로 그를 살렸습니다. 사울은 은혜를 원수로 갚았으나 다윗은 미움을 사랑으로 갚았습니다. 다윗은 성령의 소욕대로 살았습니다.

육체의 소욕을 따라 산 사울은 하나님께 버림을 받았고, 성령의 소욕을 따라 산 다윗은 하나님의 마음에 합당한 사람이 되고 이스라엘의 왕이 되었습니다. 우리 안에 두 가지 소욕이 충돌합니다. 과연 육체의 소욕을 따르겠습니까, 성령의 소욕을 따르겠습니까? 사울의 뒤를 따르겠습니까? 다윗의 뒤를 따르겠습니까?

육체의 소욕

육체의 일에는 어떤 것들이 있습니까? 본문에는 열다섯 가지를 나열합니다. 크게 보면 네 가지입니다. 성적인 범죄, 종교적 범죄, 사회적 범죄, 그리고 술로 인한 범죄입니다.

"육체의 일은 분명하니 곧 음행과 더러운 것과 호색과(19절)." 음행은 불법적인 성관계입니다. 이것은 행동만 아니라 마음의 욕망까지 다 포함합니다. 그리고 더러운 것과 호색을 부끄러운 줄 모릅니다. 이런 죄들은 몸에 범하는 것이 특징입니다. 다윗이 밧세바와 간음했고, 소돔성에는 동성애가 넘쳤습니다.

"우상 숭배와 주술과 원수 맺는 것과 분쟁과 시기와 분 냄과 당 짓는 것과 분열함과 이단과(20절)." 우상 숭배는 하나님 대신 다른 것을 섬기는 것입니다. 제1계명은 나 외에 다른 신을 두지 말라고 합니다. 주술은 마술적 행위입니다. 원수 맺는 것은 증오심입니다. 분쟁은 언쟁과 다투기를 좋아하는 것입니다. 사울은 백성들의 인기로 인하여 다윗을 시기하였습니다. 당 짓는 것과 분열함은 자기 이익을 위하여 부당한 방법을 사용하고 모략이나 음모를 일삼는 것입니다. 이단은 진리에서 벗어나는 것입니다.

"투기와 술 취함과 방탕함과 또 그와 같은 것들이라. 전에 너희에게 경계한 것 같이 경계하노니 이런 일을 하는 자들은 하나님의 나라를 유업으로 받지 못할 것이요(21절)." 투기는 죽음보다 강한 질투입니다. 술 취함은 술에 영향을 받는 것입니다. 방탕함은 술 취함의 결과이며 육체를 따라 사는 규모 없는 생활입니다. 이런 일을 하는 자들은 하나님의 나라를 유업으로 받지 못할 것입니다. 그들은 궁극적으로 완성될 종말론적인 하나님의 나라에 들어가지 못하고 쫓겨납니다.

위에서 말하는 육체의 소욕 중에 우리가 가지고 있는 것은 무엇입니까? 그것이 삶의 질을 좌우합니다. 육체의 소욕이 많으면 마귀의 자녀요 지옥 백성처럼 살게 됩니다. 우리의 내면을 한 번 보십시오. 옷이 날개입니다. 화장을 하면 딴 사람처럼 보이기도 합니다. 겉으로는 많은 업적을 이루고 외모는 아름다워도 속이 문제입니다. 잘 나가다가 육체의 소욕으로 인해 하루아침에 망하는 사람이 한 둘이 아닙니다.

그런데 속은 어떻습니까? 겉이 화려한 만큼 인성과 성품이 발달했습니까? 예수를 믿는다 하면서도 자기 자랑과 이기심이 가득하지 않습니까? 우리 안에 예수님의 얼굴, 예수님의 마음이 있습니까? 이것이 문제입니다. 겸손합니까? 낮은 자가 높아집니다. 섬기는 자가 높은 자입니다. 받는 자보다 주는 자가 복됩니다. 축복의 통로가 됩시다. 사랑합시다. 내가 너희를 사랑한 것 같이 너희도 서로 사랑해야 합니다. 우리는 먼저 그의 나라와 그의 의를 구해야 합니다. 공의를 강같이 정의를 하수같이 흐르게 해야 합니다.

성령의 열매

"오직 성령의 열매는 사랑과 희락과 화평과 오래 참음과 자비와 양선과 충성과 온유와 절제니 이 같은 것을 금지할 법이 없느니라(22-23절)." 육체의 소욕대로 사는 사람이 지옥 백성이라면 성령의 열매를 거두는 사는 사람은 천국 백성입니다.

성령의 열매가 무엇입니까? 사랑은 아가페의 사랑입니다. 희락은 기쁨입니다. 화평은 십자가 화해를 통해 얻은 평화입니다. 오래 참음은 하나님이 죄인을 참으심 같이 어떤 시련을 당해도 참고 견디는 것입니다. 욥의 인내를 기억해야 합니다. 자비는 죄를 용서하고 선으로 대하는 것입니다. 양선은 선한 성품과 행동으로 이웃에게 선을 베푸는 것입니다. 충성은 신실함입니다. 죽도록 신실해야 합니다. 온유는 대적이나 반대자를 대할 때 자제력을 가지고 올바르게 화내고 규모 있게 참는 것입니다. 절제는 육체의 소욕을 이겨내는 자질입니다.

성령의 소욕을 따라 성령의 열매를 맺는다면 얼마나 행복하고 아름답겠습니까? 예수를 믿고 성령을 받으면 우리 안에 없던 성령의 소욕이 살아납니다. 그러면 성령이 소욕이 육체의 소욕을 이깁니다. 그 결과 성령의 열매를 맺습니다.

내면의 갈등

바울은 고백합니다. "오호라 나는 곤고한 사람이로다. 누가 이 사망의 몸에서 나를 건져내랴(롬7:24)." 육체의 소욕과 성량의 소욕은 서로 대적합니다. 둘 사이에 내적인 갈등이 있습니다. 영적 전쟁이 있습니다. 선을 행하고자 하나 선을 행할 능력이 없습니다. 참된 그리스도인에게도 내적 갈등은 있습니다. 죄를 짓고도 죄인 줄 모르는 양심에 화인 맞은 사람이 있는가 하면, 죄와 싸우면서 마침내 죄를 이기는 사람도 있습니다. 성화의 단계는 내적 갈등의 연속입니다. 갈등을 겪으면서 한 단계 한 단계 더 높은 성화의 단계로 나아갑니다.

삼손은 블레셋으로부터 이스라엘을 구원할 사사로 부름 받았습니다. 불행하게도 삼손은 들릴라를 사랑하면서 갈등을 겪었습니다. "당신이 나를 사랑한다면 어디에서 힘이 나오는지 그 비밀을 알려주세요." 하나님과 약속을 지킬 것입니까? 들릴라의 눈물의 호소에 비밀을 누설할 것입니까? 육체의 소욕을 따를 것입니까? 성령의 소욕을 따를 것입니까? 삼손은 그 사이에서 갈등하다가, 들릴라의 거짓 눈물에 속아서 나실인의 비밀을 누설했습니다. 블레셋 사람들이 들이 닥치고 머리털이 밀린 삼손은 하나님이 주신 힘을 상실했습니다. 결국 그는 두 눈이 뽑히고 연자 맷돌을 돌리는 노예 신세가 되고 말았습니다.

다윗은 밧세바와 간음하고 자신의 죄를 은폐했습니다. 완전 범죄를 꾸미기 위해서 밧세바의 남편 우리아에게 특별 휴가를 주어서 집으로 보냈습니다. 우리아는 전쟁터에 있는 요압 장군과 동료들을 생각해서 끝내 집에 가지 않았습니다. '나 혼자만 휴가를 즐길 수 없다!' 우리아는 진짜 충성스런 군인입니다. 이에 다윗은 자신의 의도가 실패한 것을 알고 우리아를 전쟁터로 돌려보냈습니다. 우리아의 손에 요압 장군에게 보내는 편지를 들려주었습니다. "우리아를 선봉에 세우고 후퇴하라. 고의적으로 전사하게 하라." 우리아는 자신을 죽이라는 편지의 내용도 모른 채 다윗에게 충성을 다했습니다. 우리아는 다윗에게 편지를 전달하였고, 다윗이 지시한대로 전쟁에 선봉에 섰다가 전사했습니다.

육체의 소욕대로 행하던 다윗에게 영적인 흑암이 찾아왔습니다. 하나님과 교제가 끊어지고 뼈가 쇠하고 진액이 화하여 여름가뭄에 마름 같이 되는 고통을 받았습니다. "내가 입을 열지 아니할 때에 종일 신음하므로 내 뼈가 쇠하였도다. 주의 손이 주야로 나를 누르시오니 내 진액이 빠져서 여름 가뭄에 마름 같이 되었나이다(시32:3-4)."

예레미야 선지자는 눈물의 선지자입니다. 예루살렘의 멸망을 전했습니다. 하지만 백성들은 듣지 않았습니다. 오히려 눈물로 호소하는 예레미야를 미워하고 핍박했습니다. 예레미야는 예언을 중단하고 싶었으나 그것도 마음대로 되지 않았습니다. 하나님의 말씀을 전하고 싶지 않아도 거역할 수 없는 성령의 역사로 계속 예언했습니다. 거부하려 하나 거부할 수 없는 성령의 강권적인 역사였습니다. "대저 내가 말할 때마다 외치며 강포와 멸망을 부르짖으오니 여호와의 말씀으로 하여 내가 종일토록 치욕과 모욕거리가 됨이니이다. 내가 다시는 여호와를 선포하지 아니하며 그 이름으로 말하지 아니하리라 하면 나의 중심이 불붙는 것 같아서 골수에 사무치니 답답하여 견딜 수 없나이다(렘20:8-9)."

에스더는 삼촌 모르드개로부터 유대인이 하만의 음모로 학살당하게 되었다는 충격적인 소식을 전해 들었습니다. 처음에는 그것을 위해 왕에게 나아가기를 거부했습니다. 그러나 에스더는 모르드개의 강력한 메시지를 전달 받고, "죽으면 죽으리라"는 각오로 금식하고 나아갔습니다. "이 때에 네가 만일 잠잠하여 말이 없으면 유다인은 다른 데로 말미암아 놓임과 구원을 얻으려니와 너와 네 아비 집은 멸망하리라. 네가 왕후의 위를 얻은 것이 이때를 위함이 아닌지 누가 아느냐(에스더4:14)." 에스더는 성령의 강력한 역사로 자기 생각을 바꾸고 동족을 구하는데 헌신하게 되었습니다.

성령으로 행하라

"내가 이르노니 너희는 성령을 따라 행하라. 그리하면 육체의 욕심을 이루지 아니하리라(16절)." 성령을 따라 행하라. 행하라는 명령형입니다. 성령의 임재를 경험해야 합니다. 성령에 순종해야 합니다. 성령과 인격적 교제를 나누십시오. 그리하면 육체의 욕심을 이루지 않을 것입니다. 의롭다 함을 받는 수단으로 율법을 지키는 것은 불가능하나, 믿음으로 은혜로 구원받은 성도는 성령의 도움으로 율법을 지킬 수 있습니다.

믿음으로 구원받은 그리스도인은 어떻게 살아야 합니까? 거룩한 삶을 사는 수단으로 율법은 여전히 유효합니다. 율법은 폐지되지 않았습니다. 율법 폐지론자들은 자유를 방종으로 오용합니다. 자유를 외치다가 오히려 죄의 종이 됩니다.

율법 준행은 성화의 지침이고 수단입니다. 내 힘으로 율법을 지키는 것이 아니고 성령이 주시는 힘으로 율법을 지킵니다. 내 힘으로 율법을 지키려하면 백번 실패합니다. 선을 행하고자 하는 마음은 내게 있으나 선을 행할 능력은 없습니다. "내가 원하는 바 선은 행하지 아니하고 도리어 원치 아니하는 바 악은 행하는도다(롬7:19)." 율법은 억지가 아니라 성령의 도움으로 기쁘고 즐거운 마음으로 지킵니다. 빗자루로 먼지를 쓸면 먼지가 더 날리지만 물을 뿌리고 먼지를 쓸면 먼지를 제거할 수 있습니다. 오직 성령을 의지하면 율법을 지키고 더 성화됩니다.

세상 모든 욕망과 나의 모든 욕망은 십자가에 이미 못을 박았네
어둔 밤이 지나고 무거운 짐 벗으니 주의 영이 함께 함이라.
성령이 계시네 할렐루야 함께 하시네
좁은 길을 걸으며 밤낮 기뻐하는 것 주의 영이 함께 함이라.

성령으로 충만해야 합니다. 성령의 지배를 받으십시오. 성령이 처음에는 발목에 닿고, 나중에는 무릎, 허리, 그리고 마지막에는 헤엄칠만큼 깊은 강이 됩니다. 성령의 역사를 힘입으십시오. 처음에는 내 안에 선을 행하는 것이 1% 밖에 안 되어도 나중에는 99%가 되게 해야 합니다. 성령의 역사에 내 온 몸을 맡기십시오. 내가 죽으면 내 안에 예수가 살고, 육체의 소욕이 죽으면 성령의 소욕대로 삽니다. 육체의 소욕이 줄면 성령의 소욕이 늘어나고, 성령의 소욕이 늘어나면 아름답고 거룩한 사람이 됩니다. 그러한 사람은 신앙에 성공하고 인생에 성공합니다.

성령의 은사는 능력으로 나타나고, 성령의 열매는 인격의 결실로 나타납니다. 은사는 수단이고, 열매는 목적입니다. 강력한 은사를 받으십시오. 좋은 열매를 많이 맺으십시오. 힘써 성령으로 행해야 합니다. 하늘이 높고 열매가 아름다운 가을처럼, 성령의 풍성한 열매를 맺는 사람이 되시기를 바랍니다.

주님의 마음을 본받는 자 그 맘에 평강이 찾아옴은
험악한 세상을 이길 힘이 하늘로부터 임함이로다
주님의 마음 본받아 살면서 그 거룩하심 나도 이루리

제 2부
성령으로 사는 생활

Chapter 9

성령으로 거룩하라

로마서 12:1-2

1. 그러므로 형제들아 내가 하나님의 모든 자비하심으로 너희를 권하노니 너희 몸을 하나님이 기뻐하시는 거룩한 산 제물로 드리라 이는 너희가 드릴 영적 예배니라 2. 너희는 이 세대를 본받지 말고 오직 마음을 새롭게 함으로 변화를 받아 하나님의 선하시고 기뻐하시고 온전하신 뜻이 무엇인지 분별하도록 하라

너희 몸을 거룩한 산 제물로 드리라

너희 몸을 하나님이 기뻐하시는 거룩한 산 제물로 드리라. 왜 산 제물로 드려야 합니까? 하나님이 예배를 받기 위해 우리를 지으셨습니다. 하나님이 예배를 받기 위해 우리를 구원하셨습니다. 구원받았습니까? 그렇다면 우리 몸을 하나님이 기뻐하시는 거룩한 산 제물로 드려야 합니다. 가인은 예배에 실패해서 동생을 죽이고 유리방황하는 인생의 실패자가 되었습니다. 예배에 실패하면 인생에 실패합니다.

산 제물은 무엇입니까? 구약의 제사는 짐승을 제물로 바치나 예수 그리스도의 십자가로 구속받은 우리는 우리의 몸을 산 제물로 드립니다. 몸이 제물이고, 삶이 곧 제물입니다. 하나님은 형식적인 제사가 아니라 인격적으로 드리는 살아 있는 제사를 원합니다.

예배의 종류가 여럿입니다. 좁은 의미의 예배와 넓은 의미에 예배가 있습니다. 주일 예배는 좁은 의미의 예배이고, 교제와 봉사는 좀 더 넓은 의미의 예배입니다. 직업 소명은 더 넓은 의미의 예배입니다. 밀레의 만종에 등장하는 들에서 일하는 부부를 보십시오. 일하며 기도하는 모습이 얼마나 경건합니까? 일이 곧 예배입니다.

삶 전체를 하나님이 기뻐하시는 거룩한 산 제물로 드리십시오. 모든 것이 하나님으로부터 와서 하나님께로 돌아갑니다. 하나님이 주신 것을 하나님께 돌려드리는 것이 예배입니다. 욥은 자녀 열 명이 죽고 재산을 잃었다는 슬픈 소식을 듣고도 하나님을 경배합니다. "주신 자도 여호와시오 취하신 자도 여호와시니 여호와의 이름이 찬송을 받으실지니이다(욥1:21)." 욥은 예배를 중단하지 않았습니다.

우상 숭배자가 드리는 예배는 예배가 아닙니다. 우상숭배 하는 사람은 귀신이나 짐승보다 수준이 떨어집니다. 자연을 신으로 경배하는 범신론자의 예배도 예배가 아닙니다. 인디언은 자연을 경배합니다. 아침 일찍 들에 나가 풀을 밟을 때 미안한 마음을 가지고 최소한으로 밟습니다. 짐승을 잡아먹을 때도 욕심 없이 고마운 마음으로 최소한의 양식으로 만족합니다. 우리처럼 한 번에 많이 잡아서 냉장고에 보관하지 않습니다. 인디언의 자연에 대한 경외심은 배울만합니다. 그러나 자연을 신처럼 경배하는 것은 하나님을 기쁘게 하는 예배가 아닙니다. 우리는 자연이 아니라 자연을 창조하신 하나님께 경배와 찬양을 드려야 합니다.

하나님은 창조주이십니다. "주 하나님 지으신 모든 세계 내 마음 속에 그리어 볼 때 하늘의 별 울려 퍼지는 뇌성 주님의 솜씨 노래하도다." 또한 하나님은 구속주이십니다. "나 같은 죄인 살리신 주 은혜

놀라워 잃었던 생명 찾았고 광명을 얻었네." 그러므로 창조주이시고, 구속주이신 하나님께 예배해야 합니다. 예배는 세상에 그 무엇과도 바꿀 수 없는 우리의 기쁨이고 영광이고 즐거움입니다.

성령이 아니면 우리 몸을 산제사로 드릴 수 없습니다. 내가 죽고 내 안에 예수가 사는 참 예배는 오직 성령으로 드립니다. 악한 영에 사로잡히면 악한 인생을 삽니다. 이것은 파괴하거나 파괴당하는 인생입니다. 육신에 사로잡히면 육신대로 삽니다. 술과 도박과 음란에 젖어 삽니다. 지식과 도덕 교육을 받으면 지금 보다 조금은 나아집니다. 좀 더 인간적일 수 있습니다. 하지만 하나님이 기뻐하시는 예배에는 여전히 미치지 못합니다. 육은 육이고 영은 영인 것입니다.

성령을 받아야 하나님을 참으로 예배합니다. 날마다 숨 쉬는 순간마다 하나님을 의지하고 하나님을 높이고 경배합니다. 인간에게 지고의 선이 무엇입니까? 하나님께 예배하는 것입니다. 재물이나 소유가 아닙니다. 명예나 권력이 아닙니다. 자식이나 가족 같은 혈육이 아닙니다. 성령이 아니고는 하나님을 믿을 수 없고, 그분께 예배할 수 없습니다. 하나님을 믿고 예배드리는 신앙의 성공은 오직 성령에 달려 있습니다.

마음을 새롭게 함으로 변화를 받아

"너희는 이 세대를 본받지 말고 오직 마음을 새롭게 함으로 변화를 받아 하나님의 선하시고 기뻐하시고 온전하신 뜻이 무엇인지 분별하도록 하라(2절)."

우리는 이 세대를 본받지 말아야 합니다. 이 세대를 거부해야 합니다. 불순응해야 합니다. 곱슬머리로 돌아가기를 거부해야 합니다. 개가 토한 자리로, 돼지가 더러운 자리로 돌아가기를 거부해야 합니다. 과거로 돌아가서 다시 깡패 되고, 다시 노숙자가 될 수 없습니다. 하나님의 거룩한 부르심을 따라 앞만 보고 달려야 합니다. 롯의 아내처럼 불타는 소돔성을 뒤돌아보면 안 됩니다.

어떻게 해야 이 세대와 구별될 수 있습니까? 성령을 받아야 합니다. 우리 안에는 육신의 정욕과 안목의 정욕과 이생의 자랑이 가득합니다. 노아가 방주를 만들 때 세상 사람들은 먹고 마시며 그를 비웃었습니다. 맑은 하늘에 산 위에 배를 만드는 노아를 이상한 사람이라고 비웃었습니다. 그들은 시집가고 장가가고 먹고 마시는데 정신이 팔렸습니다. 또한 바울은 이와 같이 탄식합니다. "오호라 나는 곤고한 사람이로다. 누가 이 사망에서 나를 건지랴!" 그렇습니다. 우리를 사로잡아 오는 악을 어떻게 이긴단 말입니까? 성령을 받아야만 합니다. 성령은 신선한 공기와 같습니다. 성령을 받으면 정신이 맑아집니다. 분별력이 생깁니다.

어느 날 세상 친구가 싫어지고 잡담이나 욕이 입에서 사라집니다. 나도 모르게 입에서 찬송이 나옵니다. 예수님이 새벽별처럼 내 안에서 빛납니다. "내 진정 사모하는 친구가 되시는 구주 예수님은 아름다워라. 산 밑에 백합화요 빛나는 새벽별 주님 형언할 길 아주 없도다. 내 맘이 아플 적에 큰 위로되시며 나 외로울 때 좋은 친구라 주는 저 산 밑에 백합 빛나는 새벽별 이 땅 위에 비길 것이 없도다."

우리 주변에 말세의 고통이 가득합니다. 대학 교수가 아내를 살해하고, 대학 교수가 음란 사진을 몰래 찍어서 보관합니다. 국회의원이 성희롱을 합니다. 현직 판사가 지하철에서 성추행 하다가 현행범으로 체포됩니다. 혼외 자식을 둔 검사, 길거리에서 음란 행위를 하다가 현장에서 경찰에 체포되어 불명예스럽게 퇴진한 고위직 검사도 있습니다. 날아가는 새도 떨어뜨린다는 검찰의 최고 간부들입니다. 돈이라면 부족함이 없는 재벌 회장님이 감옥에 갇힙니다. 전직 대통령이 자살하고, 유명 연예인이 자살합니다. 이해가 가지 않는 사건들이 많습니다. 이런 사건들을 어떻게 설명할 수 있겠습니까?

돈이나 지식이나 소유로 되지 않습니다. 말세의 고통에서 벗어나는 길은 오직 성령으로 마음의 변화를 받는 것뿐입니다. "너는 이것을 알라. 말세에 고통 하는 때가 이르러 사람들이 자기를 사랑하며 돈을 사랑하며 자랑하며 교만하며 비방하며 부모를 거역하며 감사하지 아니하며 거룩하지 아니하며 무정하며 원통함을 풀지 아니하며 모함하며 절제하지 못하며 사나우며 선한 것을 좋아하지 아니하며 배신하며 조급하며 자만하며 쾌락을 사랑하기를 하나님 사랑하는 것보다 더하며 경건의 모양은 있으나 경건의 능력은 부인하니 이 같은 자들에게서 네가 돌아서라(딤후3:1-4)." 우리는 오직 마음을 새롭게 함으로 변화를 받아야 합니다. 인간은 하나님의 형상대로 지음을 받은 피조물의 면류관입니다. 그런데 타락한 인간은 피조물의 면류관이 아니라 괴물처럼 변했습니다. 인간이 인간의 자리를 상실했습니다. 몰라보게 변했습니다.

성령이 아니면 마음이 새롭게 되지 않습니다. 내면이 변하지 않습니다. 성령을 받을 때, 사람의 성격이나 기질이 뿌리 채 변화되는 것은 아니지만, 성령을 받으면 놀라울 만큼 좋은 쪽으로 변합니다. 장점은 극대화 되고, 단점은 최소화 됩니다. 죄인중의 괴수인 바울은 극적으로 변했습니다. "나를 능하게 하신 그리스도 예수 우리 주께 내가 감사함은 나를 충성되이 여겨 내게 직분을 맡기심이니(딤전1:12)." 육체의 소욕의 지배를 받지 않고 성령의 소욕에 지배를 받았습니다.

성령을 받으면 내 안에서 정권 교체가 이루어집니다. 내가 죽고 내 안에 예수가 삽니다. 평소에 하지 않던 말을 합니다. "미안합니다. 잘 못했습니다. 사랑합니다. 낙심하지 맙시다. 다시 일어납시다." 이런 말들이 얼마나 아름답습니까? 얼마나 힘이 솟아나게 합니까? 의인은 일곱 번 넘어져도 여덟 번째 다시 일어납니다.

야곱이 이스라엘로 변화되는 역사는 오직 성령 안에서 가능합니다. 우리 안에는 야곱도 있고 에서도 있습니다. 야곱은 간사하고 수단 방법을 가리지 않습니다. 에서는 하나님의 축복을 업신여깁니다. 에서는 야곱이 되어야 하고, 야곱은 이스라엘이 되어야 합니다. 하나님의 축복을 사모합시다. 육신적인 축복이 아니라 신령한 축복을 사모합시다. 육신적인 그리스도인이 아니라 영적인 그리스도인이 됩시다. 하나님을 사랑하고 이웃을 사랑합시다.

하나님의 선하시고 기뻐하시고 온전하신 뜻이 무엇인지 분별합시다. 바울은 스데반을 죽이는데 앞장섰고, 그리스도인을 체포하기 위해서 멀리 다메섹에까지 갔습니다. 바울은 죄인중의 괴수였습니다. 그런데 그가 변했습니다. 이방인의 사도가 된 바울은 로마까지 가서 순교했습니다. "관제와 같이 벌써 내가 부음이 되고 떠날 기약이 가까웠도다(딤후4:6)." 아합왕 시대의 나봇은 조상의 기업을 목숨을 걸고 지켰습니다. 아합왕이 요구하는 조상의 포도원을 어떤 조건으로도 넘기지 않았습니다. 기업은 곧 생명입니다. 또한 하만의 음모로 유대인들이 학살당하게 되었을 때, 에스더는 죽으면 죽으리라는 각오로 삼일동안 금식 기도하고 아하수에로 왕에게 나아갔습니다. 그리고 예수님은 잡히시기 전날 밤, 겟세마네 동산에 올라가서 땀이 핏방울이 되도록 기도하셨습니다. "이 잔을 내게서 옮기시옵소서. 그러나 내 원대로 마옵시고 아버지 원대로 하옵소서(막14:36)." 느헤미야는 예루살렘에서 온 형제를 통해 예루살렘 성벽이 바벨론 침략 때 훼파된 채로 방치되었다는 소식을 듣고 슬퍼하며 금식했습니다. 아닥사스다 왕의 술관원장인 느헤미야는 예루살렘 총독을 자원해서 성벽 재건의 역사를 이루었습니다. 이것은 모두 다 성령의 역사로 한 일들입니다.

지금의 나는 내가 아닙니다. 내 안에 계신 "성령의 작품"입니다. 나의 나 된 것은 오직 하나님의 은혜입니다. 예수 믿고 구원받은 후의 내 모습은 내 것이 아니라, "성령의 작품"입니다. 천국에 들어가려면 환난을 많이 겪어야 합니다. 순례자의 길은 한가한 소풍이 아닙니다. 장미 동산에서 열리는 파티도 아닙니다. 아리랑 고개 아흔아홉을 넘어야 합니다. 우리는 '지금', '여기서' 부터 예수를 믿고 천국까지 가는 순례자입니다. 이 순례의 길은 짧은 거리가 아닙니다. 상황도 만만치 않습니다. 높은 산도 있고 깊은 골짜기도 있습니다. 사망의 음침한 골짜기를 지날 때도 있습니다. 그렇기 때문에 성령의 도움을 받아야 합니다. "성령이여 그 음성을 항상 들려 줍소서. 내 마음은 정했어요. 변치 말게 하소서."

바울의 행적을 보십시오. 강, 바다, 산, 감옥, 질병, 가난, 그리고 핍박의 연속입니다. 한 걸음마다 태산 같은 난관들이 그의 앞을 가로막았습니다. 그러나 바울 안에 성령이 계십니다. 바울이 로마를 가고, 바울이 순교한 것이 아닙니다. 바울 안에 계신 성령이 로마를 가고, 그 성령이 바울을 순교의 제물 되게 했습니다. 바울을 바울 되게 한 것은 보혜사 성령의 역사입니다. 내가 아버지께 가면 보혜사 성령을 너희에게 보내리라. 성령이 인도하고 성령이 보호하십니다. 성령이 지혜이시고, 성령이 능력이십니다. 우리의 천국 가는 길이 아무리 힘해도 성령의 도우심으로 찬송 중에 나아갈 수 있습니다.

내 주를 가까이 하게 함은 십자가 짐 같은 고생이나
내 일생 소원은 늘 찬송하면서 주께 더 나가기 원합니다.

성령의 협력자가 되라

중생이 무엇입니까? 하나님이 죄와 허물로 죽은 우리에게 생명의 선물을 넣어주시는 것입니다. 중생은 하나님의 단독적인 역사입니다. 우리가 의식하지 못하고, 우리가 협력하지 않아도 하나님이 우리를 살리십니다. 우리는 육신의 부모에게서 한번 태어나고, 성령 하나님으로 인해 두 번째 태어납니다.

그런데 성령으로 드리는 산제사는 성령에 순종하고 협력해야 가능합니다. 성령의 단독 역사가 아니라, 우리가 협력해야 합니다. 이것은 무의식 속에서 이루어지는 것이 아니라, 의식하고 의지하면서 점진적으로 이루어지는 역사입니다. 산제사를 드리려면 눈을 뜨고 힘을 쓰고 노력해야 합니다. 의식하고 각성해야 합니다. 하나님이 절반을 하시고, 우리가 절반을 하는 공동 역사가 아닙니다. 하나님이 100% 역사하고, 우리도 100% 역사하는 상호 협력입니다. 성령이 우리를 위하고, 우리가 성령을 위하여 손을 마주 잡아야 합니다.

내가 거룩하니 너희도 거룩하라. 그러므로 우리는 거룩하기 위해 몸부림쳐야 합니다. 이사야는 성전에 들어가서 기도하다가 하나님의 영광의 보좌를 경험했습니다. "거룩하다 거룩하다 거룩하다 만군의 여호와여 그 영광이 온 땅에 충만하도다(사6:3)." 천사들이 찬송합니다. 영광의 보좌에 앉으신 하나님의 옷자락이 성전에 가득합니다. "그 때에 내가 말하되 화로다 나여 망하게 되었도다. 나는 입술이 부정한 사람이요 입술이 부정한 백성 중에 거하면서 만군의 여호와이신 왕을 뵈었음이로다(사6:5)." 이사야는 자기 입술의 부정함을 회개합니다. 이후 성령으로 새롭게 됩니다. 그리고 고백합니다. "그 때에 내가 가로되 내가 여기 있나이다. 나를 보내소서(사6:8)."

기도할 때 손을 들거나, 금식함으로 기도하는 것은 하나님께 더 가까이 나아가기 위함입니다. 높은 곳에 있는 기도처를 찾는 것도 높이 계신 하나님께 조금이라도 더 가까이 나아가기 위함입니다. 하나님께로 더 높이, 더 가까이 나아가십시오. 하루 중에 잠자는 시간, 일하는 시간, 커피 마시는 시간, 그리고 운동하는 시간이 얼마입니까? 그렇다면 기도와 묵상으로 성령과 함께 하는 시간은 얼마입니까? 육신적이고 세상적인 시간보다 영적으로 성령과 함께 하는 시간이 훨씬 더 많아야 합니다.

중생은 순간적으로 일어나는 하나님 단독 역사입니다. 반면에 거룩한 삶에 이르는 성화는 시간이 걸리고 우리의 수고가 많이 필요한 협력 역사입니다. 믿음의 선한 싸움을 싸우십시오. 죄와 더불어 싸우십시오. 경건에 이르기를 연습하십시오. 육체의 연습은 약간의 유익이 있으나 경건의 연습은 금생과 내생에 유익합니다.

너 성결키 위해 늘 기도하며 너 주 안에 있어 늘 성경 보고
온 형제들 함께 늘 사귀면서 일하기 전마다 너 기도하라.
너 성결키 위해 네 머리 숙여 저 은밀히 계신 네 주께 빌라.
주 사귀어 살면 주 닮으리니 널 보는 이마다 주 생각하라.

우리는 성령을 거스르지 말아야 합니다. 성령을 탄식케 하거나 근심케 하지 말아야 합니다. 성령이 좋아하는 것을 해야 합니다. 성령은 말씀을 좋아합니다. 에스겔 골짜기의 해골 떼가 여호와의 말씀을 듣고 산 군대를 이루고 다시 일어섰습니다. 성령이 사용하시는 강력한 검은 말씀이며, 말씀은 빛입니다. 그러나 우상이나 미신은 어둠입니다. 이 어두움은 빛이 물리칩니다. 말씀을 읽고 묵상하면 성령이 우리를 빛 가운데 인도합니다. 주님의 말씀이 내 발의 등불이고 빛입니다. "주의 말씀이 여기 있사오니 내가 어디로 가오리까!"

성령은 온기와 열정을 좋아합니다. 성령의 불같은 역사는 계속되어야 합니다. 겉으로 열정은 열정이 아닙니다. 속의 열정이 진짜 열정입니다. 한나는 입술을 움직이면서 소리가 나지 않게 열정으로 기도했습니다. 엘리 제사장이 모르는 열정이 한나 안에 있었습니다. 눈물의 선지자 예레미야에게는 거부할 수 없는 불타는 열정이 있었습니다. 예루살렘의 임박한 멸망을 전하지 않을 수 없었습니다. 백성들은 그의 예언을 듣기 싫다고 외면했습니다. 그를 핍박했습니다. 그래도 전하지 않고는 견딜 수 없는 뜨거운 마음이 예레미야에게 있었습니다. 이것이 성령으로 사로잡힌 증거입니다. 나실인의 비밀을 누설한 삼손은 성령의 은사를 잃고 두 눈이 뽑히고 연자 맷돌을 돌리는 노예 신세가 되었습니다. 삼손은 마지막 열정을 불사릅니다. "하나님, 한

번만 나에게 힘을 주시면 원수를 갚겠습니다!" 라오디게아교회처럼 미지근하면 토하여 내칩니다. 차든지 덥든지 해야 합니다.

성령은 예배하고 기도하는 공동체를 좋아합니다. "두 사람이 내 이름으로 모이는 곳에 나도 그들과 함께 한다." 작은 불꽃 하나가 큰 불을 일으킵니다. 삼겹줄의 역사는 쉽게 끊을 수 없습니다. 제자들이 모여 마가의 다락방에서 합심 기도할 때, 오순절 성령이 강림했습니다. 미스바에서 거룩한 성회로 모일 때 하나님은 천둥과 우레를 보내서 블레셋을 물리쳤습니다.

성령은 거룩하고 신비로운 임재를 기뻐하십니다. 예수님은 새벽 미명에 한적한 곳에 나가서 기도했습니다. 다니엘은 하루 세 번 예루살렘을 향하여 열린 창에서 기도했습니다. 야곱은 벧엘 광야에서 한밤에 일어나 기도했습니다. 요나는 큰 물고기 뱃속에서 기도했습니다. 기도는 주님이 내 안에 계시고, 내가 주님 안에 있는 것입니다. 세상은 이 신비로움을 모르고 성령을 받은 사람만 압니다. 순례자의 성공적인 걸음은 오직 성령에 달려 있습니다. "내 주를 가까이 하게 함은 십자가 짐 같은 고생이나 내 일생 소원은 늘 찬송하면서 주께서 더 나가기 원합니다." 우리의 남은 경주를 성령 안에서 감당합시다. 천국에 들어가려면 성령파가 되어야 합니다. 성령의 임재와 성령의 음성을 자주 들어야 합니다.

성령이여 그 음성을 항상 들려 줍소서.
내 마음은 정했어요. 변치 말게 하소서.

10 Chapter

성령이 주시는 평안

요한복음 14:25-27

25. ○내가 아직 너희와 함께 있어서 이 말을 너희에게 하였거니와 26. 보혜사 곧 아버지께서 내 이름으로 보내실 성령 그가 너희에게 모든 것을 가르치고 내가 너희에게 말한 모든 것을 생각나게 하리라 27. 평안을 너희에게 끼치노니 곧 나의 평안을 너희에게 주노라 내가 너희에게 주는 것은 세상이 주는 것과 같지 아니하니라 너희는 마음에 근심하지도 말고 두려워하지도 말라

평안을 빼앗는 것이 무엇인가?

"너희는 마음에 근심도 말고 두려워하지도 말라(27절)." 왜 제자들은 근심과 두려움에 빠졌습니까? 예수님이 곧 떠난다는 말씀에 충격을 받았습니다. 제자들은 예수님이 로마를 이기고 곧 이스라엘을 구원할 것을 기대했습니다. 지난 삼년간 예수님을 따라다니면서 후일에 예수님의 우정승과 좌정승이 될 것을 기대했습니다. 그런데 지금 예수님이 떠난다면 모든 것이 허사가 됩니다. 떠난다는 것은 죽는다는 뜻입니다. 지난날의 수고가 다 사라지고, 장래도 불안합니다. 예수님이 죽는다면 제자들도 죽을 수 있습니다. 그들에게 갑자기 불안과 두려움이 엄습하였습니다.

근심과 두려움은 어디서 옵니까? 예수님을 잘 모르는 무지와 불신앙에서 옵니다. 예수님은 죽으셔야만 합니다. 예수님이 이 땅에 오신 것은 우리를 구원하기 위해, 죽으시기 위해서입니다. 또한 죽으시고 삼일 만에 다시 살아나셔야 우리를 구원하십니다. 부활하신 예수님은 승천하시고 하나님 보좌 우편에 앉으시고, 우리에게 보혜사 성령을 보내십니다. 하나님의 구원 역사는 진보하고 발전되어야 합니다. 예수님이 늘 제자들과 함께 할 수 없습니다. 예수님이 떠나야 구원이 이루어지고, 예수님이 떠나야 우리에게 살 길이 열립니다. 구속사를 제대로 알았더라면 근심하거나 두려워하지 않을 것입니다.

이것은 우리도 마찬가지입니다. 하나님을 신뢰하지 못합니다. 하나님의 뜻과 섭리를 믿지 못합니다. 이방인처럼 단지 무엇을 먹을까, 무엇을 입을까, 그리고 무엇을 마실까를 걱정하다가 평안을 빼앗깁니다. 세상에는 근심된 일이 많고 죽을 일도 많습니다. 우리의 평안을 빼앗는 도둑이 한 둘이 아닙니다. "이 세상에 근심 된 일이 많고 참 평안을 몰랐구나."

하나님을 신뢰합시다. 하나님은 모든 것을 합력하여 선을 이루십니다. 바울이 탄 배가 지중해에서 태풍을 만나서 파선했습니다. 보름 동안 죽을 것처럼 심하게 표류했습니다. 그러나 태풍으로 인하여 보름 만에 지중해를 더 빨리 항해했습니다. "이 풍랑 인연하여서 더 빨리 갑니다." 배가 파선당하고 바울과 그의 일행이 살아난 것은 하나님의 뜻입니다. 하나님은 순풍에도 일하시고 역풍에도 일하십니다. 역풍에는 더 크게, 더 빨리 일하십니다. 하나님은 모든 것을 아십니다. 우리에게 필요한 것이 무엇인지, 필요하지 않은 것이 무엇인지 다 아십니다. 하나님은 밤에도 일하시고 낮에도 일하십니다. 좋은 일이든 싫은 일이든 하나님께 다 맡기시기 바랍니다.

믿음이 있는 곳에 절대 안식이 있습니다. 여호수아와 갈렙은 가나안 땅을 정탐하고 돌아와서 믿음으로 보고했습니다. 과연 가나안은 젖과 꿀이 흐르는 땅입니다. 가나안은 하나님이 약속하신 땅입니다. 마음이 편합니다.

반면에 믿음이 없는 정탐꾼들은 두려움에 떨었습니다. "우리는 그들 보기에 메뚜기 같습니다. 그들은 대장부들이고, 그들의 성은 하늘에 닿았습니다." 이 보고를 들은 이스라엘 백성은 두려움에 떨며 가나안에 들어가기를 거부하고 광야로 나아갔습니다. 광야를 방황하던 40년 동안 이스라엘에는 안식이 없었습니다. 먹을 것이 없었고, 마실 것도 없었고, 그리고 믿음도 없었습니다. 길은 험하고 적들이 앞을 가로막았습니다. 그들에게는 안식이 없었습니다.

기도의 사람 다니엘은 사자굴 속에 들어갔음에도 불구하고 하룻밤을 잘 지냈습니다. 하나님이 천사를 보내서 사자의 입을 봉하셨기 때문입니다. 믿음이 문제입니다. 내일 중요한 수술을 있습니다. 내일 중요한 시험이 있습니다. 내일 중요한 비즈니스가 있습니다. 무슨 일을 만나든지 하나님이 만사형통케 하실 것을 믿으십시오. 믿는 자에게 능치 못함이 없습니다. 하나님은 모든 것을 합력하여 선을 이루십니다.

마음이 평안하지 못한 것은 죄 때문입니다. 죄가 하나님과 우리 사이를 끊습니다. 죄가 하나님과 우리 사이를 원수지간으로 만듭니다. 아담과 하와는 뱀의 말을 듣고 하나님이 금하신 선악과를 먹었습니다. 그들은 벗은 것을 서로 부끄러워하고 하체를 가렸습니다. 그리고 하나님이 에덴동산에 찾아오셔서 아담을 불러도 숲에 숨어서 나오지 못했습니다. 가인은 동생 아벨을 죽이고, 다른 사람이 자기를 죽이지 않을까 두려워하여 유리하는 자가 되었습니다. 요셉의 형들은 동생 요셉을 미워하고 시기하여 은 이십에 노예로 팔았습니다. 형들은 요셉이 가져온 음식을 먹으면서 요셉을 노예로 팔았습니다. 이 얼마나 냉혹하고 잔인합니까? 다윗은 밧세바와 간음하고 고통을 받았습니다. 그 고통은 여름 가뭄에 마름 같고 뼈가 부러지는 아픔과 같습니다. 은 삼십에 예수님을 배신한 가룟 유다의 마음이 괴롭습니다. 유다는 더 견디지 못하고 목을 매달고 자살했습니다. 죄가 있는 곳에는 평안이 없습니다. 그곳에는 큰 파도가 일어나고 큰 마귀가 역사합니다.

　십자가로 용서하지 못할 죄가 없습니다. 주님은 일흔 번이라도 일곱 번씩 용서합니다. 탕자의 아버지는 집 나간 둘째 아들을 영접하고 살진 송아지를 잡아서 동네잔치를 베풀었습니다. 아들은 자신을 아들이 아니라 종으로 받아주기만 해도 감사하다는 마음을 가지고 돌아왔지만, 아버지는 여전히 그를 종이 아니라 아들로 대했습니다. "너는 잃었다가 되찾은 내 아들이다." 작은 병도 오래 두면 큰 병이 됩니다. 하지만 아무리 큰 죄라도 회개하고 고치면 깨끗해집니다. 예수 그리스도의 피로 씻지 못할 죄가 없습니다. 회개하는 곳에 천국이 임합니다. 세상이 줄 수 없고 빼앗을 수 없는 평안이 임합니다.

　　　내 영혼이 은총 입어 중한 죄 짐 벗고 보니
　　　슬픔 많은 이 세상도 천국으로 화하도다.

성령이 주시는 평안함

"평안을 너희에게 끼치노니 곧 나의 평안을 너희에게 주노라. 내가 너희에게 주는 것은 세상이 주는 것과 같지 아니하니라. 너희는 마음에 근심하지도 말고 두려워하지도 말라 (27절)."

주님이 우리에게 주시는 평안함은 세상이 주는 것과 다릅니다. 세상의 평안함은 외부적인 환경이나 물질을 통해 얻습니다. 가난한 집에 양식이 생기고, 병든 자가 치유되면 평안이 임합니다. 수험생이 합격하면 평안이 임합니다. 욥이 고난당할 때 처음에 잃은 것을 다시 찾으면 평안입니다. 물질과 자녀와 건강과 친구를 되찾으면 평안입니다.

과연 이런 평안을 얻을 수 있습니까? 가난한 사람이 어떻게 돈을 얻으며, 인기 없는 사람이 어디서 인기를 얻으며, 다 죽을 지경의 사람이 어떻게 건강을 얻습니까? 사람이 키를 자기 맘대로 한 자도 더 크게 할 수 없습니다. 세상에는 하고 싶어도 할 수 없는 것이 많습니다. 설령 물질과 건강과 명예를 얻는다 하여도 평안을 얻지 못할 수가 있습니다. 수면제를 살 수 있어도 잠은 살 수 없습니다. 잠은 자도 마음의 평안은 여전히 없습니다.

평안을 너희에게 끼치노니 곧 나의 평안을 너희에게 주노라. 예수님이 주는 평안은 세상이 주는 것과 다릅니다. 세상의 평안이 소유에서 나온다면 예수님의 평안은 성령에서 나옵니다. 세상의 평안이 일시적이라면, 예수님이 평안은 영원합니다. 세상의 평안이 뭔가 부족하다면 예수님의 평안은 충분하고 넘칩니다. 세상의 평안이 나만의 것이라면, 예수님의 평안은 이웃과 함께 누리는 것입니다.

한나는 아들이 없어서 아들을 달라고 하나님께 기도했습니다. "나는 마음이 슬픈 여자입니다." 엘리 제사장은 입술만 움직이는 한나의 기도를 술 취한 여자의 술주정으로 오해하고 책망했으나, 하나님은 한나의 기도를 들으시고 아들을 주시기로 약속하셨습니다. 그 말씀을 들은 즉시, 한나의 얼굴에서 근심이 사라졌습니다. 세상에 줄 수 없는 하늘의 평안이 한나에게 임했습니다. 한나는 다시 세상의 화장품이 필요 없었습니다.

형의 축복권을 빼앗은 야곱은 살기등등한 형 에서를 피해 도망갔습니다. 그는 벧엘 광야에서 두려움 속에 하룻밤 노숙하다가 하나님을 만났습니다. 하늘에 닿은 사닥다리를 통해 천사가 오르락내리락 하는 것을 보았습니다. 그리고 하나님의 음성을 들었습니다. "아브라함에게 언약한 복을 너에게 주리라. 네가 무사히 돌아오리라." 잠에서 깨어난 야곱은 베게 하였던 돌로 제단을 세우고 하나님께 경배했습니다. 여기가 하나님의 집입니다. 여기에 하나님이 계십니다. 야곱의 마음에 두려움은 사라지고 하늘에 평안이 임했습니다. 들짐승 소리가 들리는 음산한 벧엘 광야가 천국이 되었습니다.

욥은 죽기보다 힘든 고난을 받았으나 믿음이 견고하여 흔들리지 않았습니다. "나의 가는 길을 오직 그가 아시나니 그가 나를 단련하신 후에 내가 정금같이 나오리라(욥23:10)." 자녀가 죽고, 건강을 잃고, 친구가 떠나도 믿음에 굳게 섰습니다. 긴 고난의 시간을 인내하고, 마침내 하나님의 영광의 빛을 보았습니다. 속사람이 새로워졌습니다. "내가 주께 대하여 귀로 듣기만 하였더니 이제는 눈으로 주를 뵈옵나이다(욥42:5)." 욥은 땅에 있는 어떤 것도 침범할 수 없는 하늘의 평안을 얻었습니다. 하나님은 위대하십니다. 하나님은 하늘에 계십니다.

이 땅 위에 험한 길 가는 동안 참된 평화가 어디 있나
우리 모두 다 예수를 친구 삼아 참 평화를 누리겠네
평화 평화로다 하늘 위에서 내려오네
그 사랑의 물결이 영원토록 내 영혼을 덮으소서

성령이 주시는 평안을 얻는 비결

"보혜사 곧 아버지께서 내 이름으로 보내실 성령 그가 너희에게 모든 것을 가르치고 내가 너희에게 말한 모든 것을 생각나게 하리라(26절)."

예수님이 우리의 죄를 대신해서 십자가에서 고난 받고 죽으셨습니다. 부활하시고 승천하신 예수님은 하나님 보좌 우편에 앉으셔서 우리를 중보 하십니다. 그는 보혜사 성령을 보내서 세상 끝 날까지 우리와 함께 하십니다. 그리고 마지막 날 세상을 심판하시고 구원을 완성하기 위해 다시 오십니다.

보혜사는 가르치고 생각나게 하는 영입니다. 생각나게 한다는 말은 단순한 암기를 의미하는 것이 아닙니다. 미처 생각하지 못한 것을 깨닫고 적용한다는 말입니다. 영적인 작용을 하고, 영적인 효력을 발생시킵니다. 어둠에서 빛이 비취고, 내가 죄인임을 깨닫게 합니다. 이사야는 자기 입술의 부정함을 회개합니다. 성령으로 새롭게 됩니다.

이전에는 이런 말씀을 들어도 깨닫지 못했는데 성령이 오셔서 가르치심으로 지금 깨닫게 되었습니다. 성령이 직접 우리의 스승이 되십니다. 육으로 난 것은 육이고 영으로 난 것은 영입니다. 성령이 아

니고는 예수를 나의 구주로 고백할 수 없습니다. 하나님의 모든 비밀과 신비를 성령 안에서 깨닫습니다. 성령은 우리의 생각과 행동을 새롭게 합니다. 육신의 것을 버리고, 하나님의 뜻대로 살게 합니다.

그러면 보혜사 성령이 주시는 평안을 어떻게 얻을 것입니까? 부지런히 말씀을 읽어야 합니다. 또한 묵상하고 연구하고 암송하고 실천해야 합니다. 하나님은 가나안 정복 전쟁을 앞둔 여호수아에게 주야로 말씀을 묵상하라고 말씀하셨습니다. 전쟁터에서 평안을 얻는 방법이 말씀 묵상입니다. 난공불락의 여리고를 함락시키는 방법이 무엇입니까? 말씀대로 하루에 한 바퀴씩 돌고 안식일에 일곱 바퀴를 돌고 함성을 지르는 것입니다. 말씀이 가라 하면 가고, 말씀이 서라 하면 서야 합니다. 하나님은 말씀 하시는 분입니다. 그러므로 교회는 성령이 하시는 말씀을 들어야 합니다. 성령은 말씀을 기뻐 사용하십니다. 말씀은 성령의 예리한 검입니다.

얼마 전, 총리 지명을 받은 분이 국회에서 총리 인준을 받는데 실패했습니다. 언론의 공정하지 못한 보도로 여론의 뭇매를 맞고 낙마해서 억울하고 분한 마음에 한 달 동안 외출도 하지 않고 집 안에 칩거했습니다. 그 때 집 안에서 주로 성경을 읽었다고 합니다. 성경은 세상이 줄 수 없는 평안을 줍니다. 성경을 통해 들려오는 하나님의 말씀은 세상의 모든 시끄러운 소리를 잠잠하게 합니다.

윤형주 장로는 가수로 잘나가던 시절에 대마초 사건으로 감옥에 들어갔는데 거기서 성경을 읽고 은혜를 받고 신앙을 되찾았다고 했습니다. 말씀은 감옥을 교회로 변화시키고, 말씀은 감옥을 천국으로 변화시킵니다. 그가 왜 감옥에 들어가서 성경을 읽겠습니까? 날마다 성경 읽고 묵상하는 자가 복되기 때문입니다.

말씀에 능력이 있습니다. 직장에서 안 좋은 일이 있을 때, 모함을 받을 때, 승진을 못할 때, 시험에 낙방했을 때, 우리의 뜻대로 되지 않을 때에 언제라도 성경을 읽으십시오. 말씀 안에 평안이 있습니다. 하나님은 언제라도 빛 가운데 말씀하십니다. 성경을 읽으면 어린아이같이 순수해지고, 예수님의 마음을 닮게 됩니다. 말씀 안에서 세상에서 얻지 못한 평안을 얻습니다.

성령이 주시는 평안은 기도로 얻습니다. "아무 것도 염려하지 말고 오직 모든 일에 기도와 간구로 너희 구할 것을 감사함을 하나님께 아뢰라(빌4:6)." 기도는 대화입니다. 우리가 하나님과 대화할 수 있습니까? 하나님과 우리의 언어가 통할 수 있겠습니까? 우리가 하는 기도의 수준이 하나님의 마음에 합당하겠습니까? 우리가 아무리 지혜롭고 열정적으로 기도해도 하나님과 대화는 근본적으로 불가능합니다.

그러므로 성령 안에서 기도해야 합니다. 성령이 말할 수 없는 탄식으로 우리의 기도를 돕습니다. 거리나 장소도 상관없고, 어떤 문제라도 상관없습니다. 성령이 시키는 대로 기도하면 됩니다. 아프면 아프다 하고, 힘들면 힘들다 하면 됩니다. 기쁘면 기쁘다 하고, 슬프면 슬프다 하면 됩니다. 입술이 표현하는 대로, 마음이 탄식하는 대로 기도하면, 성령이 주시는 평안함이 우리 품으로 돌아옵니다.

엘리야가 로뎀나무 아래서 기도합니다. "여호와여 넉넉하오니 지금 내 생명을 취하옵소서. 나는 내 열조보다 낫지 못하나이다 하고(왕상19:4)." 힘들어서 죽고 싶다고 탄식합니다. 죽겠다는 것이 바른 기도는 아니지만, 살려 달라는 뜻으로 보면 솔직하고 진실한 마음의 표현입니다. 나의 약함을 인정하면 하나님이 받아주십니다. 상처 난 것을 치료해 주십니다.

히스기야는 예루살렘이 앗수르에 포위당했을 때, 산헤립이 보낸 협박 편지를 성전에 가져가서 펴 놓고 기도했습니다. 하나님 보십시오. 원수들이 보낸 편지입니다. 이방인이 하나님을 조롱하고 비웃는 것을 판단해 주십시오. "여호와여 귀를 기울여 들으시옵소서 여호와여 눈을 뜨고 보시옵소서 산헤립이 사람을 보내어 살아 계시는 하나님을 훼방한 모든 말을 들으시옵소서(사37:17)."

예수님이 겟세마네 동산에서 잡히시던 밤에 기도하셨습니다. 아버지여 이 잔을 내게서 옮기시옵소서. 그러나 내 원대로 마옵시고 아버지 원대로 하옵소서. 예수님도 인성을 가지신지라 죽음을 피하고 싶었습니다. 그러나 이런 솔직한 기도 때문에 죽음을 이길 힘을 얻었습니다.

다니엘은 기도하면 사자굴에 던져진다는 왕의 명령을 알고도 기도했습니다. 사자굴의 위협을 이기고 기도할 때 하늘의 평안이 임했습니다. 살고자 하는 자는 죽고 죽고자 하는 자는 삽니다. 다니엘이 기도하지 않고 갈등만 했다면 자면서도 악몽에 시달렸을 것입니다. 평안함이 없을 때 엎드려 기도해야 합니다. 이렇게 기도하고 일어나면 평안을 얻습니다.

평안에도 종류가 있습니다. 일시적이고 가벼운 것이 있고, 오래 가고 깊은 곳에 임하는 질적으로 우수한 것이 있습니다. 전자의 평안은 육신이나 세상으로 얻는 것이고, 후자의 평안은 성령의 도우심으로 하나님으로부터 얻는 것입니다. 술 마시고 춤추면서 얻은 평안은 영원한 평안이 아닙니다. 돈이나 약을 통해 얻는 평안은 평안이 아닙니다.

아무 것도 없어도, 어디서나 하나님이 주시는 평안을 얻습니다. 빌립보 감옥에 갇힌 바울과 실라는 손과 발이 차꼬에 묶이고 피를 흘렸지만, 한 밤중에 일어나 찬송하고 기도했습니다. 어둡고 깊은 감옥에서 하늘의 평안을 누렸습니다. 몸은 묶여도 영혼은 자유합니다. 영혼이 천국을 경험할 때 몸에 묶인 것이 풀리고 감옥 문이 열렸습니다.

문제를 해결하는 방법이 둘입니다. 상대방을 힘으로 제압하는 것과 서로 협의하여 평화롭게 해결하는 것입니다. 힘으로 얻는 평안은 장애물을 제거하고 막힌 것을 뚫고 나아갑니다. 이것은 많은 희생이 따르나 효력은 오래가지 못합니다. 미국이 세계 경찰국가를 자처하지만 반미 세력은 더 늘어납니다. 테러를 종식시키기 위해 테러와 전쟁을 하지만 성과는 기대와 다르게 테러가 더 확산됩니다. 전쟁으로 얻은 평화는 또 다른 전쟁을 부르고 맙니다.

평화롭게 문제를 해결하는 방법이 좋습니다. 내가 변하고 내면이 변합니다. 내가 환경에 적응합니다. "내가 능력 주시는 자 안에서 내가 모든 것을 할 수 있느니라(빌4:13)." 모든 것을 할 수 있다는 말은 전능함을 의미하는 것이 아니라, 적응하는 힘을 말합니다. 이것은 견디는 힘입니다. 어느 상황이나 환경에도 적응하고 감당합니다.

이런 평안은 힘이 별로 안 들뿐 아니라, 적을 만들지도 않습니다. 그리고 효력은 오래 갑니다. 여름에는 더위에 적응하고, 겨울에는 추위에 적응합니다. 여름은 여름처럼, 겨울은 겨울처럼 지냅니다. 기쁜 일에 감사하고, 고난을 당하면 기도합니다. 순풍을 주시면 감사하고, 역풍을 주시면 더 감사합니다. "이 풍랑 인연하여서 더 빨리 갑니다."

하나님이 주시는 내적 평안은 이미 내 안에 있습니다. 믿음으로 사용하면 내 것이 됩니다. 성령에 순종하면 됩니다. 없는 평안을 창조하는 것이 아니라, 이미 있는 평안을 성령의 임재로 누리기만 하면 됩니다. 성령이 충만하면 작은 방도 넓어지고, 낡은 자동차도 새 자동차가 됩니다. 힘든 일도 힘이 안 들고, 마음의 불평은 사라지고 입에서 찬송이 나옵니다. 멀리 계신 하나님이 내 안에 계심을 발견합니다.

내 평생에 가는 길 순탄하여 늘 잔잔한 강 같든지
큰 풍파로 무섭고 어렵든지 나의 영혼은 늘 편하다.

 Chapter

성령이냐 돈이냐

사도행전 8:14-2

14. ○예루살렘에 있는 사도들이 사마리아도 하나님의 말씀을 받았다 함을 듣고 베드로와 요한을 보내매 15. 그들이 내려가서 그들을 위하여 성령 받기를 기도하니 16. 이는 아직 한 사람에게도 성령 내리신 일이 없고 오직 주 예수의 이름으로 세례만 받을 뿐이더라 17. 이에 두 사도가 그들에게 안수하매 성령을 받는지라 18. 시몬이 사도들의 안수로 성령 받는 것을 보고 돈을 드려 19. 이르되 이 권능을 내게도 주어 누구든지 내가 안수하는 사람은 성령을 받게 하여 주소서 하니 20. 베드로가 이르되 네가 하나님의 선물을 돈 주고 살 줄로 생각하였으니 네 은과 네가 함께 망할지어다 21. 하나님 앞에서 네 마음이 바르지 못하니 이 도에는 네가 관계도 없고 분깃 될 것도 없느니라 22. 그러므로 너의 이 악함을 회개하고 주께 기도하라 혹 마음에 품은 것을 사하여 주시리라 23. 내가 보니 너는 악독이 가득하며 불의에 매인 바 되었도다 24. 시몬이 대답하여 이르되 나를 위하여 주께 기도하여 말한 것이 하나도 내게 임하지 않게 하소서 하니라

시몬이라는 가짜 신자

성령을 돈으로 사려한 사람이 있었습니다. 그는 시몬입니다. 돈으로 거룩한 성령을 산다는 뜻의 시모니(simony)는 그의 이름에서 나온 말입니다. 시몬은 원래 사마리아의 마술사였는데 빌립에게 복음을 듣고 세례를 받았습니다. 마술사가 세례를 받았다면 무슨 특별한 은혜가 있는 것 같습니다. 하지만 시몬은 곧 본색을 드러냈습니다. 예루살렘에서 온 베드로와 요한이 안수하여 성령의 은사가 임하는 것을

보고 돈으로 성령을 사려 했습니다. 돈으로 성령을 사서 지난날 보다 더 신기한 마술을 행하면 큰돈을 벌 것이라 생각했습니다.

시몬은 물세례는 받았으나 성령을 받지는 못했습니다. 돈으로 성령을 사려고 했던 것으로 보아 그는 성령을 대단히 오해했습니다. 그는 성령의 은사를 보고 다시 마술을 생각했습니다. 그리고 그 성령으로 돈을 벌고 싶었습니다. 이런 그의 태도로 보아 시몬이 받은 세례는 진정한 세례가 아니고 호기심으로 받은 거짓 세례 같습니다. 이것은 성령에 대한 모독입니다. 성령의 은사가 임하면 돈을 벌 생각보다 하나님을 찬양하고, 하나님의 일을 하고 싶은 불같은 마음이 일어나는 것이 정상입니다.

성령을 받았는지 안 받았는지 여부를 어떻게 알 수 있습니까? 성령은 예수 그리스도가 보낸 영입니다. 예수님을 진실하게 믿는다면 성령을 받았습니다. 시몬은 예수 그리스도를 믿는다고 말은 했지만 십자가의 대속의 의미는 알지 못했습니다. 예수님을 지식으로 알았지만 전인격적으로 알지 못했습니다. 물세례는 받았지만 예수는 믿지 않았습니다. 예수님은 우리의 허물과 죄를 대신해서 죽으신 하나님의 아들입니다. 주님이 나를 위해 죽으셨다면 나도 주님을 위해 죽을 수 있습니다. 십자가만 생각하면 눈물이 나고 가슴이 뜁니다. 이런 사람이 성령을 받았습니다.

성령은 하나님 아버지가 보내는 영입니다. 하나님 아버지라고 부를 수 있으면 성령을 받은 것입니다. 입을 열어서 하나님 아버지라고 해 보십시오. 어색하고 거부 반응이 나오면 의심스럽습니다. 하나님이 내 마음에 계시고, 하나님을 아버지로 부르는 것이 편하다면 성령을 받았습니다.

거짓 없이 물세례를 받은 사람은 성령을 받은 사람입니다. 물세례 받기 전에 성령 세례를 먼저 받습니다. 성령 세례가 물세례보다 시간적으로 앞섭니다. 만일 내가 예수 믿는다는 고백이 거짓이 아니라면 이미 성령을 받은 증거입니다. 그리고 성령을 받은 외적 증거로 하나님 앞과 교회 여러 증인들 앞에서 물세례를 받는 것입니다.

누가 가짜 신자입니까? 성령 세례를 받지 않고 물세례를 받은 사람입니다. 여러 사람들 사이에 끼어서, 예수 믿지 않으면서 믿는다고 거짓말 하는 사람입니다. "세례 받으라"고 권하니까 믿지도 않으면서 세례를 받습니다. 부모님이 세례 받으라고 강권하고, 군대에서 먹을 것을 준다고 하니까 믿지도 않으면서 세례 받습니다. 이건 가짜입니다. 결혼하기 위해서 거짓으로 물세례를 받는 사람도 있습니다.

그렇다면 거짓 물세례의 책임은 누구에게 있습니까? 세례를 요청한 사람입니까, 세례를 베푼 교회입니까? 둘 다 책임이 있지만, 세례를 요청한 사람의 책임이 더 큽니다. 속이려는 사람을 교회가 어떻게 감당할 수 있습니까? 사람의 속은 하나님만 아십니다. 서류나 면접을 통해 진실성을 확인하지만 거기에는 한계가 있습니다.

신앙의 양심을 속이고 물세례를 받는다 하더라도 아무 유익이 없습니다. 하나님을 속인 죄만 하나 더 늘어납니다. 물세례는 간단한 문답만으로 줄 수 있습니다. 성경을 다 알아야 하는 것도 아니고, 무슨 빛나는 행위나 공로가 있어야 하는 것도 아닙니다. 혹은 오래도록 믿어야 하는 것도 아닙니다. 오늘 네가 나와 함께 낙원에 있으리라. 예수님께서 십자가에서 죽으시면서 함께 달린 강도에게 하신 말씀입니다. "나는 죄인입니다. 나를 기억하시고 받아주십시오!" 이런 간단한 고백만 있으면 물세례 받는데 충분합니다. 교회가 주는 물세례는 구원의 증표로 준 것이 아니고, 신앙 고백을 공개한 것을 인정하고 준 것입니다. 그러나 그 진실성의 문제는 본인만 알고, 하나님만 아십니다.

성령이냐, 돈이냐

시몬은 돈벌이에 눈이 어두운 가짜 신자입니다. 그의 관심은 성령이 아니라 오직 돈이었습니다. 경건을 이익의 재료로 생각하지 말아야 합니다. 그런데 시몬은 성령을 받아서 그것으로 돈 벌이로 생각했습니다. 시몬은 불경한 사람이고 불행한 사람입니다. 거룩한 성령을 마술의 수단으로 생각했습니다. 그는 영적으로 흑암에 속하고 사탄의 왕국에 속했습니다.

텔레비전에서 가나에서 선교 활동하는 부부 선교사 이야기를 보았습니다. 그들은 한국에서 가져온 오래된 뻥튀기 기계로 사랑을 전하는 50대 평신도 선교사였습니다. 간식이나 먹을 것이 변변치 않았던 시절 우리나라에서도 뻥튀기의 인기는 하늘만큼이나 높았습니다. 그런데 가나에서는 그 때 우리나라보다 더 인기가 많습니다. 작은 그릇에 하나 가득 옥수수 뻥튀기를 받아들이고 행복해 하는 사람들의 모습이 얼마나 보기 아름다운지! 햄버거나 피자를 먹는 우리보다 더 행복해 보였습니다.

먹을 것과 입을 것으로 만족해야 합니다. 아무 것도 가지고 온 것이 없으니 가지고 갈 것이 없습니다. 일용할 양식으로 만족해야 합니다. 무엇을 마시고, 무엇을 입고, 무엇을 먹을 것인지 염려하지 말아야 합니다. 이는 이방인들이 하는 것입니다. 하늘에 계신 하나님은 하늘을 나는 새도 먹이고 들에 핀 백합화도 입히십니다. 그러므로 하나님의 자녀는 염려할 것 없습니다. 하나님은 탈진한 엘리야를 까마귀의 입을 통해 아침과 저녁으로 떡과 고기를 먹게 하셨습니다. 그리고 사렙다 과부의 집에는 3년 6개월 동안 기근의 때에도 양식이 그치지 않았습니다.

　우리의 신앙생활은 어떠합니까? 겉으로는 하나님을 믿는다 하면서 속으로는 돈을 섬기지 않습니까? 성령의 은사를 돈벌이 수단으로 생각하지 않습니까? "부 하려 하는 자들은 시험과 올무와 여러 가지 어리석고 해로운 욕심에 떨어지나니 곧 사람으로 파멸과 멸망에 빠지게 하는 것이라. 돈을 사랑함이 일만 악의 뿌리가 되나니 이것을 탐내는 자들은 미혹을 받아 믿음에서 떠나 많은 근심으로써 자기를 찔렀도다 (딤전6:9-10)." 하나님과 돈을 함께 섬길 수 없습니다. 엘리사의 종 게하시는 나아만에게 예물을 받았다가 하나님의 저주로 문둥병자가 되었습니다. 하나님이 하신 일을 돈으로 보상받은 것은 잘못입니다. 하나님의 거룩한 역사를 때 묻은 돈으로 전락시키는 것은 진노를 받아 마땅합니다. 아나니야와 삽비라 부부는 성령을 속인 죄로 죽었습니다. 재산의 절반을 구제 헌금으로 내놓고 하나님의 진노를 받았습니다. 성령보다 돈을 사랑 하다가 일어난 비극입니다. 재산의 절반도 엄청난 헌금입니다. 그런데 왜 굳이 그 절반을 전부라고 거짓말을 해서 성령을 속입니까?

　거짓 선지자의 대명사가 발람입니다. 그는 돈에 매수당해서 이스라엘을 저주하기 위해 나귀 타고 갔습니다. 이 얼마나 무모하고 불경스러운 일입니까? 그 때, 천사가 칼을 들고 그의 앞을 막았습니다. 그것을 본 나귀는 앞으로 가지 못했으나, 그것을 모른 발람은 앞으로 가지 못하는 나귀를 매질하였습니다. 발람이 매로 나귀를 때릴 때 갑자기 나귀가 입을 열었습니다. "어찌하여 돈을 받고 하나님의 백성을 저주하러 갑니까? 앞에서 천사가 칼을 들고 서 있는데, 주인은 그것을 보지 못합니까?" 나귀가 입을 열어서 발람을 꾸짖었습니다. 돈에 눈이 어두운 사람은 오히려 나귀보다도 못한 사람입니다.

성령을 돈으로 바꾸면 안 됩니다. 세상에는 가짜나 유사품이 많습니다. 진짜 보다 가짜가 더 인기가 있을 수도 있습니다. 진짜와 가짜의 문제는 실용성이나 효용성의 문제가 아니라, 본질의 문제이고 존재의 문제입니다. 돈은 돈이고 성령은 성령입니다. 돈과 성령을 혼동할 수 없습니다. 진짜와 가짜는 섞일 수 없습니다. 욥이 시험 당할 때 고난 속에서 고백합니다. "나의 가는 길을 오직 그가 아시나니 그가 나를 단련하신 후에 내가 정금같이 나오리라(욥23:11)." 자녀가 죽고, 물질을 잃고, 아내와 친구도 등을 돌렸습니다. 그러나 욥은 믿음을 잃지 않았습니다.

참 성도는 돈보다 성령을 사랑합니다. 인생의 목표가 바릅니다. 그는 하나님으로 즐거워하고 하나님께 영광 돌립니다. 먹든지 마시든지 무엇을 하든지 하나님의 영광을 위해서 합니다. 모든 것이 주께로부터 와서 주님으로 인하여 주님께 돌아갑니다. 우리는 주인이 아니라 청지기입니다. 어느 때에라도 하나님의 영광을 위하고, 교회와 이웃의 유익을 위합니다. 내가 아니라 그리스도를 위하여 삽니다. 그는 사나 죽으나 주님의 것입니다. 언제나 주님께 영광을 돌립니다. 많이 받았으면 많은 받은 대로, 적게 받았으면 적게 받은 대로 충성합니다. 두 렙돈을 헌금으로 드린 과부의 전 재산이 두 렙돈이었습니다. 과부는 전 재산을 전부 다 드렸습니다. 아리마대 요셉은 부자입니다. 그는 준비한 무덤으로 예수님의 장례를 섬겼습니다. 욥은 동방의 제일가는 부자이고, 아브라함은 318명의 식솔을 거느린 족장입니다. 부자이지만 하나님을 잘 섬겼습니다.

성령의 사람이 되라

예수 그리스도를 믿으면 성령을 받습니다. 우리 안에 내주하시는 성령은 우리에게 구원의 확신을 줍니다. 예수님이 나의 죄를 대신해서 십자가에서 죽으신 것을 믿습니다. 그리고 죄 사함을 믿습니다. 그리스도가 우리를 의롭다 선언하시는데 누가 우리를 정죄하겠습니까?

예수 믿고 성령을 받으면 공개적으로 믿음을 고백합니다. 세례를 받고 교회 공동체의 일원으로 생활합니다. 믿고 순종합니다. 목자이신 그리스도의 음성을 듣고 인도함을 받습니다. 그들은 순종하는 양입니다. 날마다 천국을 향해 나아갑니다. 사슴이 시냇물을 찾기에 갈급한 같이 그들의 영혼은 주를 찾기에 갈급합니다.

예수 믿으면 성령을 간구합니다. 성령의 충만함을 받습니다. 그리고 그들에게서 은사가 나타납니다. 믿고 행하는 것마다 역사가 나타납니다. 성령 안에서 끊임없이 생명이 자랍니다. 그들은 성령의 완전한 통치 속에 들어갑니다. 자아가 죽고, 그 안에 예수가 삽니다. 이것이 우리 영혼의 진정한 소원입니다. 끝까지 멈추지 않습니다. 계속해서 위에서 부르신 부름의 상을 위해 달려갑니다. 지금 우리는 어디에 와 있습니까? 어디까지 성령의 사람이 되었습니까?

사람마다 각자 추구하는 삶의 스타일이 있습니다. 다들 자기 하고 싶은 대로 하고 삽니다. 요즘 신세대는 남의 눈치 안 봅니다. 윤리나 규범은 별로 신경 안 씁니다. 남들이 보는 거리에서 대낮에도 연인들끼리 손을 잡고 민망할 정도로 진한 애정 표현을 합니다. 그런 풍경에 익숙하지 않은 기성세대가 눈을 다른 데로 돌려야 합니다.

동호인 모임에 빠져서 사는 사람도 있습니다. 자기 취미대로 삽니다. 땅에서 자전거나 오토바이, 하늘에서 패러글라이딩, 바다 속에서 스킨스쿠버, 산과 들에서 하늘의 별을 보고 시냇물 소리를 들으며 캠핑을 즐기는 사람도 있습니다. 연예인은 아니지만 연예인처럼 꾸미고 화려하게 사는 사람도 있고, 도시를 떠나서 시골에서 전원생활을 즐기는 사람도 있습니다. 평생 배우는 것이 즐겁다고 자격증 따는 것이 취미인 사람도 있고, 부부로 사는 것이 싫어서 계약 결혼을 하거나 싱글 맘으로 사는 사람도 있습니다.

삶의 스타일이 여럿이듯 신앙생활도 그렇습니다. 신앙생활을 문화로 생각하는 사람이 있습니다. 그들은 세련되고 깔끔하고 예의 바르게 삽니다. 실리적이고 남에게 흠 잡히지 않습니다. 또한 신앙생활을 습관과 전통으로 생각하는 사람이 있습니다. 그들은 고전적이고 엄숙합니다. 뭔가 있어 보입니다. 거룩한 모양이 있습니다. 그리고 신앙생활을 혁신적으로 하는 사람이 있습니다. 옛 것은 버리고 기존의 것은 바꿉니다. 경건이나 권위보다 자유분방한 신식 옷을 입습니다. 뭔가 생기가 있어 보입니다. 그들은 신앙생활도 남의 눈치 안보고 주관대로 합니다. 자유분방합니다. 럭비공처럼 어디로 튈지 모릅니다. 또 신앙생활을 이성적으로 하는 사람이 있습니다. 이해가 되면 하고 안 되면 안 합니다. 합리적입니다. 냉정하고 차갑습니다.

그리고 성령이 인도하는 대로 신앙생활 하는 사람이 있습니다. 이것이 진짜 그리스도인입니다. 성령으로 기도하고, 성령으로 찬송하고, 성령으로 사랑하고, 성령으로 전도하고, 성령으로 봉사하고, 성령으로 소망하고, 그리고 성령으로 선행합니다.

이것이 나의 신앙입니다. 나의 스타일은 한 마디로 성령입니다. 성령으로 옷 입고, 성령으로 말하고, 성령으로 행합니다. 잠을 자다가도 성령으로 기도하고 성령으로 꿈을 꿉니다. 성령으로 하나님 나라를 바라봅니다. 성령의 생수를 마십니다. 성령의 강이 넘쳐서 큰 강을 이루고, 그것이 흘러서 죽은 사해도 생명이 가득한 살아있는 바다로 바꿉니다. 방언이나 신유 같은 외적인 은사만 아니라, 마음의 평안이나 성결 같은 내적인 능력이 임합니다. 세상에 있으나 세상에 없는 하늘의 생활을 지금 여기서 누립니다. "예수를 나의 구주 삼고 성령과 피로써 거듭나니 이 세상에서 내 영혼이 하늘의 영광 누리로다."

무엇이 우리를 그리스도인 되게 합니까? 무엇이 교회를 교회답게 합니까? 하나님나라는 어떻게 임합니까? 오직 성령이 너희에게 임하시면 너희는 권능을 받고 예루살렘과 온 유대와 사마리아와 땅 끝까지 이르러 내 증인이 되리라. 모든 것이 성령에 달려 있습니다. 성령은 돈으로 사는 것이 아닙니다. 베드로가 가로되 네가 하나님의 선물을 돈 주고 살줄로 생각하였으니 네 은과 함께 망할지어다. 성령을 구하는 자에게 성령을 주십니다. 성령은 말씀을 듣는 자에게 임합니다.

Chapter 12

요셉처럼 성령이 감동한 사람

창세기 41:37-45

37. ○바로와 그의 모든 신하가 이 일을 좋게 여긴지라 38. 바로가 그의 신하들에게 이르되 이와 같이 하나님의 영에 감동된 사람을 우리가 어찌 찾을 수 있으리요 하고 39. 요셉에게 이르되 하나님이 이 모든 것을 네게 보이셨으니 너와 같이 명철하고 지혜 있는 자가 없도다 40. 너는 내 집을 다스리라 내 백성이 다 네 명령에 복종하리니 내가 너보다 높은 것은 내 왕좌뿐이니라 41. 바로가 또 요셉에게 이르되 내가 너를 애굽 온 땅의 총리가 되게 하노라 하고 42. 자기의 인장 반지를 빼어 요셉의 손에 끼우고 그에게 세마포 옷을 입히고 금 사슬을 목에 걸고 43. 자기에게 있는 버금 수레에 그를 태우매 무리가 그의 앞에서 소리 지르기를 엎드리라 하더라 바로가 그에게 애굽 전국을 총리로 다스리게 하였더라 44. 바로가 요셉에게 이르되 나는 바로라 애굽 온 땅에서 네 허락이 없이는 수족을 놀릴 자가 없으리라 하고 45. 그가 요셉의 이름을 사브낫바네아라 하고 또 온의 제사장 보디베라의 딸 아스낫을 그에게 주어 아내로 삼게 하니라 요셉이 나가 애굽 온 땅을 순찰하니라

지혜

"요셉에게 이르되 하나님이 이 모든 것을 네게 보이셨으니 너와 같이 명철하고 지혜 있는 자가 없도다(39절)." 요셉은 지혜로운 사람입니다. 바로왕이 요셉의 지혜를 칭찬하고 그를 애굽의 총리로 임명했습니다. 요셉은 한 때 누명을 쓰고 왕의 특별감옥에 수감되었던 세상에서는 버림받은 사람이었으나, 바로왕의 꿈을 해석하고 감옥에서 나와서 단번에 총리가 된 사람입니다.

과연 요셉의 지혜가 무엇입니까? 어떻게 단번에 애굽의 총리가 되었습니까? 요셉은 장래의 일을 예언했습니다. 바로왕이 꾼 꿈을 통해 7년 대풍년과 그 후에 찾아올 7년 대흉년을 예언하고, 그것을 극복하는 방법을 제시했습니다. 그의 예언은 완벽했습니다. 그래서 바로왕은 요셉의 이야기에 감동을 받고 즉시 그를 애굽의 총리로 임명했습니다. 다가올 재앙을 막아낼 사람은 꿈을 해석한 요셉 밖에 없습니다.

요셉은 아무 배경이 없습니다. 오직 지혜 하나로 애굽의 총리가 되었습니다. 애굽으로 이주한 이스라엘 백성은 요셉의 후광으로 400년 후에 이스라엘 민족으로 성장했고, 모세의 인도로 출애굽 했습니다. 이 모든 것이 요셉의 지혜에 빚지고 있습니다. 꿈을 해석하는 지혜가 오늘의 이스라엘을 있게 했습니다. 지혜가 보물입니다. 지혜면 충분합니다. "하나님, 우리에게도 요셉 같은 지혜를 주십시오!"

솔로몬의 지혜가 이스라엘의 영광을 가져왔습니다. 솔로몬은 기브온 산당에서 일천번제를 드리면서 하나님께 기도했습니다. "지혜를 주세요!" 그가 구한 지혜는 세상 지식이 아니라 하나님 말씀을 분별하는 능력입니다. 옳고 그름을 판단하고, 선과 악을 구분하는 지혜입니다. 공의가 강같이 정의가 하수같이 흐르게 하는 지혜입니다. 솔로몬의 지혜는 사법부의 정의이고, 하나님 나라의 공의입니다. 솔로몬의 지혜가 솔로몬 왕국의 평화를 가져왔고 이스라엘의 번영을 가져왔습니다. 평화는 정의와 입 맞춥니다. 정의 없는 평화는 거짓 평화입니다. 정의는 말씀을 분별하는 지혜에서 나옵니다.

우리나라를 빛낸 인물 중에 장관 올스타를 뽑는다면, 외교장관에는 서희, 국방장관에는 이순신 장군이 만장일치로 뽑힐 것입니다. 서희는 거란의 1차 침략(933년)을 외교 담판으로 막아냈을 뿐 아니라,

고려의 영토까지 확장했습니다. 거란이 고려에 항복을 요구할 때, 땅을 내주고 항복하자는 의견이 많았지만 서희는 직접 적장 소손녕을 찾아가 담판했습니다. 소손녕이 물었습니다. "왜 고려는 거란과 교류하지 않고 송나라와 교류합니까?" 그러자 서희가 답변했습니다. "여진족이 중간에 가로막아서 거란에 갈 수 없습니다. 고려는 고구려를 계승한 나라로, 고구려의 옛 영토를 차지하는 것이 마땅합니다." 결국 서희의 주장대로 소손녕은 청천강에서 압록강에 이르는 고려의 영토를 인정하고 물러났습니다. 서희의 지혜로운 담판으로 거란을 물리쳤을 뿐 아니라 압록강 남쪽의 강동 6주를 되찾아 고려의 영토가 넓어졌습니다. 그래서 서희는 최고의 외교장관입니다.

임진왜란이 일어나기 전에 조선에서는 일본에 통신사를 보냈습니다. 정사 황윤길은 반드시 병화가 있을 것 같다고 보고했습니다. "항구마다 배들이 많이 정박해 있는데 아무리 보아도 그것들이 어선같이 보이질 않습니다. 히데요시는 눈은 광채가 있고 담력이 남 달라 보였습니다. 우리는 전쟁을 대비해야 합니다." 반면 부사 김성일은 반대 의견을 말했습니다. "히데요시의 얼굴은 원숭이 같고 눈은 쥐와 같으며 생김새도 변변치 못하니 두려울 것이 못됩니다. 황윤길이 장황하게 아뢰어 민심을 동요시키니 사리에 매우 어긋나는 줄로 아옵니다."

선조와 조정의 대신들은 지혜롭지 못했습니다. 눈이 어두워 상황을 오판했습니다. 전쟁을 막거나 물리칠 수 있는 기회를 놓침으로 백성들만 큰 화를 입게 되었습니다. 이 때 풍전등화와 같은 조선을 살린 인물이 이순신입니다. 전쟁을 대비하고 군사를 훈련하고 거북선 같은 첨단 무기도 개발했습니다. 미래를 보는 지혜를 가졌습니다. 그는 최고의 국방장관입니다.

세상에 배운 사람 많지만 지혜로운 사람이 얼마나 됩니까? 하나님을 섬기는 사람 중에도 지혜의 은사를 가진 사람이 얼마나 됩니까? 세상을 유익하게 하고, 하나님 나라를 건설하려면 지혜의 은사를 받아야 합니다.

지혜는 성령의 은사

지혜를 어떻게 얻습니까? 노예로 팔린 요셉은 시위대장 보디발의 집에서 가정총무로 일했습니다. 그리고 이후에 누명을 쓰고 감옥에 들어가서도 전옥의 일을 대신했습니다. 그는 맡은 일에 충성했습니다. 선한 청지기였습니다. 비록 몸은 감옥에 갇혀도 하나님의 지혜가 위로부터 그에게 임했습니다. 학벌이나 교육은 미천했지만 하는 일마다 형통했습니다. 성령이 함께 했기 때문입니다. 요셉은 감옥에 갇혀서 말씀을 묵상하고 기도하면서 성령의 지혜를 얻었습니다. 비록 몸은 갇혔지만 7년 후에 세상이 어떻게 될 것인지 한 눈에 알았습니다. 요셉의 지혜는 성령의 은사입니다.

요즘은 인터넷이 눈이고 귀인 세상입니다. 인터넷의 정보로 세상의 온갖 소식을 다 듣고 봅니다. 지구촌을 몸으로 체험합니다. 하지만 성령의 지혜는 인터넷 정보보다 더 멀리, 더 정확하게 봅니다. 하나님의 모든 비밀에 통달하게 합니다. 기도함으로 성령의 지혜를 얻으십시오.

다니엘은 기도의 사람입니다. 하루 세 번씩 예루살렘으로 향하는 창을 열고 기도했습니다. 그의 눈에는 장래 일이 보였습니다. 바벨론과 페르시아와 헬라와 로마가 차례로 멸망당하고 그리스도의 나라가 세워지는 환상을 보았습니다. 세상 나라가 망하고 하나님 나라가 승리합니다. 세상 마지막에 그리스도의 나라가 임합니다.

군 복무를 무사히 마치려면 지혜가 있어야 합니다. 상황을 이해하고 잘 대처해야 합니다. 그리고 시집살이를 감당하려면 지혜가 필요합니다. 귀머거리 3년, 장님 3년, 그리고 벙어리 3년씩을 지내야 합니다. 할 말 다하면 못 견딥니다. 볼 것 다 보고, 들을 것 다 들으면 못 견딥니다. 신입 사원은 직장 선배의 충고와 경험을 귀담아 들어야 합니다. 사회에서 성공하려면 성공한 사람들의 이야기에 귀 기울어야 합니다. 또한 여행이나 세계 일주를 하려면 다른 사람의 여행 경험을 참고해야 합니다.

성령이 우리에게 지혜를 주십니다. 성령이 스승입니다. 그는 보혜사입니다. 가르치고 생각나게 합니다. 말씀을 깨닫게 하고 적용하게 합니다. 세상 지혜는 부족하며 때론 악하지만 성령의 지혜는 완전하며 선합니다. 세상의 지혜는 좋은지 나쁜지 판단하기 어렵고, 악하게 사용될 수도 있으나 성령의 지혜는 언제나 선하고 유익합니다. 후쿠시마 원전이 쓰나미로 손상을 입으면서 많은 방사능이 유출되었습니다. 사람이 만든 원전이 제대로 통제가 되지 않음으로 재앙으로 변했습니다. 이것이 인간 지혜의 한계입니다. 인간의 지혜는 불완전합니다. 반면 성령의 지혜는 완전합니다. 안전합니다.

고린도전서 12장에 등장하는 성령의 은사 중에 지혜와 지식의 은사가 있습니다. 지식은 아는 것이고, 지혜는 그것을 활용하고 적용하는 것입니다. 요셉의 은사는 지식보다 지혜의 은사에 속한 것입니다. 그는 대흉년을 극복할 지혜를 얻었습니다. 솔로몬은 다윗이 죽은 후어지러운 이스라엘을 어떻게 바로 세울 것인지 하나님께 구했습니다. "선악을 분별하는 지혜를 주소서." 과학자의 지식보다 그 지식을 선하게 사용하는 지혜가 필요합니다. 핵 분열에 대한 지식보다 그것을 평화적으로 쓰는 지혜가 필요합니다. 성령의 지혜는 널리 유익합니다. 오래도록 여러 사람에게 유익합니다. 일만 마디의 방언보다 한 마디라도 알아듣게 말씀을 전하는 것이 더 유익합니다. 방언보다 예언(말씀)을 사모해야 합니다. 학자도 필요하지만 지혜로운 스승이 필요합니다. 성경학자보다 지혜를 가르치는 교사나 목사가 필요합니다. 성경을 아는 지식보다 성경대로 사는 지혜가 더 필요합니다.

대학부를 지도할 때, 여름 수련회를 시작하면서 집회가 열리는 기도원 마당에 현수막을 걸었습니다. "절망은 곧 희망입니다!" 예레미야 강해의 전체 주제였습니다. 같은 일정으로 수련회를 들어온 다른 교회 청년들이 그 주제 현수막을 보고 은혜를 받았습니다. "절망은 곧 희망입니다." 보기만 해도 은혜가 됩니다. 희망이 저절로 생기는 것 같습니다.

사실 예레미야는 생소하고 어려운 성경입니다. 교회에서 성경 공부를 맡으라고 해서 본의 아니게 예레미야 강해를 맡게 되었습니다. "예레미야를 어떻게 가르치나?" 내용도 쉽지 않고 분량도 많았습니다. 부담스러운 한 학기를 지내면서 얻은 것이 "절망은 곧 희망"이라는 예레미야서 주제 말씀이었습니다.

북에서 끓는 가마가 기울었습니다. 바벨론의 침략이 임박했습니다. 예루살렘이 불타고 성전이 파괴되고 이스라엘이 바벨론에 포로로 잡혀 갔습니다. 그래도 하나님은 당신의 백성을 회복시키셨습니다. 절망 중에 소망을 버리지 말아야 합니다. 이른 봄을 알리는 살구나무

꽃을 보아야 합니다. 반갑지 않게 시작한 예레미야서가 잊을 수 없는 감동적인 은혜를 안겨주었습니다. 말씀에 능력이 있습니다. 말씀에 지혜가 있습니다. 성령의 지혜는 이렇게 찾아옵니다. 길이 없는 곳에 길을 냅니다. 성령의 지혜는 절망에서 희망을, 죽음에서 생명을 주면서 찾아옵니다.

기도와 말씀으로 지혜를 얻어라

지혜의 은사를 어떻게 얻습니까? 기도와 말씀으로 지혜의 은사를 얻습니다. 구해야 합니다. 찾으십시오. 두드리십시오. 좋은 것을 구하면 주십니다. 좋은 것이 무엇입니까? 성령입니다. 지혜의 은사를 구해야 합니다. "너희 중에 누구든지 지혜가 부족하거든 모든 사람에게 후히 주시고 꾸짖지 아니하시는 하나님께 구하라 그리하면 주시리라 (약1:5)." 솔로몬은 기드온 산당에서 일천번제를 드리고 지혜를 구했습니다. 하나님은 솔로몬에게 지혜를 주셨습니다. 그리고 그가 구하지 않은 부귀와 명예와 함께 주셨습니다. 솔로몬의 평화의 나라는 지혜로 세운 나라입니다.

저는 교회를 건축하기 위해서 민원 관계로 수년 동안 시청에 출입했던 적이 있습니다. 어렵게 매입한 교회 건축 부지가 불행하게도 주택사업 지구로 지정이 되었습니다. 그리고 인근에 위치한 군부대 사격장 때문에 주택 사업이 원만하게 진행되지 못했습니다. 당시 우리 교회는 건축 허가가 날 수 없는 상황이었습니다. 이런 답답한 상황이 10년 가까이 계속되었습니다. 참으로 긴 터널을 지나는 것과 같이 어둡고 힘든 시간이었습니다. 민원을 넣어도 시청에서 듣는 대답은 늘 같습니다. "사업 지구 내에서는 건축을 할 수 없습니다. 군부대의 동의가 없어서 시에서도 어찌 할 수 없습니다."

그런데 어느 날 도시계획과에 들어갔는데, 그 때가 마침 도시계획 공람 기간이었습니다. 도시계획 공람은 개인에게 통보하지 않고 일반인이 잘 보지 않는 지방 신문에 살짝 광고하고 지나가는 것이 보통입니다. 공람을 하는지도 모르고 지나가는 것이 대부분입니다. 그런데 찾아간 그 날이 바로 공람 기간이었습니다. 이게 우연입니까? 아닙니다. 하나님이 공람을 보라고 그 시간에 담당 부서로 보낸 것이었습니다. 하나님의 섭리가 신기할 따름입니다.

도시계획 내용을 보니까, 교회 부지 사방으로 6미터 이면 도로가 나기 때문에 교회 부지가 다 없어질 형편이었습니다. 재앙 수준입니다. 이대로 된다면 교회 건축은 불가능합니다. 그 자리에서 즉각 이의를 제기해서 이면 도로가 빠지게 되었습니다. 지구 경계에 있는 이면 도로는 생략해도 기능에 문제가 없었습니다. 기적이었습니다. 사라질 것 같은 교회가 다시 살아나게 된 것입니다. 죽은 자를 살리시는 하나님의 기적 같은 역사였습니다. "사망의 음침한 골짜기를 다닐지라도 해를 받지 않을 것은 주께서 나와 함께 하심이라." 시청에 들어갈 때마다 하나님께 용기와 지혜를 구했습니다. 도시계획 관련 업무는 일반인이 잘 모르는 생소한 내용들이 많습니다. 목사인 나에게는 더욱 그랬습니다. 그래도 기도하면서 끈질기게 집중했더니 정말 불가능해 보이던 민원이 결국 해결되고 건축 허가를 받았습니다. 이 모든 것이 하나님이 주신 지혜로 가능했습니다.

원숭이는 원숭이고 사람은 사람입니다. 원숭이가 아무리 지혜롭다 해도 사람을 따르지 못합니다. 사람에게는 하나님의 형상이 있습니다. 하나님의 형상은 말씀으로 회복됩니다. 말씀이 사람을 사람답게 합니다. 말씀을 읽고 묵상해야 합니다. 영혼의 양식을 먹어야 합니다. 말씀을 사모하는 자가 하나님의 지혜를 얻습니다.

아비가일은 지혜로운 아내이고 그녀의 남편 나발은 미련한 사람입니다. 그는 양의 털을 깎는 잔칫날에 찾아온 다윗의 부하들을 노골적으로 멸시함으로 큰 화를 입게 되었습니다. "너희는 사울왕을 반역하고 이스라엘을 시끄럽게 하는 자들이다!" 나발의 반응에 분노한 다윗이 칼을 들고 그를 치러 갔습니다. 이 소식을 들은 아비가일은 즉시 예물을 가지고 달려가서 다윗에게 용서를 빌고 화해를 요청했습니다. 그녀는 피의 보복을 막고 여러 사람의 생명을 구했습니다. 다윗이 자신의 동족에게 피를 흘리는 과오도 막았습니다. 만약 아비가일이 아니었다면 동족의 피를 흘린 다윗은 이스라엘의 왕이 되지 못했을 것입니다. 그녀의 지혜가 다윗 왕국 건설에 기여했습니다. 이처럼 하나님의 지혜는 화평하고 하나님 나라를 건설합니다.

부부 생활의 비밀이 무엇입니까? 사랑입니다. 서로 사랑해야 합니다. 어느 부부가 다툼을 하다가 화해하기 위해서 여행을 가게 되었습니다. 그런데 부주의로 겨울 동안에는 폐쇄한다는 도로 입구의 팻말을 보지 못하고 진입했다가 조난을 당했습니다. 눈이 많이 와서 꼼짝없이 눈에 갇혔습니다. 그리고 구조대에게 연락할 방법도 없었습니다. 시간이 지나서 양식이 떨어지고 그들의 기력이 쇠하였습니다. 이제 죽을 날만 남았습니다. 의식이 희미해졌습니다. 이들 부부는 죽음의 문턱에서 서로 사랑한다고 고백했습니다. 의식이 희미할 때, 극적으로 구조대원에게 구조되었고 이 부부는 지금 새로운 인생을 살고 있습니다. 여전히 서로 사랑하면서 말입니다. 우리는 서로 허물을 덮어주고 사랑해야 합니다. 서로 돕는 배필이 되시기 바랍니다. 이것이 하나님의 말씀입니다. 말씀 속에서 부부 생활의 지혜를 얻으십시오.

거지 나사로를 문 앞에 버려두고 날마다 잔치를 즐겼던 부자는 죽을 때까지 음부의 존재와 그곳에 가는 자가 받을 고통을 깨닫지 못했습니다. 날마다 호화로이 잔치만 하던 부자도 죽어서 음부에 던져졌습니다. 비로소 물 한 방울이 아쉬웠습니다. 이제야 뭔가 잘못된 것을 깨달았습니다. 그리고 세상에 있는 우리 형제들은 이곳에 오지 않게 해 달라고 간청했습니다. 이것이 불신자들에게 계속 복음을 전해야 할 이유입니다.

이웃을 사랑해야 합니다. 가난한 자와 고아와 과부를 도와야 합니다. 돈을 사랑함이 일만 악의 뿌리가 됩니다. 한 달란트라도 땅에 묻지 말아야 합니다. 갑절로 남기십시오. 물질의 청지기가 되시기 바랍니다. 은사를 받은 대로 섬기는 선한 청지기가 되시기 바랍니다. 이것이 부자에게 주는 하나님의 말씀입니다. 말씀에서 지혜를 얻으십시오. 어리석은 농부가 되지 말아야 합니다. 그는 농사에서 수확한 것이 많아서 창고를 더 지었습니다. 이만하면 수년 동안은 일하지 않아도 되겠다고 자랑했습니다. 그러나 그에게 하나님이 말씀하십니다. "오늘밤 네 영혼을 데려가면 그것이 누구의 것이 되겠느냐? 그러므로 허탄한 자랑을 자랑하지 말라."

오늘 충성하십시오. 오늘 할 일을 내일로 미루지 마십시오. 주신 자도 여호와시오 취하신 자도 여호와십니다. 하나님의 주권에 순복하고 있는 것으로 충성합시다. "우리의 년 수가 강건하면 칠십이요 팔십이라도 그 년 수의 자랑은 수고와 슬픔뿐이니 신속히 날아가나이다. 누가 주의 노의 능력을 알며 누가 주를 두려워하여야 할대로 주의 진노를 알리이까. 우리에게 우리 날 계수함을 가르치사 지혜의 마음을 얻게 하소서. 여호와여 돌아오소서 언제까지니이까 주의 종들을 긍휼히 여기소서(시90:10-13)."

13 Chapter

성령으로 형통하라

창세기 39:1-6

1. 요셉이 이끌려 애굽에 내려가매 바로의 신하 친위대장 애굽 사람 보디발이 그를 그리로 데려간 이스마엘 사람의 손에서 요셉을 사니라 2. 여호와께서 요셉과 함께 하시므로 그가 형통한 자가 되어 그의 주인 애굽 사람의 집에 있으니 3. 그의 주인이 여호와께서 그와 함께 하심을 보며 또 여호와께서 그의 범사에 형통하게 하심을 보았더라 4. 요셉이 그의 주인에게 은혜를 입어 섬기매 그가 요셉을 가정 총무로 삼고 자기의 소유를 다 그의 손에 위탁하니 5. 그가 요셉에게 자기의 집과 그의 모든 소유물을 주관하게 한 때부터 여호와께서 요셉을 위하여 그 애굽 사람의 집에 복을 내리시므로 여호와의 복이 그의 집과 밭에 있는 모든 소유에 미친지라 6. 주인이 그의 소유를 다 요셉의 손에 위탁하고 자기가 먹는 음식 외에는 간섭하지 아니하였더라 요셉은 용모가 빼어나고 아름다웠더라

성령으로 환경을 극복하라

요셉은 형통한 사람입니다. 노예로 팔려온 소년이 애굽의 총리가 되었으니 이보다 더 한 형통이 있습니까? 누가 요셉의 길을 가로 막겠습니까? 원수들이 한 길로 왔다가 일곱 길로 도망갑니다. 요셉의 이러한 형통의 비결이 무엇입니까? 성령에 있습니다.

요셉은 아버지 야곱의 편애를 받았습니다. 덕분에 채색 옷을 입었으나, 형들의 미움을 사서 노예로 팔리게 되었습니다. 요셉은 형들에게 살려달라고 애원하였으나 요셉은 은 20에 노예로 팔렸습니다. 그

나마 요셉을 죽이지 않고 노예로 판 것은 하나님의 은혜입니다.

요셉은 애굽의 시위대장 보디발의 집에 노예로 팔렸습니다. 요셉이 비록 노예의 신분이었지만 보디발의 집에서 인정을 받고 가정총무가 되었습니다. "그 주인이 여호와께서 그와 함께 하심을 보며 또 여호와께서 그의 범사에 형통케 하심을 보았더라(3절)." 보디발은 애굽의 경호대장이었습니다. 그는 왕을 섬기고 사람을 관리하는 능력 있는 사람이었습니다. 보디발은 한 눈에 요셉을 알아보고 자기 집 가정총무로 삼았습니다. 만약에 요셉이 병약하거나 일을 잘 못했다면 눈 밖에 났을 것입니다. 아마도 주인에게 인정받지 못하는 노예는 천덕꾸러기가 되거나 다시 노예로 팔렸을 것입니다.

요셉은 암흑 같은 현실에서도 주인에게 충성했습니다. 노예였지만 노예가 아닌 것처럼 충성으로 일했습니다. 요셉은 자기를 노예로 판 형들을 미워하지 않고 오히려 하나님의 뜻이 무엇인지 물었습니다. 환경은 최악이었지만 환경에 영향을 받지 않았습니다. 이 모든 것은 성령의 은혜로 가능했습니다. 그의 삶에 큰 풍랑이 찾아왔지만 요셉은 잠잠했습니다. 오히려 하늘의 평안과 감사함이 요셉 안에 있었습니다. "내 영혼이 은총 입어 중한 죄 짐 벗고 보니 슬픔 많은 이 세상도 천국으로 화하도다." 찬송이 그치지 않았습니다.

나치의 죽음의 수용소에서 살아난 사람들의 특징은 삶에 대한 열정입니다. 가스실로 보낼 사람을 찾기 위해 줄을 세웁니다. 살고자 하는 사람은 기를 쓰고 눈과 배에 힘을 주고 무슨 일이라도 할 수 있는 힘이 있는 것처럼 보이려고 애썼습니다. 그리고 이런 사람이 살아남았습니다. 육체보다 마음이 문제이고, 마음보다 영혼이 문제입니다. 환경보다 '환경을 이기는 성령의 은혜가 있는가?' 이것이 문제입니다.

사람의 얼굴은 그 사람의 내면을 반영합니다. 여자가 화장을 한다 해도 마음이 안 좋으면 화장이 잘 받지 않습니다. 걱정과 근심이 얼굴에 그대로 드러납니다. 진한 화장으로도 마음의 슬픔을 감출 수 없습니다. 화가 나면 설거지를 할 때도 그릇 깨지는 소리가 납니다. 빨래터에 나가면 빨래 방망이 소리가 요란합니다. 시어머니 흉을 보면서 시집살이 한을 푸는 방망이는 소리가 클 수밖에 없습니다. 사람이란 별 수 없습니다.

그런데 요셉은 보통 사람과 달랐습니다. 비록 형들의 미움으로 노예로 팔린 사람이었지만 성령의 지배를 받고 있었습니다. 성령이 그의 안에 함께 하고 있었습니다. 요셉 안에 성령의 생수가 강같이 흘렀습니다. 그렇기에 요셉 안에 기적이 일어났습니다. 요셉은 노예지만 마치 주인인 것처럼 살았습니다.

웃는 얼굴에 침 뱉지 못합니다. 웃으십시오. 그리고 감사해야 합니다. 의인은 일곱 번 넘어져도 여덟 번째 다시 일어납니다. 환경이 시키는 대로 하지 말고 성령이 시키는 대로 해야 합니다. 육신의 소욕대로 하지 말고, 성령의 소욕대로 해야 합니다. 스데반은 돌에 맞아 죽으면서 얼굴은 천사와 같았습니다. 바울과 실라는 빌립보 감옥에 갇혔지만 한 밤에 일어나서 찬송하고 기도했습니다. "이것이 나의 간증이요 이것이 나의 찬송일세. 나 사는 동안 끊임없이 구주를 찬송하리로다."

우리 안에 두 사람이 있습니다. 하나는 성령의 소욕이고, 다른 하나는 육체의 소욕입니다. 오호라 나는 곤고한 사람이로다. 누가 이 사망의 몸에서 나를 건지랴 선을 행하고 싶은 나의 내면에 또한 악이 있습니다. 악이 나를 사로잡아 옵니다. 악을 이기기 위해서는 성령을 구해야 합니다. 성령을 충만히 받으십시오. 십자가 앞에 나아가십시오.

회개하고 예수 그리스도를 영접해야 합니다. 그리하면 성령을 선물로 받습니다. 나를 비우고 성령으로 충만해야 합니다. 좋은 환경보다 더 좋은 것을 찾으십시오. 성령의 임재와 인도를 받으십시오. 그곳에 하나님의 나라가 임합니다.

바울이 빌립보 교회에 편지를 썼습니다. 빌립보서는 바울이 순교하기 직전에 로마감옥에서 기록한 유언 같은 편지입니다. 기뻐하라. 내가 다시 말하노니 기뻐하라. 감옥에 갇힌 바울이 빌립보 교인들에게 기뻐하라고 합니다. 이상하지 않습니까? 반대로 된 것 같습니다. 감옥에 갇힌 사람이 어떻게 밖에 있는 사람들에게 기뻐하라고 할 수 있습니까? 이것은 성령의 은혜로만 가능한 일입니다. 비록 바울은 갇혔지만 자유로운 빌립보 교인들보다 기뻤습니다. 요셉은 노예이지만 노예가 아닌 것처럼 살았습니다. 성령의 은혜입니다. 이것이 요셉이 형통한 비결입니다.

성령으로 일하라

하나님이 말씀하십니다. 빛이 있으라! 성령 하나님이 능력과 지혜로 빛을 만드셨습니다. 성령은 창조의 영이고 성령은 일하는 영입니다. 성령이 임할 때 삼손은 능력을 받았고, 성령이 임할 때 하나님의 선지자는 말씀을 대언했습니다. 다윗은 성령의 역사로 찬송하고 기도하고, 목장의 양떼를 보살폈습니다. 예수 그리스도가 요단강에서 세례를 받을 때 하늘에서 성령이 비둘기 같이 임했고, 성령을 받은 예수는 인류 구원을 위한 십자가의 구속 사역을 시작했습니다. 회개하라.

천국이 가까웠느니라. 선한 것은 다 성령이 행하시는 것입니다. 성령은 불신자에게도 임하여서 일반은총을 나타냅니다. 그리스도를 믿는 자에게는 성령은 더욱 특별하게 임합니다. 구속의 은총 곧, 특별 은총을 베푸십니다.

"요셉이 그 주인에게 은혜를 입어 섬기매 그가 요셉으로 가정 총무를 삼고 자기 소유를 다 그 손에 위임하니(4절)." 보디발은 애굽의 경호대장으로 왕을 섬기는 권력자입니다. 애굽의 권력자 보디발의 마음을 요셉이 사로잡았습니다. 그리고 보디발은 요셉을 가정 총무로 삼고 집안의 모든 것을 그에게 맡겼습니다. 왜냐하면 요셉은 17살이라는 어린 나이나 히브리인 노예라는 신분도 문제가 되지 않을 만큼 신실하고 능력 있는 노예였기 때문입니다.

가정 총무는 집사입니다. 총무는 집안의 모든 일을 책임지는 신임받는 사람입니다. 보디발은 먹는 음식과 자기의 아내 외에는 모든 것을 요셉에게 맡겼습니다. 음식은 애굽 사람의 관습이 히브리인의 것과 다르기 때문에 맡기지 않았지만 다른 것은 다 맡겼습니다. 이 애굽인 주인은 요셉을 무한 신뢰했던 것입니다. 요셉은 사람 관리, 물품 관리, 재정 관리 등등 주인의 것을 다 맡은 청지기가 되었습니다.

믿음은 말로 하는 것이 아닙니다. 행함입니다. 이 행함이 없는 믿음은 죽은 것입니다. 그리고 기도는 목소리로만 하는 것이 아닙니다. 일이 곧 기도입니다. 믿음은 신실함과 지혜와 땀으로 합니다. 이 산을 들어서 바다에 던지는 것이 믿음입니다. 믿음은 일로 말합니다.

신명기 28장 축복의 장을 보십시오. 율법을 다 지켜 행하는 자가 복을 받습니다. 누가 안식일을 지킵니까? 엿새 동안 힘써 일하는 사람이 안식일을 지킵니다. 이삭은 흉년의 때에도 농사해서 백배의 결실을 거두었습니다. 그리고 양과 소가 떼를 이루었습니다. 이삭은 농사도 잘되고 목축도 잘 되었습니다. 또한 베드로는 갈릴리 바다에서 고기를 잡는 어부였습니다. 고기를 잡으려면 그물을 던져야 합니다. 이스라엘 백성은 새벽이슬과 함께 광야로 나가서 만나를 거두었습니다. 하루 식사를 먹으려면 만나를 구하러 가야 합니다.

믿음은 외모가 아닙니다. 아름다운 것이나 고운 것도 거짓됩니다. 외모는 변합니다. 그러나 현숙한 여인은 외모로 말하지 않고 일로 말합니다. 집안 종들을 다스리고 부지런히 일해서 가정 경제를 이룹니다. 그리고 믿음은 학벌이 아닙니다. 하나님은 미련한 자를 들어서 지혜로운 자를 물리치시고, 약한 자를 들어서 강한 자를 물리치십니다. 갈릴리 바다의 어부들은 많이 배운 사람이 아니었습니다. 믿음은 인맥이 아닙니다. 동호인, 향우회, 동창회 같은 인맥이 믿음을 대신할 수 없습니다. 요셉은 노예로 팔려온 히브리 소년입니다. 부모 형제도 없고 아는 사람이 하나도 없는 혼자의 몸이었습니다. 하나님은 외롭고 고독한 사람, 그러나 하나님을 전적으로 의지하는 요셉 같은 사람을 사용하십니다.

우리는 오직 실력으로 말해야 합니다. 오직 일로 말해야 합니다. 오직 선한 열매로 말해야 합니다. 그러기 위해서는 성령으로 일해야 합니다. 성령의 은사로 일해야 합니다. 다윗의 물맷돌과 다윗의 지팡이가 되시기를 바랍니다. 강영우 박사는 시각 장애인으로 예수 그리스도를 증거 했습니다. "빛은 내 가슴에!" 존스 홉킨스병원 재활의학과 의사 이승복은 휠체어를 탄 의사입니다. 그는 말합니다. "기적은 내 안에 있다!" 이들은 비록 육신의 장애를 가졌지만 성령으로 일한 사람들입니다.

성령을 충만히 받으면 일을 잘합니다. 형통합니다. 선천적인 은사도 있지만 후천적인 은사도 받아야 합니다. 다윗은 시인입니다. 양 치는 목동입니다. 사자나 곰도 물리친 용사입니다. 다윗은 이스라엘을 반석 위에 세운 일하는 왕입니다. 성령이 다윗을 통해 일했습니다.

성령이 밖으로 일을 하면 선한 결과를 냅니다. 노예를 해방합니다. 흑백 인종의 차별을 철폐하고 평등을 이룹니다. 약자와 소수자를 배려합니다. 선으로 악을 이깁니다.

성령이 우리 안에서 일을 하면 더 놀라운 일이 일어납니다. 탁월한 일솜씨를 나타냅니다. 성령의 은사로 일하는 사람을 세상이 막을 수 없습니다. 성령으로 가정을 세우면 가정 천국이 이루어지고, 성령으로 직장일이나 사업을 하면 기근의 때에도 백배의 결실을 얻습니다. 성령으로 공부하면 솔로몬이나 다니엘의 지혜를 얻습니다. 성령으로 일하면 워너메이커 같은 성공하는 사업가가 됩니다.

성령으로 못할 것이 없습니다. 오직 성령이 너희에게 임하시면 너희가 권능을 받고 증인이 되리라. 성령의 능력을 받으면 어렵게 느껴지는 전도와 선교도 능히 감당하게 됩니다. "성령이여 그 음성을 항상 들려줍소서!" 성령에서 해답을 찾으십시오. 기도에서 해답을 찾으십시오. 환경과 지식과 정보에서 찾지 못한 진정한 해답을 성령 안에서 찾으십시오.

하나님의 복을 받을 그릇

"그가 요셉에게 자기 집과 그 모든 소유물을 주관하게 한 때부터 여호와께서 요셉을 위하여 그 애굽 사람의 집에 복을 내리시므로 여호와의 복이 그의 집과 밭에 있는 모든 소유에 미친지라(5절)."

하나님이 요셉 때문에 보디발의 집에 복을 주셨습니다. 요셉은 축복의 그릇입니다. 축복의 통로입니다. 하나님의 집에는 금이나 은과 같은 그릇도 있고, 질그릇이나 나무 그릇이 있습니다. 요즘에는 일회용 종이컵도 있습니다. 하나님의 인정을 받으면 축복의 그릇이 됩니다. 우리도 요셉처럼 하면 됩니다. 성령으로 충만해야 합니다. 환경에 구애받지 않고 환경을 극복해야 합니다. 일을 잘해야 합니다. 이것은 다 성령이 주시는 은사입니다. 헤엄쳐 건널 강만큼 성령의 충만을 받으십시오. 죽은 사해를 고기가 사는 바다로 바꾸십시오. 우리도 다윗처럼 하면 됩니다. 하나님의 마음에 들면 됩니다. 다윗은 골리앗과 싸우기 위해 물맷돌을 가지고 나아갑니다. 전쟁은 칼과 창에 속한 것이 아니라 여호와께 속한 것입니다. 그러므로 만군의 여호와의 이름으로 나아갑니다. 하나님의 영광을 위하여 죽음도 아깝지 않습니다. 하나님의 이름을 높입니다. 성령의 사람이 되면 축복의 그릇으로 쓰임 받습니다.

기복 신앙은 하나님을 이용하려 하지만, 성령 충만한 신앙은 하나님에게 쓰임 받으려 합니다. 하나님의 축복을 받아서 나눠 주는 축복의 통로가 됩시다. 신령한 하늘의 복과 땅에 기름진 복을 다 받읍시다. 하늘의 복과 땅의 복은 둘이 아니라 하나입니다. 둘 중 하나가 아니라 둘 다 받읍시다. 신령한 복과 땅의 기름진 복으로 채웁시다.

아브라함은 하나님의 부르심에 순종해서 갈대아 우르를 떠나 복의 근원이 되었습니다. 수넴의 귀부인은 엘리사 일행을 잘 대접해서 아들을 얻었습니다. 동방의 의인 욥은 불같은 시험을 인내로 잘 이기고 갑절의 복을 받았습니다.

　기독교가 전파된 나라가 그렇지 않은 나라들보다 더 잘 삽니다. 강남은 다른 지역에 비해서 그리스도인이 더 많습니다. 투자자는 유망 기업에 투자합니다. 하나님이 어떤 사람을 유망하게 보시겠습니까? 믿음의 사람이고, 성령의 사람입니다.

　아브라함의 조카 롯은 물질에 눈이 어두워서 요단들을 바라보고 소돔성까지 들어갔다가, 소돔성에서 나올 때에는 빈손으로 나왔습니다. 모든 것이 불타버렸습니다. 그리고 롯의 아내는 뒤를 돌아보다가 소금기둥이 되고 말았습니다. 나오미는 베들레헴에 기근을 피하여 모압 땅으로 이주했다가 큰일을 당했습니다. 남편이 죽고 결혼한 두 아들이 자녀도 없이 다 죽었습니다. 불신앙으로 살고, 육신으로 살면 슬픈 사람이 됩니다. 기쁘다는 뜻의 나오미가 슬프고 쓰다는 뜻의 마라가 되었습니다. 하나님을 떠나면 나오미처럼 슬퍼집니다.

　나봇은 조상의 기업인 포도원을 지키기 위해 목숨을 내어 놓았습니다. 월리엄 린튼 선교사는 한국에 오는 경비를 마련하기 위해 헐값에 애틀랜타 중심지의 땅 25만평을 단돈 100달러에 넘겼습니다. 린튼 가문의 한국 선교는 처음에는 심히 미약하였으나 나중에는 한국에 수많은 영혼을 구원하였습니다.

　성 프란시스는 부잣집 아들로 태어났지만 재산을 처분해서 가난한 사람들에게 나눠주고 예수님을 따랐습니다. 그는 복음을 전하면서 청빈한 삶을 살았습니다. 그는 무능력하고 게을러서 가난한 것이 아니었습니다. 오히려 복음을 위해서 스스로 가난했습니다. 그의 삶은 광야에 유리방황하던 세례 요한과 같았습니다.

　악하게 부자가 되면 안 됩니다. 일한 사람에게는 품삯을 주어야 합니다. 나발은 다윗을 주인 떠난 반역자들이라고 비난하다가 하나님의 저주를 받아서 죽었습니다. 가룟 유다는 예수님을 배신하고 은 30에 팔고 스스로 목을 매달고 죽었습니다.

성령이 충만해야 합니다. 풀타임 사역자나 평신도 지도자나 다 같습니다. 모두 다 성령으로 충만해야 합니다. 직업의 소명대로 하나님께 영광 돌리십시오. 기업인이나 의사나 학자나 정치인이나 연예인이나 무슨 일을 하든지 성령으로 충만해야 합니다. 하나님께 영광을 돌리십시오.

하나님이 복을 주십니다. 축복의 통로가 되시기 바랍니다. 그러나 떡도 없는데 김칫국부터 마시면 안 됩니다. 먼저 떡을 생각해야 합니다. 영적 부흥이 먼저 일어나야 합니다. 이것은 요행수가 아니며 이기심도 아닙니다. 영적으로 하나님께 인정받고, 자격을 갖춘 자가 먼저 되시기 바랍니다. 구하고 찾고 두드리십시오. 성령을 구해야 합니다. 술 취하지 말고 오직 성령으로 충만해야 합니다.

14 Chapter

폭풍보다 강한 성령의 은혜

사도행전 27:9-26

9. ○여러 날이 걸려 금식하는 절기가 이미 지났으므로 항해하기가 위태한지라 바울이 그들을 권하여 10. 말하되 여러분이여 내가 보니 이번 항해가 하물과 배만 아니라 우리 생명에도 타격과 많은 손해를 끼치리라 하되 11. 백부장이 선장과 선주의 말을 바울의 말보다 더 믿더라 12. 그 항구가 겨울을 지내기에 불편하므로 거기서 떠나 아무쪼록 뵈닉스에 가서 겨울을 지내자 하는 자가 더 많으니 뵈닉스는 그레데 항구라 한쪽은 서남을, 한쪽은 서북을 향하였더라 13. 남풍이 순하게 불매 그들이 뜻을 이룬 줄 알고 닻을 감아 그레데 해변을 끼고 항해하더니 14. 얼마 안 되어 섬 가운데로부터 유라굴로라는 광풍이 크게 일어나니 15. 배가 밀려 바람을 맞추어 갈 수 없어 가는 대로 두고 쫓겨가다가 16. 가우다라는 작은 섬 아래로 지나 간신히 거루를 잡아 17. 끌어 올리고 줄을 가지고 선체를 둘러 감고 스르디스에 걸릴까 두려워하여 연장을 내리고 그냥 쫓겨가더니 18. 우리가 풍랑으로 심히 애쓰다가 이튿날 사공들이 짐을 바다에 풀어 버리고 19. 사흘째 되는 날에 배의 기구를 그들의 손으로 내버리니라 20. 여러 날 동안 해도 별도 보이지 아니하고 큰 풍랑이 그대로 있으매 구원의 여망마저 없어졌더라 21. 여러 사람이 오래 먹지 못하였으매 바울이 가운데 서서 말하되 여러분이여 내 말을 듣고 그레데에서 떠나지 아니하여 이 타격과 손상을 면하였더라면 좋을 뻔하였느니라 22. 내가 너희를 권하노니 이제는 안심하라 너희 중 아무도 생명에는 아무런 손상이 없겠고 오직 배뿐이리라 23. 내가 속한 바 곧 내가 섬기는 하나님의 사자가 어제 밤에 내 곁에 서서 말하되 24. 바울아 두려워하지 말라 네가 가이사 앞에 서야 하겠고 또 하나님께서 너와 함께 항해하는 자를 다 네게 주셨다 하였으니 25. 그러므로 여러분이여 안심하라 나는 내게 말씀하신 그대로 되리라고 하나님을 믿노라 26. 그런즉 우리가 반드시 한 섬에 걸리리라 하더라

풍랑을 만난 이유

바울이 탄 배가 지중해에서 유라굴로 광풍을 만났습니다. 미항에서 겨울을 지내야 하는데 뵈닉스까지 무리하게 겨울 항해를 강행하다가 폭풍을 만난 것입니다. 바울을 태운 배는 보름 동안이나 지중해를 표류했습니다. 살 소망이 끊어진 것입니다.

바울은 그 때 하나님의 음성을 들었습니다. "내가 너희를 권하노니 이제는 안심하라 너희 중 아무도 생명에는 아무런 손상이 없겠고 오직 배뿐이리라(22절)." 바울은 어떻게 폭풍 가운데서 살아났습니까? 지금 우리는 어떤 폭풍을 만나서 표류합니까? 폭풍을 헤치고 안전한 항구까지 나아가기 원합니다.

하나님의 뜻을 거역하고 무리하게 항해하면 폭풍을 만납니다. 깨닫고 돌아서야 합니다. 내 탓이요! 잘못을 깨달아야 합니다. "여러 사람이 오래 먹지 못하였으매 바울이 가운데 서서 말하되 여러분이여 내 말을 듣고 그레데에서 떠나지 아니하여 이 타격과 손상을 면하였더라면 좋을 뻔 하였느니라(21절)."

바울은 안심하라는 말보다, 먼저 무엇이 잘못되었는지를 말했습니다. 듣기 좋은 말보다 회개가 먼저입니다. 선장과 선원들은 바울의 말을 듣고 그레데에서 떠나지 말아야 했습니다. 미항에서 겨울을 지내야 하는데 자신을 믿고, 자기 경험을 믿고 뵈닉스까지 무리하게 항해하다가 화를 당했습니다.

요나가 풍랑을 만난 것은 하나님의 명령을 거역하고 다시스로 도망간 때문입니다. 애굽에 열 가지 재앙이 임한 것은 바로가 이스라엘을 백성을 노예로 잡고 압제한 때문입니다. 나오미의 남편과 두 아들이 죽은 것은 베들레헴을 떠나 모압으로 이주한 때문입니다. 다 원인이 있어서 결과가 안 좋습니다.

하나님이 동원할 수 있는 강력한 무기가 여럿입니다. 소돔성에는 하늘에서 유황불이 임했습니다. 노아 시대에는 온 세상에 물이 임했습니다. 천둥과 번개와 우박도 하나님이 자주 쓰는 무기입니다. 사람이 하나님의 진노를 어찌 피할 것입니까? 원인을 제거해야 합니다.

하나님은 천지를 만드신 분입니다. 인간의 생사화복을 주관하시는 분입니다. 살리기도 하시고, 죽이기도 하십니다. 순풍도 주시고, 풍랑을 일으키십니다. 하나님과 관계가 가장 중요한 문제입니다. 하나님의 미소를 발견해야 합니다. 하나님으로 웃게 해야 합니다. 예수 그리스도의 십자가를 바라보십시오. 하나님과 화해하는 길로 나아가십시오. 내가 죄인임을 고백하고 회개해야 합니다. 이 고백만으로 모든 풍랑을 잠잠케 할 수 있습니다.

바울과 선원들은 미항에서 겨울을 지내야 했습니다. 욕심과 과욕이 문제입니다. "욕심이 잉태한 즉 죄를 낳고 죄가 장성한 즉 사망을 낳느니라(약1:15)." 자신의 명철을 의지하지 말고 겸손하게 하나님의 인도를 받으십시오. 인간의 경험과 지식을 자랑하지 말아야 합니다. 백부장은 선장과 선주의 말을 듣다가 낭패를 당했습니다. 그러나 생사화복은 하나님에게 달렸습니다. 원숭이도 나무에서 떨어지는 법입니다. 겨울 항해가 안전하다고 자기 경험을 믿고 나간 것이 얼마나 미련합니까?

바울은 겨울 항해가 생명과 물질에 큰 어려움을 줄 것이라고 경고했습니다. "말하되 여러분이여, 내가 보니 이번 행선이 화물과 배만 아니라 우리 생명에도 타격과 많은 손해가 있으리라 하되(10절)." 그는 여러 번 배를 타서 나름대로 경험이 있습니다. 그리고 무엇보다 바울은 하나님의 사람입니다. 기도의 사람입니다. 그는 기도 하는 가운데 하나님의 음성을 들었습니다. 위험하다는 경고를 듣고 순종하기 원했습니다.

주님이 가라 하면 가고, 서라 하면 서야 합니다. 앞서 가는 것도 안 되고, 그렇다고 지체하는 것도 안 됩니다. 야곱은 세겜에 머물다가 딸 디나가 추장 세겜에게 겁탈을 당하는 화를 당했습니다. 그 후에야 서둘러 벧엘로 올라가야 했습니다. 서원을 지키지 않고 머뭇거리다 낭패를 당했습니다. 그러나 회개하고 돌아서면 폭풍이 잠잠해집니다. 안식의 항구가 보입니다. 장대에 높이 달린 놋뱀을 바라보십시오. 그리고 원망과 불평을 회개해야 합니다.

폭풍보다 강한 성령의 은혜

바울은 14일이나 계속되는 표류에도 믿음을 잃지 않았습니다. "온 세상 날 버려도 주 예수 안 버려 끝까지 나를 돌아보시니." 그는 로마까지 가는 길에 하나님이 함께 하실 것을 믿었습니다. 바울은 로마에 가서 네로 황제의 재판을 받고 기독교를 변증해야 합니다. 이것이 그의 사명입니다.

표류하는 동안 해도 볼 수 없고, 아무 것도 먹을 수 없었습니다. 지옥이 따로 없습니다. 하늘과 바다가 흔들리는 극한 상황의 연속입니다. 놀이동산에서 타는 바이킹은 아무 것도 아닙니다. 바다가 풍랑으로 흔들릴 때 얼마나 무서운지!

한번은 홍도에 놀러 갔다 오는 길에 태풍을 만나 배 멀미를 심하게 했습니다. 태풍이 온다는 예보가 있어서 서둘러 배를 탔는데, 목포로 오는 길에 파도가 점점 심해져서 심한 멀미를 하게 되었습니다. 목포에 겨우 도착해서 잘 먹고 힘낸다는 생각에 호텔 식당에 들어가서 비싼 음식을 주문했는데 멀미에 숟가락도 들지 못했습니다. 시간이 지날수록 멀미가 더 심해지는데 나중에는 밥상이 흔들릴 정도였습니다. 멀미가 심하면 진수성찬도 그림의 떡입니다. 지금도 그 밥상을 생각하면 아쉽습니다.

"나의 속한 바 곧 나의 섬기는 하나님의 사자가 어제 밤에 내 곁에 서서 말하되(23절)." 바울은 폭풍 속에서 기도했습니다. 배가 파선되는 지경에서도 바울은 하나님과 교제의 끈을 놓지 않았습니다. "사나 죽으나 주의 것입니다! 하나님, 나를 도와주세요. 이 풍랑을 잠잠케 하시어 로마를 보게 해 주세요!" 그리고 하나님은 바울의 기도에 응답하셨습니다.

풍랑보다 강한 것이 하나님의 은혜입니다. 성령이 충만하면 풍랑도 삼킬 수 없습니다. 풍랑이 일어나기 전에 성령의 충만함을 받으십시오. 만일 풍랑이 일어났다면 풍랑보다 더 큰 성령을 받으십시오. 바울과 실라가 빌립보 감옥에서 기도한 것처럼, 야곱이 얍복 나루에서 천사를 붙잡고 기도한 것처럼 기도해야 합니다. 간절히 주님을 찾는 자가 주님을 만날 것입니다. 환난이 심할수록 더욱 하나님을 의지해야 합니다. "어려운 일 당할 때 나의 믿음 적으나 의지하는 내 주를 더욱 의지합니다." 알곡과 쭉정이는 폭풍이 불어야 구별됩니다. 밤이 깊으면 빛이 멀리까지 비칩니다.

성령 안에서 무시로 기도해야 합니다. 성령 안에서 찬송해야 합니다. 성령은 우리 안에 계십니다. 성령은 풍랑을 만난 배 안에 계십니다. '나를 믿는 자는 그 배에서 생수의 강이 흐른다.' 큰 풍랑을 만나면 성령의 큰 은혜도 만납니다. 폭풍보다 강한 것이 성령의 은혜입니다. 더 세밀하게, 더 강하게 성령에 붙들려야 합니다. "소년이라도 넘어지고 장정이라도 자빠지되 오직 여호와를 앙망하는 자는 새 힘을 얻으리니 독수리의 날개 치며 올라감 같을 것이요."

영국의 종교개혁가 웨슬리가 탄 배가 대서양을 항해하다가 풍랑을 만났습니다. 웨슬리가 두려워서 떨고 있을 때, 모라비안 형제들은 한쪽 구석에서 찬송하고 기도하고 있습니다. 그들에게 두려움은 없었습니다. 은혜가 충만했습니다. 웨슬리는 그 때 기억을 일기장에 기록했습니다. "풍랑을 만난 충격보다 두려움을 모르고 기도하는 형제들을 본 것이 더 충격이었습니다." 살아 있으면 기도할 것이고, 죽으면 하나님 앞에 갈 것입니다. 그렇기에 폭풍을 두려워하지 말아야 합니다. 하나님은 내 안에 계십니다. 주님이 원하시면 얼마든지 우리에게 천사를 보내십니다.

폭풍에 파선하는 배도 있지만, 그 풍랑으로 인하여 더 빨리 가는 배도 있습니다. "큰 물결 일어나 나 쉬지 못하나 이 풍랑으로 인하여 더 빨리 갑니다." 참새는 폭풍을 만나면 날지 못하지만, 독수리는 폭풍을 뚫고 하늘로 날아오릅니다. 바람을 타고 히말라야도 넘습니다. 중국의 지하교회가 얼마나 뜨겁습니까? 그들의 신앙은 살아 있습니다. 문화 혁명을 거치면서 사라질 줄 알았던 핍박 받던 교회가 오히려 7천만, 1억 명으로 성장했습니다. 핍박보다 더 강한 성령의 은혜가 그 비결입니다.

폭풍보다 강한 사명

왜 하나님은 바울을 살려 주셨습니까? 바울이 기도를 많이 해서입니까? 그 이상의 이유가 있습니다. 주님은 말씀하십니다. "바울아 두려워 말라. 네가 가이사 앞에 서야 하겠고 또 하나님께서 너와 함께 행선하는 자를 다 네게 주셨다 하였으니(24절)."

바울은 하나님이 필요한 사람입니다. 바울에게는 죽을 수 없는 큰 사명이 있습니다. 너는 이방인을 위한 나의 택한 그릇이다. 바울은 네로 앞에서 기독교를 변증해야 합니다. 바울이 사는 것이 자기의 뜻이 아니라 하나님의 뜻입니다. 바울의 소원이 아니라 하나님의 필요 때문입니다. 그는 로마에 가서 복음을 전해야 합니다. 여러분도 먼저 하나님의 동역자가 되시기 바랍니다. 내가 하나님을 필요로 하지만, 동시에 하나님이 나를 필요로 하는 사람이 되시기 바랍니다.

바울이 죽고 사는 것은 그렇게 중요한 문제가 아닙니다. 바울이 복음을 변증해야 하는 일이 중요합니다. 죽고 사는 것은 사명에 달렸습니다. 사명이 귀하면 살고, 사명이 없으면 죽어도 됩니다. 배가 파선하는 것이 중요한 것 아닙니다. 바다는 다시 평온해집니다. 폭풍은 흔적 없이 사라집니다. 바다에 빠져 죽은 사람도 기억 속에서 사라집니다.

하지만 바울의 사명은 지중해에 묻힐 수 없습니다. 그가 로마 황제 앞에서 복음을 전하지 않았으면 오늘의 기독교는 없습니다. 폭풍 가운데 하나님의 뜻을 찾으십시오. 폭풍보다 강한 사명을 찾으십시오. 내 인생의 폭풍을 잠잠케 하는 비결은 일등 사명자가 되는 것입니다. 푯대를 상실하면 작은 풍랑에도 배가 뒤집어집니다. 내 삶의 목적이 없다면 찻잔에 빠져도 죽고, 하나님 앞에 사명이 있으면 태풍을 만나도 삽니다.

실직과 감원의 폭풍 속에서도 자신을 지켜야 합니다. 자기 개발과 헌신을 계속해야 합니다. 세계는 지금 총성 없는 경제 전쟁 중입니다. 제품의 가치를 높이고 세계 일등이 되면 세계 시장은 우리 것이 될 것입니다. 위기는 곧 기회입니다. 하나님이 주신 사명을 이루도록 기도할 것입니다.

골프 선수 신지애는 어머니가 교통사고로 돌아가셨습니다. 장례식을 마치고 얼마의 보상금을 받은 아버지는 그 동안 진 빚을 갚고 신지애에게 나머지 돈을 주면서 필리핀으로 골프 훈련을 보냈습니다. "이 돈은 네 엄마 목숨 값이다. 이것으로 연습해서 성공해라." 신지애는 성공했습니다. 성공할 수밖에 없습니다. 골프를 치는 이유가 분명했습니다. 어떻게 해야 하는지 너무 잘 알았습니다. 어머니의 목숨 값입니다. 목숨 걸고 골프 치는데 당할 자가 있겠습니까.

삼손은 두 눈이 뽑히고 사사의 사명에 눈 떴습니다. "나는 이스라엘의 사사이다. 한번만 힘을 얻으면 단번에 원수를 갚으리라." 그는 사명에 살고 사명에 죽습니다. "다 이루었다." 예수님이 십자가에서 죽기 전에 외쳤습니다. 기드온의 용사는 300명이면 족합니다. 겁쟁이나 사명감 없는 32000명 보다 선택된 300명이 낫습니다. 나의 사명이 무엇입니까? 몸 된 교회를 위해서 죽도록 충성해야 합니다.

15 Chapter

성령은 거룩한 영이다

창세기 39:7-18

7. ○그 후에 그의 주인의 아내가 요셉에게 눈짓하다가 동침하기를 청하니 8. 요셉이 거절하며 자기 주인의 아내에게 이르되 내 주인이 집안의 모든 소유를 간섭하지 아니하고 다 내 손에 위탁하였으니 9. 이 집에는 나보다 큰 이가 없으며 주인이 아무것도 내게 금하지 아니하였어도 금한 것은 당신뿐이니 당신은 그의 아내임이라 그런즉 내가 어찌 이 큰 악을 행하여 하나님께 죄를 지으리이까 10. 여인이 날마다 요셉에게 청하였으나 요셉이 듣지 아니하여 동침하지 아니할 뿐더러 함께 있지도 아니하니라 11. 그러할 때에 요셉이 그의 일을 하러 그 집에 들어갔더니 그 집 사람들은 하나도 거기에 없었더라 12. 그 여인이 그의 옷을 잡고 이르되 나와 동침하자 그러나 요셉이 자기의 옷을 그 여인의 손에 버려두고 밖으로 나가매 13. 그 여인이 요셉이 그의 옷을 자기 손에 버려두고 도망하여 나감을 보고 14. 그 여인의 집 사람들을 불러서 그들에게 이르되 보라 주인이 히브리 사람을 우리에게 데려다가 우리를 희롱하게 하는도다 그가 나와 동침하고자 내게로 들어오므로 내가 크게 소리 질렀더니 15. 그가 나의 소리 질러 부름을 듣고 그의 옷을 내게 버려두고 도망하여 나갔느니라 하고 16. 그의 옷을 곁에 두고 자기 주인이 집으로 돌아오기를 기다려 17. 이 말로 그에게 말하여 이르되 당신이 우리에게 데려온 히브리 종이 나를 희롱하려고 내게로 들어왔으므로 18. 내가 소리 질러 불렀더니 그가 그의 옷을 내게 버려두고 밖으로 도망하여 나갔나이다

동침의 유혹

요셉은 노예로 팔려서 애굽의 시위대장 보디발의 집에 노예가 되었습니다. 주인의 인정을 받아 가정총무가 되었습니다. 요셉은 형통

한 사람입니다. 불행한 환경을 극복하고, 실력으로 인정받아 가정총무가 되었습니다. 요셉으로 인해 보디발의 집이 복을 받았습니다. 요셉이 축복을 전하는 통로가 된 것입니다.

요셉이 노예로 팔리고 10년이라는 세월이 흘렀습니다. 이제 자리를 잡아서 편하게 지낼만한 때가 되었습니다. 그런데 요셉에게 원치 않는 큰 시험이 닥쳤습니다. 주인 보디발의 아내가 요셉에게 동침을 요구했던 것입니다. 그녀의 요구는 집요했고 날이 갈수록 더 심했습니다. "그 후에 그 주인의 처가 요셉에게 눈짓하다가 동침하기를 청하니(7절)." 요셉에게 위기가 닥쳤습니다. 요셉은 27살의 피 끓는 청년입니다. 만약에 동침하다가 불륜이 탄로 나면 죽음을 면치 못할 것이고, 동침을 거부하면 미움을 사서 보복을 당할 것입니다. 이러지도 저러지도 못할 형편입니다.

그러나 요셉은 여주인의 동침 요구를 거절했습니다. 그는 겉옷이 벗겨지도록 도망갔습니다. 여주인은 뜻을 이루지 못하자, 오히려 요셉이 자기를 겁탈하려다 도망갔다고 누명을 씌웠습니다. 여자의 상처 난 자존심이 복수의 화신으로 변했습니다.

여주인의 불순한 욕망은 복수로 돌아왔습니다. 이렇게 요셉은 누명을 쓰고 왕의 감옥에 들어가서 고생했으나 어느 날 바로왕의 꿈을 해석하면서 단번에 애굽의 총리가 되었습니다. 요셉이 누명을 쓰고 감옥에 가지 않았더라면 술관원장을 만나서 꿈을 해석할 기회도 없었을 것이고, 꿈 해석이 없다면 애굽의 총리도 되지 못했을 것입니다.

결과적으로 동침을 거절하는 성결의 능력이 요셉을 애굽의 총리로 만들었습니다. 만약에 요셉이 여주인과 동침했다면 요셉은 죽음을 면치 못했을 것입니다. 불륜은 오래가지 못하고 들통 날 것이고, 하나님과 주인 보디발의 불같은 심판을 받을 것입니다. 요셉처럼 형통하고 싶습니까? 그 비결이 무엇이겠습니까? 성결의 능력입니다. 깨끗한 그릇이 되시기 바랍니다.

성결이 능력이다

이 시대 사람들에게는 무엇이 능력입니까? 돈과 건강과 외모가 능력입니다. 유머와 개인기가 능력입니다. 학벌이나 외국어 구사 능력이 능력입니다. 집안의 배경이 능력입니다. 이 시대에는 가난도 대물림 합니다. 부모에게서 받은 것이 없으면 자기 손으로 성공하기 어렵습니다. 가난한 대학생이 등록금을 벌기 위해 아르바이트 하다가 공부를 못합니다. 공부를 못하면 장학금을 받지 못합니다. 성적이 안 좋으면 취직도 어렵습니다. 이와 같은 악순환이 계속됩니다.

그렇다면 무엇이 영적인 능력입니까? 성결이 능력입니다. 무흠함이 능력입니다. 하나님이 세상을 지으실 때 거룩하게 지었습니다. 죄가 하나도 없는 세상을 창조하셨습니다. 그리고 그 세상은 하나님이 보시기에 심히 좋았습니다. 그런데 아담과 하와가 선악과를 먹고 타락함으로 에덴동산에서 추방당했습니다. 너희는 흙이니 흙으로 돌아가라. 죽음이 임한 것입니다. 죄의 삯은 사망입니다.

음식이나 식품은 청결하고 깨끗해야 합니다. 오염 되면 안 됩니다. 환경이 깨끗해야 합니다. 마찬가지로 영혼의 성결이 능력입니다. 초대 교회의 그리스도인은 로마 제국이 인정하는 성결한 사람들이었습니다. 한국교회 초기 그리스도인들도 세상에서 인정받았습니다. 금연과 금주하며, 도박이나 구습을 버린 사람들입니다. 핍박을 받아도 믿음을 지켰습니다. 세상과 타협하지 않았습니다. 우리의 시민권은 하늘에 있기 때문입니다. 우리는 저 높은 곳을 향하여 날마다 나아가는 순례자입니다. 너희는 세상의 빛과 소금이라. 만일 소금이 그 맛을 잃으면 어떻게 됩니까? 길에 버려져 밟힐 뿐입니다.

능력이 귀하나 능력보다 더 중요한 것이 능력을 담는 그릇입니다. 그릇이 더러우면 쓸 수 없습니다. 잘못 사용된 능력은 재앙으로 돌아옵니다. 일본 후쿠시마 원전이 정상 가동될 때에는 소중한 에너지였으나 쓰나미로 원전이 손상된 후에는 재앙으로 변했습니다. 원전이 더 이상 인간이 원하는 대로 통제가 안 됩니다. 생선 가게를 고양이에게 맡기는 꼴이 된 것입니다.

얼마 전, 삼성 계열사 임직원이 부정을 저지르다 내부 감사에서 적발되고 사장이 퇴임하는 문책을 받았습니다. 이 사건으로 이건희 회장이 대노했습니다. 삼성은 깨끗한 조직인줄 알았는데 그렇지 못한 것에 큰 충격을 받았다고 합니다. 돈을 사랑함이 일만 악의 뿌리가 됩니다. 돈을 능력으로 삼으면 망하고, 돈을 거룩한 능력으로 다룰 줄 알면 흥합니다. 성령의 성결의 능력이 말세의 진정한 능력입니다.

정치인이 돈을 받으면 나라가 흔들립니다. 방위 산업체가 비리로 얼룩지면 나라가 망할 수도 있습니다. 우리는 첨단 문명이 꽃 피는 세상을 살고 있습니다. 얼마나 편리하고 화려합니까? 그러나 이것을 관리하고 다스리는 것이 사람입니다. 사람이 얼마나 깨끗한가에 삶의 질이 달려 있습니다. 마음이 성결하고, 영혼이 성결해야 합니다. 머리가 좋은 것보다 양심이 깨끗하고 영혼이 순결해야 합니다. 죄를 보면 겉옷이 벗겨지도록 도망해야 합니다. 비행기 기장이 자살 비행을 감

행하고, 운전자가 음주 운전하고, 군인이 뇌물을 받고 군납 비리를 저지른다면 반드시 파멸의 구렁텅이에 떨어집니다.

하나님은 깨끗한 그릇을 좋아합니다. 누구든지 자신을 깨끗케 하면 주인의 쓰임에 합당합니다. 하나님은 더러운 것은 토하여 내칩니다. 사람의 위는 잘못 먹은 것이나 썩은 것을 토하여 내는 다른 짐승에게는 없는 기능이 있습니다. 그렇지 않으면 자기 몸을 지킬 수 없습니다. 독을 먹으면 뱉어내야 삽니다.

심청이는 아버지 심 봉사의 눈을 뜨게 하려고 공양미 삼백 석에 인당수에 몸을 던졌는데, 하나님의 사람 삼손은 들릴라의 품 안에 있기 위하여 하나님과 약속한 나실인의 비밀을 버렸습니다. 삼손은 블레셋 사람들에게 붙들려서 능욕을 당했습니다. 정절을 지켜야 합니다. 깨끗해야 합니다. 팥죽 한 그릇을 위해 장자권을 판 에서가 되면 안 됩니다. 양심을 팔고, 영혼을 팔면 망령된 자입니다.

요셉은 여주인의 동침 요구를 물리쳤습니다. "이 집에는 나보다 큰 이가 없으며 주인이 아무 것도 내게 금하지 아니하였어도 금한 것은 당신뿐이니 당신은 그의 아내임이라 그런즉 내가 어찌 이 큰 악을 행하여 하나님께 죄를 지으리이까(9절)." 요셉은 보디발의 아내와 동침하는 것이 하나님 앞에 큰 죄임을 깨달았습니다.

다윗이 밧세바와 간음하고 얼마나 큰 대가를 치렀습니까! 죄를 무서워할 줄 알아야 합니다. 바늘 도둑이 소 도둑 됩니다. 죄의 삯은 사망입니다. 욕심이 잉태한즉 죄를 낳고 죄가 장성한즉 사망에 이릅니다. 아담이 에덴동산에서 추방당한 것도 죄 때문입니다. 능력이 부족해서 쫓겨난 것 아닙니다. 그는 자기 맘대로 하나님이 금지한 선악과를 먹었습니다. 롯의 사위들은 소돔성이 불탄다는 심판의 소식을 비웃다가 소돔성과 함께 불탔습니다. 아나니아와 삽비라는 가난한 사람을 위해 재산의 절반을 헌금하고, 전부라고 속인 죄로 하나님의 진노로 죽었습니다.

그릇이 귀하고 클수록 더 깨끗해야 합니다. 대통령이나 국무 위원은 일반 시민보다 더 높은 덕망을 가져야 합니다. 더 순결해야 합니다. 판사가 성추행 하다 옷을 벗었습니다. 교장이 성추행 하고, 목사가 성추행 하고, 이렇게 하나 둘 옷을 벗으면 세상은 벌거숭이 천지가 될 것입니다. 우리는 성결해야 합니다.

우리의 마음이 성령의 전입니다. 죄로 더럽혀지면 성령이 근심하고 축복이 떠납니다. 교회는 성령의 전입니다. 교회의 죄로 인해 성령이 탄식하면 교회는 힘을 잃습니다. 발람이 돈에 매수당해서 이스라엘 백성을 저주하러 갔지만 막상 저주하지 못하고 축복했습니다. 하나님이 축복하신 백성을 누가 저주하리요! 그런데 이스라엘 군인들이 바알브올 축제에 참여해서 먹고 마시고 취하다가 모압 여자들과 음행했습니다. 하나님은 음행한 이스라엘 군인들을 염병으로 쳐서 이만 사천 명이 죽었습니다.

> 너 성결키 위해 네 머리 숙여
> 저 은밀히 계신 네 주께 빌라.

어떻게 하면 성결할 수 있습니까? 우리에게는 성결의 능력이 없습니다. 오호라 나는 곤고한 사람이로다. 누가 이 사망의 몸에서 나를 건지랴! 바울은 이렇게 탄식했습니다. 오직 거룩한 성령이 우리 안에 충만히 임하실 때에만 우리는 성결할 수 있습니다. 성령은 아버지가 보내는 영입니다. 성령은 예수 그리스도가 보내는 영입니다. 성령이 죄를 물리칩니다. 성령이 죄를 이깁니다. 성령은 분별의 영입니다. 성령은 육체의 소욕을 다스립니다. 성령은 하나님 앞과 사람 앞에 우리를 온전케 합니다. 그리스도인들이여, 일어나 빛을 발하십시오. 성령의 거룩한 능력으로 덧입으십시오.

들어 주소서 나의 주여 내 영의 소원을 살피소서.
주가 주신 나의 이 생명 주 뜻대로 이끄사
썩어가는 이 세상에 소금되게 하소서,

이렇게 성결하라

"그 후에 그 주인의 처가 요셉에게 눈짓하다가 동침하기를 청하니(7절)." 눈짓은 관심의 표시입니다. 이것은 요셉을 향한 음녀의 유혹입니다. 육신의 정욕과 안목의 정욕과 이생의 자랑입니다. 보디발의 아내는 눈짓으로도 안 되자, 다음에는 노골적으로 동침하기를 청합니다. 집요하게 강요합니다. 한 두 번이 아니라 계속적으로 동침하자고 합니다. 아마도 요셉 같은 노예쯤은 내 마음대로 다룰 수 있는 물건 정도로 생각한 것 같습니다. 주인 맘대로 노예를 죽일 수도 있는데 동침하는 것은 간단한 문제로 여겼을 것입니다.

죄 짓는 사람마다 핑계는 있습니다. '한번만 하자.' '이번만 하고 다시 안한다.' '은밀한 곳에서 저지르기 때문에 드러나지 않을 것이다.' '누가 내 죄를 알겠는가!' '아무도 모른다.' '남들도 다 하는데 무슨 큰 문제가 될까?' 그들은 죄를 오락이나 놀이로 생각합니다. 결국에는 죄 의식도 없는 만성적인 범죄자가 되는 것입니다.

죄는 죄입니다. 죄는 어떤 경우에도 안 됩니다. 죄의 삯은 사망입니다. 요셉은 단호하게 죄를 거부했습니다. "이 집에는 나보다 큰 이가 없으며 주인이 아무것도 내게 금하지 아니하였어도 금한 것은 당신뿐이니 당신은 그의 아내임이라 그런즉 내가 어찌 이 큰 악을 행하여 하나님께 죄를 지으리이까(9절)." "여인이 날마다 요셉에게 청하였으나 요셉이 듣지 아니하여 동침하지 아니할 뿐더러 함께 있지도 아니하니라(10절)."

요셉이 동침을 거부한 이유는 첫째, 주인의 아내와 동침은 하나님 앞에 큰 죄이기 때문입니다. 둘째, 주인이 허락한 바가 아니기 때문입니다. 셋째, 여주인은 주인 보디발의 아내이고 요셉은 주인의 노예이며, 두 사람은 그 이상의 관계는 아니기 때문입니다. 요셉이 옳았습니다. 하나님 말씀대로 살아야 합니다. 하나님 앞과 사람 앞에 부끄럽지 않게 살아갑시다.

여인이 날마다 유혹했습니다. 주인의 아내라는 권력으로 요셉을 유혹하고 안 되면 협박했습니다. 참으로 음란한 여자입니다. 이 세상은 음란한 여자와 같습니다. 날마다 자기와 동침하자고 합니다. 육신의 정욕과 안목의 정욕과 이생의 자랑으로 유혹합니다. 열 번 찍어 안 넘어가는 나무가 없다는데, 요셉처럼 자신을 굳게 지켜야만 합니다. 죽어도 안 넘어 가는 나무가 있다는 것을 세상에 보여주어야만 합니다.

"그 여인이 그의 옷을 잡고 이르되 나와 동침하자 그러나 요셉이 자기의 옷을 그 여인의 손에 버려두고 밖으로 나가매(12절)." 보디발의 아내도 보통 여자는 아닙니다. 천사의 얼굴을 가장한 우는 사자처럼 요셉을 덮쳤습니다. 그리고 옷을 잡아 당겼습니다. 순결한 영혼을 사냥하기 위해 달려드는 사단의 필사적인 공격입니다.

그러나 요셉은 단호했습니다. 그 자리를 피했습니다. 겉옷이 벗어지도록 도망쳤습니다. 여자를 피하는 남자는 어떤 사람입니까? 혹시 요셉이 내시입니까? 아니면 여자를 무서워하는 겁쟁이입니까? 아닙니다. 요셉은 하나님의 사람입니다. 정말 용감한 남자입니다. 음란한 동침을 거절하는 사람이 남자 중의 남자입니다. 얼마나 큰 용기입니까?

유혹을 이기려면 음란한 장소와 시간을 피해야 합니다. 좁은 길로 가십시오. 넓은 길은 멸망의 길입니다. 우리는 그 길을 거절해야 합니다. 음란한 요구에 불순응해야 합니다. 이것이 성결의 비결입니다. 하나님께는 '아멘' 하고, 세상에 대해서는 '아니요'를 외치십시오. 바알과 여호와 사이에 우왕좌왕하지 말아야 합니다. 세상에 있으나 세상에 물들지 말아야 합니다. 너희는 마음을 새롭게 함으로 변화를 받아 너희 몸을 하나님이 기뻐하시는 산 제물로 드리라.

성령을 기쁘게 할 것입니까, 사단을 기쁘게 할 것입니까? 우리 안에 큰 전쟁이 있습니다. 육신의 소욕과 성령의 소욕이 다투고 있습니다. 두 눈을 가지고 지옥 가는 것보다 한 눈으로 천국 가는 것이 낫습니다. 두 손을 가지고 지옥 가는 것보다 한 손으로 천국 가는 것이 낫습니다. 죽고자 하는 자는 살고, 살고자 하는 자는 죽습니다. 죄를 뿌리치지 못하면 도살장으로 끌려가는 짐승과 같이 됩니다.

나무 위에 있던 원숭이가 순식간에 식당 안에 들어와서는 식탁 위에 있는 빵을 집어서 잽싸게 도망갔습니다. 관광지에서 눈 깜짝할 순간에 일어난 사건입니다. 사람들이 처음에는 무슨 영문인지 모르고 깜짝 놀랐습니다. 그러나 조금 후에 그 주인공이 원숭이임을 알고는 사람들이 크게 웃었습니다. 빵을 훔쳐 먹는 광경 정도는 원숭이들이 사람들에게 제공하는 깜짝 공연으로 너그럽게 넘길 수 있습니다. 그러나 원숭이의 장난이 지나치면 언젠가 사람 손에 잡혀 죽습니다. 식당 손님이 관광객이라 웃고 말았지, 궁핍한 원주민의 식탁이었으면 그 원숭이는 죽음을 면치 못했을 것입니다. 원숭이를 사냥하는 방법은 빈 상자 안에 먹을 것을 넣고, 원숭이가 손을 넣을 수 있도록 구멍을 만들어 놓는 것입니다. 그 상자 속의 음식을 본 원숭이는 상자 안에 손을 넣습니다. 그런데 욕심 많은 원숭이는 손을 넣을 줄만 알았지 미련해서 넣은 손을 뺄 줄 모릅니다. 손에 쥔 음식을 놓지 못하고 손을 빼내지 못하다가 결국 사람에게 잡힙니다. 죄를 피하는데 목숨을 걸어야 합니다. 옷이 벗겨져도 좋습니다. 도망가야 삽니다.

세상이 얼마나 성결을 원합니까? 공직자 윤리법을 보십시오. 기준이 높습니다. 국회 인사청문회를 보십시오. 털어서 먼지가 나오지 않아야 청문회를 통과합니다. 그러나 교회는 세상보다 훨씬 엄격합니다. 신앙과 양심이 성령의 거룩한 빛 앞에 온전해야 합니다. 1907년 평양 대부흥은 회개 운동으로 시작해서 성령의 뜨거운 불길이 전국으로 퍼져나갔던 것을 기억해야 합니다.

능력으로는 부족합니다. 능력에 맞는 성결의 능력이 필요합니다. 성결의 능력은 오직 성령 안에 있습니다. 힘만 세면 깡패가 될 수 있지만, 힘은 좀 약해도 거룩한 능력이 있으면 의인이 됩니다. 요셉에게는 죄를 짓지 않고 죄를 뿌리치는 성결의 능력이 있었습니다. "이 집에는 나보다 큰 이가 없으며 주인이 아무것도 내게 금하지 아니하였어도 금한 것은 당신뿐이니 당신은 그의 아내임이라 그런즉 내가 어찌 이 큰 악을 행하여 하나님께 죄를 지으리이까(9절)."

16 Chapter

성령을 근심하게 하지 말라

에베소서 4:25-32

25. ○그런즉 거짓을 버리고 각각 그 이웃과 더불어 참된 것을 말하라 이는 우리가 서로 지체가 됨이라 26. 분을 내어도 죄를 짓지 말며 해가 지도록 분을 품지 말고 27. 마귀에게 틈을 주지 말라 28. 도둑질하는 자는 다시 도둑질하지 말고 돌이켜 가난한 자에게 구제할 수 있도록 자기 손으로 수고하여 선한 일을 하라 29. 무릇 더러운 말은 너희 입 밖에도 내지 말고 오직 덕을 세우는 데 소용되는 대로 선한 말을 하여 듣는 자들에게 은혜를 끼치게 하라 30. 하나님의 성령을 근심하게 하지 말라 그 안에서 너희가 구원의 날까지 인치심을 받았느니라 31. 너희는 모든 악독과 노함과 분냄과 떠드는 것과 비방하는 것을 모든 악의와 함께 버리고 32. 서로 친절하게 하며 불쌍히 여기며 서로 용서하기를 하나님이 그리스도 안에서 너희를 용서하심과 같이 하라

성령이 주시는 신령한 복

"하나님의 성령을 근심하게 하지 말라. 그 안에서 너희가 구속의 날까지 인 치심을 받았느니라(30절)."

성령 하나님은 누구입니까? 우리는 삼위일체 하나님을 믿습니다. 성부 하나님과 성자 하나님 그리고 성령 하나님을 믿습니다. 성부와 성자와 성령은 삼신이 아니라 한 분이신 하나님이십니다. 본질과 능력과 영원하심이 같습니다. 성령 하나님의 본질과 능력과 영원하심은 성부 하나님이나 성자 하나님의 그것과 같습니다.

성령 하나님은 단순한 영이나 영향력이 아닙니다. 인격이신 하나님이십니다. 성령 하나님은 성부 하나님, 성자 하나님과 함께 세상을 창조하신 분입니다. 성령 하나님은 예수 그리스도에게 성령을 물 붓듯 부으시고 죽은 자 가운데서 삼일 만에 그를 다시 살리셨습니다. 성령은 부활 승천하시고 보좌 우편에 앉으신 예수 그리스도에게서 보냄 받은 보혜사입니다. 성령은 우리가 예수를 영접할 때 마음에 들어오셔서 영원토록 내주하십니다. "볼지어다 내가 문 밖에 서서 두드리노니 누구든지 내 음성을 듣고 문을 열면 내가 그에게로 들어가 그와 더불어 먹고 그는 나와 더불어 먹으리라(계3:20)."

성령은 우리를 돕습니다. 하나님의 백성을 영원토록 인 치십니다. 우리가 예수 그리스도를 영접하는 날부터 천국 가는 날까지 우리를 책임지십니다. 우리와 늘 함께 하십니다. 우리가 사망의 음침한 골짜기를 지날 때에도 함께 하십니다. "여호와는 나의 목자시니 내게 부족함이 없으리로다. 그가 나를 푸른 풀밭에 누이시며 쉴만한 물 가로 인도하시는도다(시23:1-2)."

성령은 항상 우리 안에 계십니다. 우리의 마음은 성령이 계시는 성전입니다. 악령이 우리의 마음을 지배하면 마귀의 종이 되고 성령이 지배하면 하나님의 자녀가 됩니다. 군대 귀신 들린 사람은 사람이 아닙니다. 쇠사슬을 끊고 자해하고 피를 흘립니다. 무덤 가운데 살면서 소리 지릅니다. 예수님이 군대 귀신을 쫓아날 때에야 비로소 그 사람은 정신을 차리고 옷을 입었습니다. 이것은 하나님이 행하신 큰일입니다. 성령은 지금 우리 안에서 하나님의 큰일을 행하십니다.

성령은 예수를 믿게 합니다. 예수 그리스도의 십자가 고난과 죽음이 나를 위한 것임을 믿게 합니다. 우리는 십자가로 인해 하나님과 화해합니다. 십자가면 충분합니다. 그 십자가 대속의 은혜에 감격하여 눈물을 흘리게 하는 것이 성령입니다. "늘 울어도 눈물로써 못 갚을 줄 알아 몸 밖에 드릴 것 없어 이 몸 바칩니다."

성령은 기도하게 합니다. 성령은 말 할 수 없는 탄식으로 우리를 위해 기도합니다. "나는 마음이 슬픈 여자입니다." 한나는 아들을 얻기 위해 입술만 움직이고 소리를 내지 않고 기도하는데, 엘리 제사장은 기도하는 한나를 술 취한 여자로 오해했습니다. 한나는 모든 슬픔을 기도로 쏟아 부었습니다. 기도 응답을 받은 한나의 얼굴에 근심이 사라졌습니다. 빌립보 감옥에 갇힌 바울과 실라는 매를 맞고 차꼬에 묶였지만 한 밤에 정신을 차리고 일어나서 찬송하고 기도했습니다. 조용한 감옥 안에 기도와 찬송 소리가 들리더니 지진이 나고 옥 터가 움직이고 차꼬가 풀렸습니다. 성령은 기도와 찬양의 영입니다.

성령은 하나님의 영광을 보게 합니다. 이사야 선지자는 웃시야 왕이 죽던 해에 기도하러 성전에 들어갔다가 영광의 보좌에 앉으신 여호와 하나님을 보았습니다. 여호와의 옷자락이 성전 바닥에 닿았습니다. 거룩하다. 거룩하다. 거룩하다! 천사들이 여호와를 찬송합니다. 이사야는 찬송 소리를 듣고 자신의 죄를 탄식합니다. 화로다 나여 망하게 되었도다. "온전히 주께 맡긴 내 영 사랑의 음성을 듣는 중에 천사들 왕래 하는 것과 하늘의 영광 보리로다." 스데반은 돌에 맞아 죽을 때 성령이 충만했습니다. 하나님의 영광의 보좌와 그 우편에 계신 예수 그리스도를 바라보았습니다. 그때 스데반의 얼굴은 천사와 같이 빛났습니다. 성령은 영광의 영입니다.

성령은 영혼의 복락을 가져다줍니다. 에스겔의 환상을 보면, 성전에서 흘러나오는 생수가 처음에는 발목에 닿고, 발목에서 무릎으로,

나중에는 무릎에서 허리까지 닿았습니다. 그리고는 마침내 헤엄칠 강을 이루고 철따라 과실을 맺었습니다. 생수의 강이 사해 바다로 흘러서 죽은 사해 바다가 살아났습니다. 고기가 돌아오고 고기 잡는 어부들이 돌아왔습니다.

성령은 희망의 영입니다. 말씀을 대언할 때 해골 떼가 일어났고, 성령이 역사할 때 해골 떼가 산 군대를 이루었습니다. 성령은 쓰러진 자를 다시 일으켜 세웁니다. 의인은 일곱 번 넘어져도 여덟 번째 다시 일어납니다. 성령은 천국에 들어가는 그 날까지, 죽은 자가 다시 부활하는 그 날까지 우리를 일으켜 세웁니다. 성령을 받은 사람에게 절망은 없습니다.

성령은 우리에게 거룩한 은사를 줍니다. 은사는 거룩한 도구이고 무기입니다. 다윗의 물맷돌, 모세의 지팡이 같은 강력한 은사를 줍니다. 기드온의 삼백 용사가 미디안의 대군을 물리친 것처럼, 성령의 은사를 받은 사람이 그리스도의 군사로 영적 전쟁을 이깁니다.

성령은 전도의 영이고, 선교의 영입니다. 주님의 지상 명령을 이루는 영입니다. 오직 성령이 너희에게 임하시면 너희가 권능을 받고 예루살렘과 온 유대와 사마리아와 땅 끝까지 이르러 내 증인이 되리라.

우리는 성령을 구해야 합니다. 찾고 두드리십시오. 어떤 부모가 자녀가 떡을 달라 하면 돌을 주며, 생선을 달라 하면 뱀을 주며, 계란을 달라 하면 전갈을 주겠습니까? 아버지는 자식에게 가장 좋은 것으로 줍니다. 하물며 하나님이 우리에게 좋은 것으로 주시지 않겠습니까? 성령을 구해야 합니다. 불의한 재판관이라도 과부의 간청을 들어줍니다. 불의한 재판관은 돈만 바라는데 과부에게는 그에게 줄 돈이 없었습니다. 과부는 밤낮으로 원한을 풀어달라고 그를 자주 찾았습니다.

결국 그는 과부의 청을 들어주었습니다. 이처럼 불의한 재판관도 과부의 청을 들어주는데 하물며 선하신 하나님이 우리 기도를 듣지 아니하시겠습니까? 성령을 구해야 합니다.

우리는 오직 성령파입니다. "성령이여 그 음성을 항상 들려 줍소서. 내 마음은 정했어요. 변치 말게 하소서." 성령의 충만함을 받으십시오. 술 취하지 말아야 합니다. 두 마음을 품지 말아야 합니다. 양다리 걸치지 말아야 합니다. 바알과 여호와 사이를 머뭇거리는 갈멜산의 이스라엘 백성들처럼 하지 말아야 합니다. 유두고는 드로아 집회에서 창가에 앉았다가 졸음을 이기지 못하고 떨어져 죽었습니다. 삼손을 들릴라를 좋아하다가 머리털이 밀리고 잡혀서 두 눈이 뽑히고 노예가 되었습니다. 우리는 엘리야의 영감의 갑절을 구한 엘리사처럼 오직 성령의 능력을 구해야 합니다. 이 악하고 패역한 세대에서 어떻게 그리스도인으로 살 것입니까? 그리스도께서 주신 사명을 어떻게 완수할 것입니까? 해답은 오직 성령입니다.

성령을 근심케 하지 말라

하나님의 집에는 그릇이 여럿입니다. 자신을 깨끗케 하면 금이나 은 같은 귀한 그릇으로 쓰임 받습니다. 성령을 사모해야 합니다. 성령에 순종해야 합니다. 성령으로 기뻐해야 합니다. 만약에 성령을 대적하고 근심케 하면 성령이 주시는 신령한 복락을 잃게 됩니다.

예배당 안에서는 성령이 충만한데 왜 예배당 밖에 나가면 그렇지 않습니까? 성령의 충만은 장소나 감정에 구애받지 않습니다. 성령의 충만은 장소에 국한된 감정의 불꽃이 아니라 삶 그 자체입니다. 성령의 충만은 언제 어디서나 경험할 수 있는 인격입니다. 우리는 성령을 방해하거나 근심케 하는 방해물을 제거해야 합니다.

우상을 제거해야 합니다. 우상 숭배는 성령을 대적합니다. 애굽에 임한 10가지 재앙은 애굽의 우상을 심판하는 것입니다. 제1계명을 지키십시오. 내 앞에 다른 신을 두지 않으시기 바랍니다. 여호와 하나님은 질투하시는 하나님이십니다. 아합 시대는 바알 우상을 섬김으로 하나님의 심판을 받아서 3년 6개월 동안 하늘의 문이 닫히고 비가 내리지 않았습니다.

불신앙과 불순종은 성령을 근심케 합니다. 사울왕은 처음에 방언을 한 신령한 사람이었으나 나중에 불신앙과 불순종을 거듭하다가 하나님께 버림받았습니다. 마지막에는 블레셋과 전쟁을 앞두고 걱정하다가 엔돌에 무당을 찾아가서 물었습니다. 전쟁에서 죽을 것이라는 저주의 말을 듣고, 무당이 해 주는 밥을 먹고 돌아가서 블레셋과 전쟁에서 죽었습니다. 성령이 떠나면 생명이 떠나고 명예가 떠납니다. 모든 것이 떠나고 푸른 풀밭이 사망의 골짜기로 변합니다.

그러나 하나님을 사랑하고 하나님 제일주의로 살면 성령이 충만합니다. 다니엘과 그의 세 친구는 왕이 하사만 산해진미를 거절하고 채식만 했습니다. 결과적으로 산해진미를 먹는 사람들보다 얼굴이 더 좋았습니다. 더불어 하나님이 주신 지혜까지 충만했습니다. 또한 다니엘의 세 친구들은 두라 평지에 세운 금 신상에 절하기를 거절했습니다. "하나님이 우리를 풀부물에서 건져내시려니와 그리 아니하실지라도 절 할 수 없습니다." 그들은 풀무불에 던져졌지만 풀부물 보다 더 뜨거운 성령의 역사로 머리털 하나 타지 않고 보호받았습니다. 갈멜산의 영웅 엘리야를 보십시오. 목숨을 걸고 바알 선지자들과 대결했습니다. 그가 하나님께 죽도록 충성했더니 하늘에서 불이 내려와서 제단을 태웠습니다. 혼자서 바알 선지자 450명을 이기고도 남았습니다.

우리는 성령 안에서 행해야 합니다. 성령이 주시는 힘으로 실천해야 합니다. 생활이 달라져야 합니다. 새 술은 새 부대에 담으십시오. 성령이 역사하는 그릇이 되십시오. 천국 시민답게 살아가십시오. 거룩하고 당당하게 살아가십시오. 하나님의 자녀인 것을 충분히 드러내십시오. 우리의 삶이 성령의 그릇입니다. 성령 안에서 행하면 그릇이 넘치도록 복을 받습니다. "너희는 유혹의 욕심을 따라 썩어져 가는 구습을 좇는 옛사람을 버리고 오직 심령으로 새롭게 되어 하나님을 따라 의와 진리의 거룩함으로 지으심을 받은 새 사람을 입으라(엡 4:22-24)."

"그런즉 거짓을 버리고 각각 그 이웃으로 더불어 참된 것을 말하라. 이는 우리가 서로 지체가 됨이니라(25절)." 마귀는 거짓의 아비입니다. 이세벨은 거짓 증인을 세워서 나봇을 죽이고 포도밭을 빼앗았습니다. 나의 이익을 위해 남에게 불리한 말을 하면 안 됩니다. 거짓이 가득 찬 세상에서 그리스도인은 참 말만 해야 합니다.

"분을 내어도 죄를 짓지 말며 해가 지도록 분을 품지 말고 마귀로 틈을 타지 못하게 하라(26-27절)." 분노하지 마십시오. 분노하면 공동체가 파괴됩니다. 가정이 불타고 교회가 불탑니다. 입을 다스릴 뿐 아니라 감정을 다스리십시오. 분노가 생기더라도 해가 지기 전에 해결해야 합니다. 군대에서 끔찍한 총기 사고가 종종 납니다. 분노를 미리 제거했더라면 애꿎은 젊은이가 피 흘리는 일은 없었을 것입니다.

"도적질하는 자는 다시 도적질 하지 말고 돌이켜 빈궁한 자에게 구제할 것이 있기 위하여 제 손으로 수고하여 선한 일을 하라(28절)." 우리는 남의 재산에 해를 끼치지 말아야 합니다. 내 것은 내 것이고, 남의 것도 내 것이라고 하면 그 사람은 도둑입니다. 공정하지 못한 거래나 속이는 저울을 사용하지 말아야 합니다.

"무릇 더러운 말은 너희 입 밖에도 내지 말고 오직 덕을 세우는데 소용 되는대로 선한 말을 하여 듣는 자들에게 은혜를 끼치게 하라(29절)." 더러운 말은 험담과 중상모략입니다. 덕을 세우는 말을 해야 합니다. 선한 말을 해야 합니다. 돕는 말을 해야 합니다.

"너희는 모든 악독과 노함과 분 냄과 떠드는 것과 훼방하는 것을 모든 악의와 함께 버리고(31절)." 악독은 과거에 대한 손해나 모욕에 대한 원한을 버리지 않고 마음에 품는 것입니다. 노함은 급격한 감정 폭발이고, 분 냄은 악독한 적의가 마음에 자리 잡아서 지속적이고 습관적으로 표현되는 것입니다. 떠드는 것은 분노를 자제하지 못하고 소리 지르는 것입니다. 광분하는 것입니다. 훼방하는 것은 상대방을 비방하거나 모욕적인 언사를 사용하는 것입니다. 이 정도면 총이나 칼만 없을 뿐이지 살벌한 전쟁과 같습니다. 인터넷 댓글을 통해서 얼마나 많은 살인과 정죄가 이루어집니까?

"서로 인자하게 하며 불쌍히 여기며 서로 용서하기를 하나님이 그리스도 안에서 너희를 용서하심과 같이 하라(32절)." 십자가 앞에 나아가십시오. 아무 조건 없이 용서해야 합니다. 주님이 조건 없이 우리를 용서하시고 사랑하신 것처럼 용서해야 합니다. 탕자는 아버지 재산을 탕진하고 집으로 돌아왔습니다. 아버지는 그 탕자를 위해 살진 송아지를 잡아서 동네잔치를 열었습니다. 이것이 바로 아버지의 사랑입니다. "아 하나님의 은혜로 이 쓸데없는 자 왜 구속하여 주는지 난

알 수 없도다." 이 찬송의 감동이 우리의 삶이 되게 해야 합니다.

성령은 병들고 더럽혀진 우리의 삶을 치유합니다. 성령이 마음과 생각과 행실을 바꿉니다. 옛사람을 벗고 새사람을 입게 합니다. 이것이 성령의 능력입니다. 성령의 능력으로 입술과 마음과 행실을 바꾸십시오. 말씀과 기도와 찬송으로 나아가십시오. 은혜의 보좌 앞에 나아가서 예수 그리스도를 바라보십시오. 성령의 생수가 흘러 나옵니다. 성령이 함께 하면 무엇이든 할 수 있습니다.

나와 동행하시고 모든 염려 아시니 나는 숲의 새와 같이 기쁘다
내가 기쁜 맘으로 주의 뜻을 행함은 주의 영이 함께 함이라.
성령이 계시네. 할렐루야 함께 하시네.
좁은 길을 걸으며 밤낮 기뻐하는 것 주의 영이 함께 함이라.

흠 없는 사람이 없습니다. 약하지 않은 사람이 없습니다. 그러나 성령의 능력을 받으면 약할수록 강해지고, 미련할수록 더 지혜롭게 됩니다. 한나를 보십시오. "나는 마음이 슬픈 여자라." 그런데 한나가 사무엘을 얻지 않았습니까? 삼손을 보십시오. 한번만 힘을 주사 단번에 원수를 갚게 하소서. 그가 죽을 때 죽인 자가 살았을 때 죽인 자보다 더 많았습니다. 블레셋 사람을 삼천이나 죽였습니다. 다윗을 보십시오. 밧세바 사건을 회개하면서 성령을 거두지 말라고 탄식했습니다. 다윗은 성령을 회복하고 기도와 찬송의 사람이 되었습니다. 성령을 근심케 할 일이 많으나 성령으로 다시 충만해야 합니다. 성령의 생수를 마셔야 합니다. 쓰레기 동산인 난지도가 생태 공원으로 변했습니다. 산불로 불탄 숲도 세월이 지나면 다시 울창한 숲으로 복원됩니다.

Chapter

성령의 은사를 회복하라

사사기 16:15-22

15. ○들릴라가 삼손에게 이르되 당신의 마음이 내게 있지 아니하면서 당신이 어찌 나를 사랑한다 하느냐 당신이 이로써 세 번이나 나를 희롱하고 당신의 큰 힘이 무엇으로 말미암아 생기는지를 내게 말하지 아니하였도다 하며 16. 날마다 그 말로 그를 재촉하여 조르매 삼손의 마음이 번뇌하여 죽을 지경이라 17. 삼손이 진심을 드러내어 그에게 이르되 내 머리 위에는 삭도를 대지 아니하였나니 이는 내가 모태에서부터 하나님의 나실인이 되었음이라 만일 내 머리가 밀리면 내 힘이 내게서 떠나고 나는 약해져서 다른 사람과 같으리라 하니라 18. ○들릴라가 삼손이 진심을 다 알려 주므로 사람을 보내어 블레셋 사람들의 방백들을 불러 이르되 삼손이 내게 진심을 알려 주었으니 이제 한 번만 올라오라 하니 블레셋 방백들이 손에 은을 가지고 그 여인에게로 올라오니라 19. 들릴라가 삼손에게 자기 무릎을 베고 자게 하고 사람을 불러 그의 머리털 일곱 가닥을 밀고 괴롭게 하여 본즉 그의 힘이 없어졌더라 20. 들릴라가 이르되 삼손이여 블레셋 사람이 당신에게 들이닥쳤느니라 하니 삼손이 잠을 깨며 이르기를 내가 전과 같이 나가서 몸을 떨치리라 하였으나 여호와께서 이미 자기를 떠나신 줄을 깨닫지 못하였더라 21. 블레셋 사람들이 그를 붙잡아 그의 눈을 빼고 끌고 가사에 내려가 놋 줄로 매고 그에게 옥에서 맷돌을 돌리게 하였더라 22. 그의 머리털이 밀린 후에 다시 자라기 시작하니라

삼손은 왜 성령의 은사를 잃었는가

삼손은 이스라엘의 사사로 부르심을 받았습니다. 블레셋으로부터 이스라엘을 구원하라는 사명을 감당하기 위해 하나님은 삼손에게 특별한 성령의 은사로 주셨습니다. 이 성령의 은사는 맨 손으로 사자의

입을 찢기도 하고, 나귀 턱뼈로 블레셋 사람 일천 명을 죽이기도 하는 힘입니다. 가사 성문의 문설주를 어깨에 메고 가는 힘입니다.

그런데 어느 날 삼손에서 모든 힘이 떠났습니다. "들릴라가 이르되 삼손이여 블레셋 사람이 당신에게 들이닥쳤느니라 하니 삼손이 잠을 깨며 이르기를 내가 전과 같이 나가서 몸을 떨치리라 하였으나 여호와께서 이미 자기를 떠나신 줄을 깨닫지 못하였더라(20절)." 이제 삼손보다 더 불쌍한 사람이 없습니다. 하나님이 삼손에게 주신 은사를 거두셨습니다. 삼손은 블레셋 사람들에게 붙잡혀서 두 눈이 뽑히고 놋줄로 묶이고 옥에서 맷돌을 돌리는 신세가 되었습니다.

왜 삼손은 힘을 잃었습니까? 윤리적인 타락으로 인해 힘을 잃었습니다. 가사의 기생에게로 들어갔다가 블레셋 사람에게 잡힐 뻔했습니다. 그런 일을 당하고도 삼손은 정신을 차리지 못했습니다. 그 후에 소렉 골짜기에 들릴라를 만나 사랑에 빠졌습니다. 말세의 고통 중의 하나가 쾌락 사랑하기를 하나님 사랑하는 것보다 더 하는 것이라고 했습니다. 삼손은 하나님이 주신 힘으로 이스라엘을 구원하는데 힘을 쓰지 않고 여자들에게 힘을 썼습니다.

윤리적인 면에서 타락하면 은혜를 상실합니다. 금이나 은같이 보배롭고 깨끗한 그릇을 유지해야 합니다. 하나님은 더러운 그릇은 사용하지 않습니다. 지도자가 되려면 실력은 기본이고 윤리와 도덕에 흠이 없어야 합니다. 하나님의 자녀도 마찬가지입니다. 십자가의 은혜로 구원받으면 하나님의 자녀답게 살아야 합니다. 은혜를 욕되게 하면 안 됩니다. 너희는 세상의 빛이고 소금입니다. "소금이 그 맛을 잃으면 무엇으로 짜게 하리요 후에는 아무 쓸데 없어 다만 밖에 버리워 사람에게 밟힐 뿐이니라(마5:13)."

우리 안에는 성령의 소욕과 육체의 소욕이 싸우고 있습니다. 우리가 육체의 소욕을 좋아하고 육체의 소욕에 굴복한다면 하나님이 주신 은혜와 축복은 우리 곁을 떠납니다. "육체의 일은 현저하니 곧 음행과 더러운 것과 호색과 우상숭배와 술수와 원수 맺는 것과 분쟁과 시기와 분 냄과 당 짓는 것과 분리함과 이단과 투기와 술 취함과 방탕함과 또 그와 같은 것들이라(갈5:20-21)."

기독교는 금욕주의가 아닙니다. 예수님은 가나의 혼인 잔치에 물로 포도주를 만드셨습니다. 잔치의 흥을 돋우셨습니다. 우리가 젊어서 취한 아내로 즐거워해야 합니다. 그리스도인은 일부러 슬픔과 고통 속에 살 필요는 없습니다. 하나님이 세상을 이처럼 사랑하십니다. 하나님이 세상을 창조하실 때에 보시기에 좋았습니다. 육체를 괴롭히는 금욕주의는 구원에 전혀 도움이 되지 않습니다. 구원 받은 후에도 절제는 하지만 금욕주의를 따르지 않습니다. 주님으로 인한 구원의 은총으로 기뻐하고 즐거워해야 합니다.

물론 목적에 따라서는 일시적인 금욕이 필요합니다. 기도하는 기간에 부부가 합의 하에 분방할 수 있습니다. 하나님의 거룩한 사역을 위해 독신의 은사가 있다면 독신으로 지내십시오. 주일을 거룩하게 지내기 위해서는 불타는 토요일 밤이 되지 않게 해야 합니다. 토요일은 주일을 준비하는 날입니다. 믿음의 경주를 계속하기 위해서는 무거운 것과 얽매이는 것을 버려야 합니다. 포기할 것은 포기하고 버릴 것은 버려야 합니다.

그런데 삼손이 힘을 잃은 것은 단순히 도덕적인 타락이 아닙니다. 삼손은 영적으로 타락했습니다. 하나님과 언약을 버렸습니다. 나실인은 머리털에 삭도로 대지 않아야 합니다. 그런데 삼손은 들릴라의 거짓 눈물에 속아서 나실인의 비밀을 누설했습니다. 삼손은 하나님 보다 들릴라를 더 사랑했던 것입니다. 세상이나 세상의 있는 것들을 사랑해서 안 됩니다. 하나님보다 더 사랑하는 것이 우상입니다.

우리가 하나님의 은사와 능력을 상실하는 근본적인 이유도 바로 이것입니다. 믿음을 버리고 하나님과 언약을 어기는 것입니다. 윤리적으로도 옳아야 하지만, 하나님과 언약은 더욱 신실하게 준행해야 합니다. 세상의 법을 어기면 세상의 벌을 받고, 하나님과 언약을 어기면 하나님께 징벌을 받습니다. "하나님이 세상을 이처럼 사랑하사 독생자를 주셨으니 이는 그를 믿는 자마다 멸망치 않고 영생을 얻게 하려 하심이라(요3:16)." 예수 그리스도의 십자가를 부인하면 심판을 피할 길이 없습니다.

성령의 역사를 부정하고, 성령을 거역하고 불순종하면 하나님의 심판을 받습니다. 성령을 근심케 하면 하나님이 주신 은사들을 상실합니다. 성령이 우리에게 임하시면 우리가 권능을 받습니다. 그러나 성령이 떠나면 골짜기의 해골 떼가 됩니다. 사막이 되고 사해 바다가 됩니다. 기도의 문이 막히고, 찬송이 사라지고, 마음의 안식과 평안이 떠납니다.

하나님의 말씀을 불신앙하면 능력과 은사를 상실합니다. 아브라함은 하나님의 언약을 믿고 나이 100살에 이삭을 얻었습니다. 밤새도록 고기를 잡지 못하던 베드로가 아침에 주님의 말씀에 의지하여 깊은 데로 가서 그물을 던졌더니 그물이 찢어질 만큼 고기가 잡혔습니다. 언약의 말씀을 믿고 나아가는 자가 젖과 꿀이 흐르는 가나안을 차지합니다.

신앙이 문제입니다. 사자굴에 던져진 다니엘은 아무 해도 받지 않았습니다. 풀무불에 던져진 다니엘의 세 친구들은 옷깃 하나 머리털 하나 상하지 않았습니다. 학생이 한눈을 팔고 공부하지 않으면 성적이 떨어지고, 군인이 실전 같은 훈련을 하지 않고 게으름을 부리면 사고가 나고, 부부가 한 눈을 팔면 사랑에 문제가 생깁니다. 하나님을 신뢰하고 믿지 않으면 성령의 은사와 축복이 사라집니다.

어떻게 은사를 회복할 것인가

삼손은 머리털이 잘리고 블레셋 사람들은 그를 잡으려고 들이닥쳤습니다. 삼손은 이전과 같이 일어나서 힘을 쓰려했지만 이미 하나님의 능력은 그에게서 떠났습니다. "들릴라가 이르되 삼손이여 블레셋 사람이 당신에게 들이닥쳤느니라 하니 삼손이 잠을 깨며 이르기를 내가 전과 같이 나가서 몸을 떨치리라 하였으나 여호와께서 이미 자기를 떠나신 줄을 깨닫지 못하였더라(20절)."

삼손이 들릴라와 사랑에 빠진 것이나 나실인의 비밀을 누설한 것이 잘못입니다. 그런데 자신에게서 이미 하나님의 은사가 떠난 것을 깨닫지 못한 것은 더 잘못입니다. 죄를 짓는 것도 문제이지만 죄를 짓고도 깨닫지 못하는 것이 더욱 문제입니다. 하나님의 능력을 받지 못하는 것이 문제지만, 받은 능력이 떠나는 것을 알지 못하는 것은 더욱 문제입니다. 깨닫지 못하는 자는 짐승과 같습니다. 개는 토한 자리에 돌아가고, 돼지는 씻었다가 더러운 구덩이에 도로 눕습니다. 그러나 베드로는 새벽 닭 우는 소리에 눈물을 흘리고 회개했습니다. 닭 우는 소리에 깨닫는 자가 복입니다. 영적으로 각성해야 살 길이 열립니다.

돈에 매수당한 발람 선지자는 이스라엘을 저주하기 위해 갔습니다. 발람은 거짓 선지자의 대명사입니다. 양심에 화인 맞은 사람입니다. 그가 얼마나 잘못된 길로 가고 있습니까? 나귀는 칼을 들고 앞을 막는 천사를 보고 가던 길을 멈추었습니다. 그러나 발람은 그것을 보지 못하는 채찍으로 나귀를 때렸습니다. 나귀가 입을 열어서 발람을 책망했습니다. "주인님, 왜 나를 때리십니까? 저는 지금까지 한 번도 주인을 거역하지 않았는데, 지금은 천사가 칼을 들고 길을 막고 있습니다!"

율법으로 의롭다 함을 받을 수 있다고 자신하던 바울은 어느 날 깨달았습니다. 오호라 나는 곤고한 사람이로다. 누가 이 사망의 몸에서 나를 건져내랴. 율법으로는 의롭다 함을 받지 못한다는 것을 깨닫고, 십자가의 복음만 자랑하는 사도가 되었습니다. 깨닫는 자가 복됩니다. 이사야 선지자는 범죄한 이스라엘이 깨닫지 못한다고 탄식했습니다. "너희가 어찌하여 매를 더 맞으려고 더욱 더욱 패역하느냐. 온 머리는 병들었고 온 마음은 피곤하였으며 발바닥에서 머리까지 성한 곳이 없이 상한 것과 터진 것과 새로 맞은 흔적 뿐이어늘 그것을 짜며 싸매며 기름으로 유하게 함을 받지 못하였도다(이사야1:5-6)."

하나님이 주신 은사가 귀한 줄 알아야 합니다. 은사를 땅에 묻은 한 달란트를 받은 종은 악하고 게으릅니다. 맡은 자에게 구할 것은 충성입니다. 한 달란트를 받았으면 한 달란트를, 다섯 달란트를 받았으면 다섯 달란트를 남겨야 합니다. 은사를 잘 써야 합니다. 다윗의 물맷돌이나 모세의 지팡이처럼 하나님이 주신 사명을 이루는데 사용해야 합니다. 은사를 잘못 쓰면 마귀가 됩니다. 사탄은 타락한 천사장입니다. 하나님을 섬길 특권을 하나님을 대적하는데 사용했습니다.

하나님이 우리에게 주신 은사가 무엇입니까? 성령의 은사는 교회와 성도들의 유익을 위해 사용해야 합니다. 은사는 수단이고 무기입니다. 하나님의 거룩한 이름을 높이는데 사용해야 합니다. 하나님이 주신 건강, 물질, 명예, 권세도 마찬가지입니다. 하나님이 주신 선물입니다.

우리는 어리석은 부자처럼 창고에 곡식을 쌓아두고 자랑하지 말아야 합니다. 하나님이 오늘밤 그의 영혼을 데려가면 그 곡식은 누구의 것이 되겠습니까? 우리는 장자권을 팥죽 한 그릇에 판 에서가 되지 말아야 합니다. 에서는 망령된 자입니다. 하나님의 거룩한 축복을 팥죽 한 그릇으로 바꾸었습니다. 또한 우리는 하나님이 주신 힘으로 여자를 사랑하는데 힘을 쓴 삼손이 되지 말아야 합니다. 하나님이 주신 은사로 사명을 이루십시오. 사명이 삶의 이유입니다. 사명을 다하면 하나님의 부름을 받습니다. 사명을 잊어버리면 죽음입니다. 사명을 잊은 사람이 누울 곳은 무덤 밖에 없습니다.

회복을 바라라

"블레셋 사람들이 그를 붙잡아 그의 눈을 빼고 끌고 가사에 내려가 놋 줄로 매고 그에게 옥에서 맷돌을 돌리게 하였더라(21절)."

삼손은 들릴라에게 사랑의 배신을 당했습니다. 블레셋 사람들에게 붙잡힌 삼손은 두 눈이 뽑히고 놋줄에 묶이고 옥에서 맷돌을 돌렸습니다. 블레셋 사람들에게 조롱을 받았습니다. 그의 모습은 차라리 죽는 것보다 못합니다. 자유를 잃고, 명예를 잃고, 이방인과 원수의 비웃음

거리가 되었습니다. 삼손에게 더 이상 기대할 것이 없어 보입니다.

그러나 이것이 끝이 아니었습니다. "그의 머리털이 밀린 후에 다시 자라기 시작하니라(22절)." 머리털이 다시 자라기 시작한다는 것은 하나님의 은혜가 다시 회복된다는 것입니다. 이제 삼손이 회개합니다. 하나님께로 나아갑니다. 그리고 하나님이 삼손에게 지난날 주신 힘을 다시 회복합니다. 의인은 일곱 번 넘어져도 여덟 번째 다시 일어납니다. 하나님을 사랑하는 자는 징계를 받아도 그것이 끝이 아닙니다. 하나님의 사랑은 변함이 없고, 하나님의 은사와 능력은 다시 회복됩니다. 힘을 회복한 삼손은 블레셋 사람 삼천 명을 죽였습니다. 삼손을 잡고 승전을 축하하기 위해 다곤 신전에 모인 블레셋 사람들은 건물 기둥이 무너지면서 삼천 명이나 죽었습니다. 삼손이 이스라엘 사사로 살아있는 동안에 한 일보다 더 큰 일을 한 것입니다.

하나님의 은혜로 회복하지 못할 것이 없습니다. 예수님을 모른다고 부인한 베드로도 회복되었습니다. 그는 나중에 십자가에 거꾸로 달려 순교했습니다. 스데반을 죽이는데 앞장섰던 박해자 사울이 회개하고 바울이 되었습니다. 그는 이방인을 위한 사도로 충성하다가 로마에서 순교했습니다. 로뎀나무 아래 누워서 죽기를 탄식했던 엘리사는 새 힘을 얻고 제2의 사명을 감당했습니다. 모세도 생명책에서 자기 이름을 지워달라고 탄식하다가 이스라엘 백성을 가나안까지 인도하는 사명을 다했습니다. 예수 그리스도는 죽은 지 삼일 만에 다시 살아나서 하나님의 자녀를 구원하는 구주가 되셨습니다. 땅 끝은 있어도 절망은 없습니다. 우리나라 육지의 최남단이 땅끝(토말)입니다. 땅끝은 끝이 아니라 바다로 나아가는 새로운 출발점입니다. 육지의 끝은 바다의 시작일 뿐입니다.

하나님의 은사는 다시 회복됩니다. 죽은 자가 다시 살아나는데 하나님이 못할 것이 없습니다. 하나님은 상한 갈대를 꺾지 아니하시고 꺼져가는 심지를 끄지 아니하십니다. 하나님이 못 고칠 죄인은 없습니다. 교도소 선교에 헌신한 박효진 장로는, 어떤 흉악범이라도 복음이 들어가면 변하지 않는 사람이 없다고 간증했습니다. "하나님이 못 고칠 사람은 없다." 하나님의 은혜는 기적을 일으킵니다.

삼손의 머리털이 다시 자라기 시작했습니다. 은사가 회복됩니다. 식물은 좋은 토양에서 잘 자랍니다. 그러나 아무리 좋은 토양이라고 계속해서 물을 주고 햇빛을 공급해야 합니다. 세속적인 욕망은 그냥 두면 잡초처럼 왕성하게 자라듯이, 거룩한 열망도 사랑과 믿음으로 정성으로 가꾸어야 합니다. 낙심과 절망이 자라던 그곳에 하나님의 은혜가 다시 자라게 합시다. 실패한 삼손이 생애 마지막에 최고의 성공을 거둔 것처럼, 하나님은 얼마든지 우리를 통하여 영광을 받으십니다. "할 수 있거든이 무슨 말이냐 믿는 자에게는 능치 못할 일이 없느니라.(눅9:23)" 처음 은사를 받을 때보다 다시 은사를 회복할 때에 하나님은 우리를 통해 못하시는 일이 없습니다.

18 Chapter

성령 충만함과 형통의 비결

삼상 18:10-16

10. ○그 이튿날 하나님께서 부리시는 악령이 사울에게 힘 있게 내리매 그가 집 안에서 정신없이 떠들어대므로 다윗이 평일과 같이 손으로 수금을 타는데 그 때에 사울의 손에 창이 있는지라 11. 그가 스스로 이르기를 내가 다윗을 벽에 박으리라 하고 사울이 그 창을 던졌으나 다윗이 그의 앞에서 두 번 피하였더라 12. 여호와께서 사울을 떠나 다윗과 함께 계시므로 사울이 그를 두려워한지라 13. 그러므로 사울이 그를 자기 곁에서 떠나게 하고 그를 천부장으로 삼으매 그가 백성 앞에 출입하며 14. 다윗이 그의 모든 일을 지혜롭게 행하니라 여호와께서 그와 함께 계시니라 15. 사울은 다윗이 크게 지혜롭게 행함을 보고 그를 두려워하였으나 16. 온 이스라엘과 유다는 다윗을 사랑하였으니 그가 자기들 앞에 출입하기 때문이었더라

사울의 길과 다윗의 길

사울은 이스라엘왕의 초대왕입니다. 그런데 하나님께 버림받았습니다. 그의 인생은 지는 석양처럼 처음은 창대하나 나중은 심히 미약하게 끝났습니다. 반면에 다윗은 이새의 여덟 아들 중 막내입니다. 그는 사울의 뒤를 이어 이스라엘의 왕이 되고 이스라엘은 반석 위에 세웠습니다. 하나님의 마음에 합당한 사람입니다. 떠오르는 태양 같습니다.

왜 두 사람은 이렇게 다른 인생을 살았겠습니까? 하나님은 사람의

외모를 보지 아니하고 내면을 봅니다. 그리고 그 내면이 하나님의 마음에 합당한지 여부가 다른 인생을 만들었습니다. 하나님이 보시는 마음의 비밀이 무엇입니까? 믿음입니다. 성령입니다.

성령이 지배하면 성공과 축복과 형통함이 있고, 성령을 근심케 하거나 소멸하면 멸망과 파멸과 저주가 있습니다. 성령의 지배는 성공의 지름길이고 악령의 지배는 파멸의 지름길입니다. 중요한 것은 외모나 스펙이 아니라 내면입니다. 하나님이 보시는 것은 속마음입니다. 겉 사람은 후패하나 속사람은 날로 새롭습니다. 이것은 마음의 문제이고, 영혼의 문제입니다. 우리의 영혼이 잘됨과 같이 범사가 잘되고 강건하게 됩니다. 육신의 사람이 아니라 영의 사람이 되시기 바랍니다. 넓은 길로 가지 말고 좁은 길로 가십시오.

악령의 역사와 성령의 역사

"여호와의 영이 사울에게서 떠나고 여호와께서 부리시는 악령이 그를 번뇌하게 한지라(16:14)."

성령은 왜 사울에게서 떠났습니까? 사울이 하나님께 불순종했기 때문입니다. 다윗이 블레셋의 골리앗을 이기고 돌아올 때 백성들이 부르는 개선가를 듣고 사울은 시기심이 불같이 일어났습니다. "사울은 천 천이고 다윗은 만만이라." 사울은 다윗이 마치 자기를 죽이고 왕이 될 것처럼, 백성들이 반역을 일으켜서 당장에 자기를 버리고 다윗을 왕으로 삼을 것처럼 나쁜 생각을 했습니다.

성령이 하는 일과 악령이 하는 일은 전혀 다릅니다. 사울은 이미 자신에게 패배하고 마귀의 종노릇 하는 사람이 되었습니다. "그 이튿날 하나님께서 부리시는 악령이 사울에게 힘 있게 내리매 그가 집 안에서 정신없이 떠들어대므로 다윗이 평일과 같이 손으로 타는 수금을 타는데 그 때에 사울의 손에 창이 있는지라(18:10절)." 악령이 힘 있게 내렸다는 말은 악령의 활동이 적극적이었다는 뜻입니다. 떠들었다는 말은 헛소리를 하고 미친 사람처럼 소리 지르고 혼자서 떠들었다는 의미입니다. "그가 스스로 이르기를 내가 다윗을 벽에 박으리라 하고 사울이 그 창을 던졌으나 다윗이 그 앞에서 두 번 피하였더라(11절)." 사울은 다윗을 죽이려고 창을 던졌습니다. 이것은 광기입니다. 다윗에 대한 적대감이 넘쳤습니다. 처음에는 번뇌하다가 이제는 죽이려고 살기등등했습니다.

"여호와께서 사울을 떠나 다윗과 함께 계시므로 사울이 그를 두려워한지라(12절)." 사울은 하나님이 다윗과 함께 하는 것을 알았습니다. 그러므로 다윗을 더욱 두려워하였습니다. 이 정도면 사울은 완전히 하나님의 반대편에 선 것입니다. "그러므로 사울이 그를 자기 곁에서 떠나게 하고 그를 천부장으로 삼으매 그가 백성 앞에 출입하며(13절)." 사울은 다윗을 일선 부대에 천부장으로 보냈습니다. 군대장관을 천부장으로 강등시킨 것입니다. 다윗이 백성들의 눈앞에서 사라지면 관심을 받지 않을 것으로 생각하고 한직으로 보냈습니다. 그리고 딸을 준다는 조건으로 블레셋 사람의 양피 일백 개를 요구했습니다. 다윗이 블레셋과 싸우다 죽기를 일부러 바란 것입니다.

그는 여기서 그치지 않습니다. 그는 사울은 블레셋과 전쟁을 앞두고 번제를 드렸습니다. 군사들이 흩어지는 것을 보고 하나님이 금지하신 번제를 드렸습니다. 그런데 번제는 제사장이 드리는 것입니다.

왕이라도 번제를 드리는 것은 불법입니다. 하나님을 의지하지 아니하고 사람의 눈치만 보다가 맘대로 번제를 드리는 불순종을 범하게 되었습니다.

아말렉을 쳐서 진멸하라고 할 때에는 아각왕과 살진 짐승을 살렸습니다. 아각왕을 살린 것은 정치적인 계산이었고, 살진 짐승은 자기가 먹기 위해 살렸습니다. 사울은 전쟁을 이기고도 이와 같이 하나님께 불순종했습니다. 이처럼 사울이 불신앙과 불순종을 일삼음으로 하나님의 성령이 그에게서 떠나고 대신 악령이 그를 번뇌하게 하였습니다.

사울이 한 일은 이스라엘의 왕으로 할 일이 아닙니다. 다윗은 자기 생명의 은인이고 위기에 처한 나라를 구원한 공신입니다. 왜 다윗에게 해서는 안 될 일을 했습니까? 사울의 마음에 악령이 지배한 때문입니다. 악령의 역사로 악한 일들이 나타났습니다.

말세에 나타나는 고통은 악령의 역사입니다. 이 고통을 치유할 길은 오직 성령을 받는 것 외에 길이 없습니다. 사람의 지혜와 돈으로 해결할 수 없습니다. "사람들은 자기를 사랑하며 돈을 사랑하며 자긍하며 교만하며 훼방하며 부모를 거역하며 감사치 아니하며 거룩하지 아니하며 무정하며 원통함을 풀지 아니하며 참소하며 절제하지 못하며 사나우며 선한 것을 좋아 아니하며 배반하며 팔며 조급하며 자고하며 쾌락을 사랑하기를 하나님을 사랑하는 것보다 더하며 경건의 모양은 있으나 경건의 능력은 부인하는 자니 이 같은 자들에게서 네가 돌아서라(딤후3:2-5)." 사울의 마음 안에 말세의 모든 고통이 들어 있습니다.

반면에 다윗에게는 성령이 역사했습니다. 사울이 악령으로 고통 받을 때 다윗은 수금으로 사울을 치료했습니다. 음악 치료입니다. 다윗은 베들레헴의 목동이고, 이새의 막내아들에 불과했습니다. 그런 그가 수금을 잘 탄다는 소문이 궁궐까지 들어갔던 것입니다. "원하건대 우리 주께서는 당신 앞에서 모시는 신하들에게 명령하여 수금을 잘 타는 사람을 구하게 하소서 하나님께서 부리시는 악령이 왕에게 이를 때에 그가 손으로 타면 왕이 나으시리이다 하는지라(삼상 16:16절)."

다윗은 전장에서 골리앗을 물리쳤습니다. 그는 아버지의 심부름으로 전장에 나간 형들을 면회 갔다가 골리앗을 만났습니다. 만군의 여호와의 이름으로 물맷돌 하나로 골리앗을 이겼습니다. 백성들이 사울은 천천이고 다윗은 만만이라고 칭송할 때에도 다윗은 교만하지 않았습니다. 사울이 시기해서 자기를 죽이려 할 때에도 악을 악으로 갚지 아니하였습니다. 천부장으로 좌천당할 때에도 자기 맡은 일에 충성했습니다. 블레셋 사람의 양피 일백을 원할 때에는 그는 이백 개를 바쳤습니다. "다윗이 그 모든 일을 지혜롭게 행하니라. 여호와께서 그와 함께 하시니라(14절)."

다윗의 형통함의 비결이 무엇입니까? 여호와의 영, 곧 성령입니다. 요셉의 형통함의 비결이 무엇이었습니까? 여호와의 성령이 충만한 때문이었습니다. 애굽에 노예로 팔려갔을 때 보디발의 집에서 인정받고 가정총무가 된 것이나, 바로왕의 꿈을 해석하고 칠년 대기근을 대비함으로 애굽 총리가 된 것은 성령의 지혜 때문입니다. 다니엘은 또 어떻습니까? 그가 바벨론 총리가 된 것도 여호와의 성령의 은사 때문입니다. 성령의 지혜로 미래를 예언하는 능력을 얻었던 것입니다.

하나님 아버지는 예수 그리스도에게 성령을 물 붓듯이 부으셨습니다. 예수가 가는 곳마다 기적을 행한 것은 성령의 기름 부으심 때문입니다. 모세도 하나님의 성령이 충만한 사람입니다. 성령으로 인해 그 얼굴에 광채가 나서 백성들을 만날 때에는 수건으로 얼굴을 가려야 했습니다. 모세의 지팡이는 성령의 지팡입니다. 여호와 하나님은 광야 40년 동안 구름기둥과 불기둥으로 이스라엘을 인도했습니다. 하나님께서 성령과 말씀으로 친히 그를 인도하셨습니다.

바울은 다메섹 도상에서 부활하신 예수 그리스도를 만나고 성령을 받은 후에 달라졌습니다. 예수를 그리스도라 증거했습니다. 회심하기 전에는 예수에 대해 살기 등등했는데 완전히 달라졌습니다. 예수 그리스도가 보내신 성령을 힘입어 이방인의 사도로 복음 전하는 사명을 감당했습니다. 나의 갈 길 다가도록 믿음을 지키며 나갔습니다. 이것은 바울의 힘이 아니라 바울 안에 있는 성령의 능력으로 인한 것입니다. 로마까지 가서 복음을 전하고 순교의 제물로 자신을 바칠 수 있었던 것은 오직 성령의 역사입니다.

"온 이스라엘과 유다는 다윗을 사랑하였으니 그가 자기들 앞에 출입하기 때문이었더라(16절)." 다윗은 온 이스라엘의 인정과 사랑을 받았습니다. 성령을 받으면 혼자만 좋은 것이 아닙니다. 가족이나 교회, 나아가서 온 세상이 그를 통해 축복을 받습니다. 요셉, 다니엘, 바울, 그리고 모세를 보십시오. 하나님은 외모를 보지 아니합니다. 속마음을 봅니다. 우리를 악령에 맡길 것입니까, 아니면 성령에게 맡길 것입니까? 누가 우리의 주인이 되는가에 따라서 인생의 다른 길이 펼쳐집니다.

성령에 협력하라

우리 안에 있는 성령의 소욕과 육체의 소욕은 서로 대적합니다. "내가 이르노니 너희는 성령을 좇아 행해야 합니다. 그리하면 육체의 욕심을 이루지 아니하리라. 육체의 소욕은 성령을 거스르고 성령의 소욕은 육체를 거스르나니 이 둘이 서로 대적함으로 너희의 원하는 것을 하지 못하게 하려 함이니라(갈5:16-17)."

어떤 소욕에 지배를 받는가에 따라서 열매도 전혀 다릅니다. 육체의 소욕은 육체의 열매를, 성령의 소욕은 성령의 열매를 냅니다. 그러므로 힘써 싸워 이겨야 합니다. "내 속사람으로는 하나님의 법을 즐거워하되 내 지체 속에서 한 다른 법이 내 마음의 법과 싸워 내 지체 속에 있는 죄의 법 아래로 나를 사로잡아 오는 것을 보는 도다(롬7:22-23)."

육체의 소욕은 육체의 열매를 냅니다. "우상숭배와 술수와 원수를 맺는 것과 분쟁과 시기와 당 짓는 것과 분리함과 이단과 투기와 술 취함과 방탕함과 또 그와 같은 것들이라. 전에 너희에게 경계한 것같이 경계하노니 이런 일을 하는 자들은 하나님의 나라를 유업으로 받지 못할 것이요(갈5:19-21)."

그리고 성령의 소욕은 성령의 열매를 맺습니다. "오직 성령의 열매는 사랑과 희락과 화평과 오래 참음과 자비와 양선과 충성과 온유와 절제니 이 같은 것을 금지할 법이 없느니라(갈5:22-23)."

성령은 인격입니다. 성령의 다스리심에 기꺼이 굴복합시다. "성령이여 그 음성을 항상 들려줍소서. 내 마음은 정했어요. 변치 말게 하소서." 성령에 대해서 '아멘'과 '예'로 순종하고, 악령에 대해서 '아니요'로 절대 거부해야 합니다. 내가 죽고 내 안에 예수가 살아야 합니다. 이것이 성령의 충만함입니다. "내가 그리스도와 함께 십자가에 못 박혔나니 그런즉 이제 내가 산 것 아니요 오직 내 안에 예수께서 사신 것이라."

중생은 성령의 단독 역사입니다. 우리의 의사와 상관없이 예정한 자를 부르시고 우리 안에 생명의 씨를 넣습니다. 불가항력적입니다. 하나님의 주권적인 은혜입니다. 이와 비교해서 성화와 성령 충만의 역사는 우리가 인격적으로 하나님과 협력하는 역사입니다.

성령의 역사는 귀신의 영과 다릅니다. 무당은 자신의 능력과 위엄을 드러내기 위해서 날카로운 작두 위에 올라갑니다. 그러나 하나님의 성령은 그렇지 않습니다. 성령은 지정의를 갖춘 인격이십니다. 작두 위에 올라갈 이유가 없습니다. 그것을 통해 얻을 수 있는 선한 것이 없습니다. 그러므로 우리는 성령과 인격적으로 교제하고 순종해야 합니다. 엎드리면 엎드릴수록, 겸손하면 겸손할수록 더욱 성령의 충만함을 받습니다.

야곱같이 간사한 사람이 이스라엘이 되는데 많은 시간이 걸렸습니다. 벧엘 광야에서 하나님을 만나는 처음 은혜를 맛보았고, 얍복 나루에서 하나님을 만나는 은혜를 다시 맛보았습니다. 그리고 세겜성을 떠나서 벧엘로 올라갈 때 하나님께 완전히 항복했습니다. 세상의 것을 잃었지만 하나님의 언약의 복을 다시 찾았습니다. 여러 사건과 오랜 시간을 통해 성령의 작품으로 거듭남으로 드디어 야곱이 이스라엘이 되었습니다. 야곱은 바로왕 앞에 섰을 때 고백합니다. 내 나이 일백 삼십 살이고 험악한 세월을 보내었으나 하나님의 은혜로 여기까지 왔습니다.

어떻게 성령의 충만함을 받을 것인가

성령은 말씀을 즐겨 사용합니다. 말씀을 들을 때 성령이 충만히 임합니다. 성령이 루디아의 마음을 열고 말씀을 듣게 했습니다. 말씀의 다섯 손가락이 있습니다. 첫째는 말씀을 듣고, 둘째로 읽고 묵상하고, 셋째로는 연구하고, 넷째는 암송하고, 그리고 마지막으로 행해야 합니다. 우리는 이 말씀의 다섯 손가락을 활용해야 합니다. 말씀이 송이꿀보다 달게 느껴집니다. 주의 말씀은 우리 발의 등불이고 길의 빛입니다.

말씀대로 순종해야 합니다. 다윗은 사울을 치려던 칼을 내려놓고 회개했습니다. 그는 하나님이 기름 부은 사울왕의 옷자락을 벤 것이 하나님의 주권을 무시하는 죄임을 깨달았습니다. 반면에 사울은 말씀에 불순종했습니다. 다윗을 시기하고 질투해서 그를 죽으려했습니다. 그의 왕권에 대한 욕심이 두려움으로 변했습니다. 다윗에게는 말씀이 있었고, 사울에게는 말씀이 없었습니다. 우리에게 말씀이 부족하면 성령의 충만함이 없습니다. 성령에 사로잡히고 싶습니까? 그렇다면 말씀에 사로잡히십시오.

성령은 기도하는 사람을 좋아합니다. "구하라, 찾으라, 두드리라." 기도하면 하나님이 가장 좋은 성령을 우리에게 주실 것입니다. 다윗은 기도와 찬양의 사람이었습니다. 그는 수금을 잘 타고, 시편에 주옥 같은 찬양시를 남겼습니다. 찬양은 눈 뜨고 하는 기도입니다. 다니엘이나 요셉이나 모세는 기도의 사람입니다. 다니엘은 하루 세 번씩 시간을 정해놓고 기도했습니다. 그는 우상의 제물이나 금 신상 같은 우상 숭배를 철저하게 배격했습니다. 그에게는 성령이 충만했습니다.

다니엘과 요셉은 총리입니다. 일반인보다 시간이 없고 바쁜 사람임에도 불구하고 다른 사람보다 더 많이 기도했습니다. 그 결과 성령이 충만하고 성령의 은사가 임했습니다. 미래를 예언하고 꿈을 해석하는 은사를 받았습니다. 모세는 시내산에 올라가서 40일 동안 금식기도 했습니다. 그로 인해 모세의 얼굴이 천사와 같이 빛나서 사람들을 만날 때 얼굴을 수건으로 가렸습니다. 그가 일백 이십 살에 죽을 때까지 눈이 흐리지 아니하고 기력이 쇠하지 아니하였습니다.

하드웨어보다 소프트웨어가, 소프트웨어보다 사용자가 더 중요합니다. 사용자의 지식보다 사용자의 인격과 성품이 더 중요합니다. 제일 중요한 것은 그가 무엇을 소유하는가가 아니라, 그 사람 안에 성령이 계시는가 하는 점입니다. 하나님은 약한 자를 들어서 강한 자를, 미련한 자를 들어서 지혜로운 자를 물리치시고 영광을 받으십니다. 중요한 것은 인간의 자랑이나 지혜가 아닙니다. 성령이 우리를 얼마나 지배하는가에 달렸습니다.

성령의 다스림을 받으십시오. 성령으로 충만해야 합니다. 성령이 다스리면 성령의 작품이 나오고, 악령이 다스리면 악령의 작품이 나옵니다. "육체의 일은 현저하니 곧 음행과 더러운 것과 호색과 우상숭배와 술수와 원수를 맺는 것과 분쟁과 시기와 분냄과 당 짓는 것과 분리함과 이단과 투기와 술 취함과 방탕함과 또 그와 같은 것들이라 전에 너희에게 경계한 것 같이 경계하노니 이런 일을 하는 자들은 하나님의 나라를 유업으로 받지 못할 것이요(갈5:19-21)."

19 Chapter

절망에서 희망으로

에스겔 37:1-10

1. 여호와께서 권능으로 내게 임재하시고 그의 영으로 나를 데리고 가서 골짜기 가운데 두셨는데 거기 뼈가 가득하더라 2. 나를 그 뼈 사방으로 지나가게 하시기로 본즉 그 골짜기 지면에 뼈가 심히 많고 아주 말랐더라 3. 그가 내게 이르시되 인자야 이 뼈들이 능히 살 수 있겠느냐 하시기로 내가 대답하되 주 여호와여 주께서 아시나이다 4. 또 내게 이르시되 너는 이 모든 뼈에게 대언하여 이르기를 너희 마른 뼈들아 여호와의 말씀을 들을지어다 5. 주 여호와께서 이 뼈들에게 이같이 말씀하시기를 내가 생기를 너희에게 들어가게 하리니 너희가 살아나리라 6. 너희 위에 힘줄을 두고 살을 입히고 가죽으로 덮고 너희 속에 생기를 넣으리니 너희가 살아나리라 또 내가 여호와인 줄 너희가 알리라 하셨다 하라 7. 이에 내가 명령을 따라 대언하니 대언할 때에 소리가 나고 움직이며 이 뼈, 저 뼈가 들어맞아 뼈들이 서로 연결되더라 8. 내가 또 보니 그 뼈에 힘줄이 생기고 살이 오르며 그 위에 가죽이 덮이나 그 속에 생기는 없더라 9. 또 내게 이르시되 인자야 너는 생기를 향하여 대언하라 생기에게 대언하여 이르기를 주 여호와께서 이같이 말씀하시기를 생기야 사방에서부터 와서 이 죽음을 당한 자에게 불어서 살아나게 하라 하셨다 하라 10. 이에 내가 그 명령대로 대언하였더니 생기가 그들에게 들어가매 그들이 곧 살아나서 일어나 서는데 극히 큰 군대더라 11. 또 내게 이르시되 인자야 이 뼈들은 이스라엘 온 족속이라 그들이 이르기를 우리의 뼈들이 말랐고 우리의 소망이 없어졌으니 우리는 다 멸절되었다 하느니라 12. 그러므로 너는 대언하여 그들에게 이르기를 주 여호와께서 이같이 말씀하시기를 내 백성들아 내가 너희 무덤을 열고 너희로 거기에서 나오게 하고 이스라엘 땅으로 들어가게 하리라 13. 내 백성들아 내가 너희 무덤을 열고 너희로 거기에서 나오게 한즉 너희는 내가 여호와인 줄 알리라 14. 내가 또 내 영을 너희 속에 두어 너희가 살아나게 하고 내가 또 너희를 너희 고국 땅에 두리니 나 여호와가 이 일을 말하고 이룬 줄을 너희가 알리라 여호와의 말씀이니라

골짜기의 해골 떼

"나를 그 뼈 사방으로 지나게 하시기로 본즉 그 골짜기 뼈가 심히 많고 아주 말랐더라(2절)." 골짜기의 뼈는 무엇을 의미합니까? 당시 이스라엘은 바벨론에 나라가 망하고 포로로 잡혀갔습니다. 이 뼈들은 곧 이스라엘의 절망적인 현실을 의미합니다. 예루살렘은 훼파되고 성전은 불에 탔습니다. 다시 회복될 가능성이 없어 보입니다.

해골을 본 적 있습니까? 그것에는 살았을 때의 아름다운 모습은 흔적도 없습니다. 젊어서 왕성하게 활동할 때 모습은 흔적도 없습니다. 해골 떼는 파멸과 절망의 상징입니다. "인체의 신비 전시회"가 열렸습니다. 죽은 사람의 시신을 플라스티네이션 기법으로 특수 처리해서 전시한 것입니다. 이 전시회는 신비롭기도 하고 호기심도 발동시킵니다. 의과대학 해부학 교실에서나 볼 수 있는 카데바를 일반인이 직접 눈으로 볼 수 있기 때문에 많은 사람들이 자녀들과 함께 전시회를 찾았습니다.

그런데 전시회장을 한 바퀴 돌고 나면 뭔가 이상한 느낌도 듭니다. 사람의 인체가 마치 푸줏간에 걸려 있는 짐승의 그것과 별로 다를 바가 없다는 점입니다. 인간은 만물의 영장이라고 했는데, 느끼고 생각하고 창작하고 영원을 바라보던 인간의 모습은 찾을 수 없습니다. 이런 점에서 인체의 신비전은 그렇게 열광할 만한 고급 전시회는 아닌 것 같습니다. 그 전시회는 인간의 존엄함과 삶의 의미는 보여주지 못하기 때문입니다.

골짜기의 해골 떼가 무엇입니까? 우리의 삶의 모습입니다. 인생은 언제나 걱정이 많습니다. 얼굴에 주름살이 생겨도 걱정이고, 머리카락이 빠져도 걱정입니다. 삶이 망가지고 꿈이 사라질 때 인간은 해골 떼와 다를 바가 없습니다. 다윗도 한 때 해골 떼와 같은 삶을 살았습니다. 사망의 음침한 골짜기를 통과했습니다. 그가 사울 왕을 피해서 유랑생활을 할 때 이스라엘에 더 이상 숨을 곳이 없어서 블레셋에 망명했습니다. 그런데 블레셋 왕인 아기스의 신하가 다윗을 알아보는 바람에 사면초가에 빠진 다윗은 미치광이 시늉을 하면서 극적으로 살아났습니다. 또, 사울왕이 3천명의 군사를 이끌고 다윗을 추격할 때 다윗은 사냥꾼의 올무에 갇힌 새와 같은 신세가 되었습니다. 아들 압살롬의 반역으로 예루살렘을 버리고 급히 피난길에 오를 때에는 머리를 풀고 맨발로 울면서 감람산을 올라갔습니다.

우리나라가 일제의 침략으로 주권을 잃은 36년간 식민 통치는 골짜기의 해골 떼와 같은 암흑의 시간이었습니다. 우리말이 있어도 우리말을 쓸 수 없고, 우리 이름을 부르지도 못하게 일본식으로 강제 개명을 했습니다. 남자는 강제 징용으로 전쟁터로 끌려갔고 여자는 정신대로 끌려가서 나라 잃은 백성으로 한 맺힌 삶을 살았습니다. 손기정 선수는 베를린 올림픽 마라톤에서 우승했지만 가슴에는 일장기를 달고 월계관을 썼습니다. 슬픈 우승이었습니다. 그의 우승은 나라 잃은 백성의 슬픔을 온 세계에 전했습니다.

해방되고 난 후에는 남과 북이 38선을 두고 갈라섰습니다. 북한에는 소련이, 남한은 미군이 군정을 실시했습니다. 그로부터 지금까지 반세기가 넘도록 분단의 비극이 이어지고 있습니다. 1950년에 발발한 6.25 전쟁으로 온 나라가 폐허가 되었습니다. 동족끼리 수많은 피를 흘렸습니다. 국토가 회복될 수 없을 정도로 파괴되었습니다. 그리고 1997년에는 IMF의 구제 금융을 받으면서 경제 위기가 찾아왔습니다. 한 순간에 나라의 부가 유출되고 많은 회사가 통폐합되면서 직장을 잃었습니다.

북한은 아직도 무력 도발을 포기하지 않습니다. 소형 핵탄두의 개발로 핵 위협이 현실이 되고 있습니다. 북한의 비대칭 전력의 강화로 무력 도발의 위협은 항상 우리 곁에 있습니다. 북한 잠수함의 공격으로 천안함 장병들이 생명을 잃었습니다. 북한의 연평도 포격으로 온 나라가 전쟁의 위기를 느꼈습니다.

유일한 희망으로 믿었던 교육마저도 절망적입니다. 조기 유학의 열풍으로 생긴 기러기 아빠가 사회 문제가 되고, 어렵게 유학을 마친 유학생들은 현지 취업이 어려워서 다시 한국으로 돌아옵니다. 그리 반갑지 않은 귀국입니다.

교실이 무너집니다. 학교 교육을 신뢰하지 못하고 학원이나 과외를 의존하기 때문에 정상적인 수업이 이루어지지 않습니다. 교사의 권위가 땅에 떨어졌습니다. 대한민국은 사교육 천국입니다. 가계의 지출의 대부분이 자녀의 사교육비로 사용됩니다.

취업하기가 바늘구멍 들어가는 것처럼 어렵습니다. 대학을 나온 젊은이들의 취직이 입시 보다 어렵습니다. 이로 인해 젊은이들의 절망하고 중산층이 무너지는 탄식과 한숨이 바로 우리 곁에 있습니다.

아파트 생활에서 이웃사촌은 없습니다. 그리고 인터넷 공간에서 예의나 인격은 없습니다. 그곳은 막말하는 세상입니다. 악성 댓글과 욕설이 난무합니다. 인간성이 상실된 세상입니다. 사람을 만나면 아무 말도 안 하다가, 산책시키러 데리고 나온 개가 서로 짖으면 그 때에야 주인들끼리 인사합니다. 개가 주인들을 인사시킵니다.

도로에 나가면 막히는 길은 항상 막히고 지하철은 지옥철입니다.

지하철 안에서 서로 말하는 사람은 보기 어렵습니다. 서로 아무 말도 안하고 인사도 없습니다. 고개를 숙이고 스마트폰에 열중하느라 옆에 누가 앉았는지 관심도 없습니다. 또 길을 가던 사람이 스마트폰 삼매경에 빠져서 빨간불에도 횡단보도를 건넙니다. 차들이 빵빵거려도 아랑곳하지 않습니다.

교회 안 사정도 비슷합니다. 성찬을 함께 나눈 피로 맺은 형제들이라지만 성도들끼리 잘 모릅니다. 같은 교회를 다녀도 서로 인사하지 않습니다. 성도는 목사를, 목사는 성도를 모릅니다. 피차 멀리서 혹은 모니터에서 본 것으로 만족합니다. 더 이상 가까이 가지 않습니다. 성전의 뜰만 밟습니다. 마치 살았다는 이름은 있으나 죽은 사람들과 같습니다. 세월이 지나도 영적인 변화가 없습니다. 라디오디게아 교회처럼 미지근합니다. 차든지 덥든지 해야 합니다. 부자라고 자랑하지만 실상은 가난하고 벌거벗은 자들입니다. 이것이 우리가 보고 있는 골짜기의 해골 떼가 아니고 무엇입니까?

절망에서 희망을 보자

"그가 내게 이르시되 인자야 이 뼈들이 능히 살겠느냐 하시기로 내가 대답하되 주 여호와여 주께서 아시나이다(3절)."

과연 죽은 뼈들이 살아날 수 있습니까? 있는 그대로 절망합시다. 충분히 절망합시다. 그리고 그 후에, 절망에서 희망을 봅시다. 믿음은 바라는 것들의 실상이요 보지 못하는 것들의 증거입니다. 예수는 죽었다가 삼일 만에 다시 살아났습니다. 아브라함은 바랄 수 없는 중에 이삭을 낳았습니다. 아브라함의 나이가 일백 살이고 사라는 경수가 끊어진 아흔 살입니다. 이들은 절망의 끝에서 희망을 보았습니다.

닉 부이치치는 팔과 다리가 불과 10센티가 안 되는 선천적인 절단성 사지마비 장애로 태어났지만 하나님의 은혜로 희망을 전하는 전도사가 되었습니다. 그가 10센티도 안 되는 팔로 한번 안아 주면 사람들은 눈물을 흘리며 감격합니다. 팔 다리가 있다고 희망이 있는 것이 아닙니다. 팔 다리가 없다고 희망이 없는 것도 아닙니다. 절망 끝에 희망이 있습니다.

존스 홉킨스병원에는 휠체어를 타고 진료하는 이승복이라는 한국인 재활의학과 의사가 있습니다. 그는 고등학교 시절 미국 국가대표 체조상비군으로 뽑힐 만큼 장래가 유망한 젊은이였는데, 그만 연습 중에 착지를 실수해서 중증 사지마비 장애인이 되었습니다. 손가락도 제대로 움직이지 못하던 그가 난관과 역경을 극복하고 의사가 되었습니다. 중증 장애인은 실습이 많은 의과대학 입학 자체가 어렵지만 모든 난관을 이겨내고 의사가 되었습니다. 그래서 휠체어를 탄 재활의학과 의사는 환자들에게 인기 만점입니다. 의사가 환자들을 알고, 환자들은 의사를 바라만 보아도 위로가 됩니다. 그는 환자들에게 의사이자 동료입니다. 절망을 극복하고 희망을 주는 산 증인입니다.

골짜기의 뼈들이 어떻게 살아났습니까? 말씀이 들어가면 살아납니다. "주 여호와께서 이 뼈들에게 말씀하시기를 내가 생기로 너희에게 들어가게 하리니 너희가 살리라(5절)." 말씀에 생명이 있습니다. "하나님의 말씀은 살았고 운동력이 있어 좌우에 날선 어떤 검보다도 예리하여 혼과 영과 및 관절과 골수를 찔러 쪼개기까지 하며(히4:12)." 믿음은 말씀을 들음에서 나옵니다. 말씀을 읽고 듣고 묵상해야 믿음이 자랍니다. 말씀의 능력이 우리 영혼을 살립니다.

하나님은 언약의 백성을 절대 버리지 않습니다. 하나님이 아브라함을 부르실 때 약속하신 언약은 영원합니다. 그리고 아브라함에게 주신 축복은 이삭과 야곱에게 전해집니다. 그리고 예수 그리스도 안에서 모든 이방인에게도 전해집니다. 말씀이 곧 희망입니다. 말씀 안에 내일이 있습니다.

"내가 너로 큰 민족을 이루고 네게 복을 주어 네 이름을 창대케 하리니 너는 복의 근원이 될찌라. 너를 축복하는 자에게는 내가 복을 내리고 너를 저주하는 자에게는 내가 저주하리니 땅의 모든 족속이 너를 인하여 복을 얻을 것이니라 하신지라(창세기12:2-3)."

"너는 알지 못하였느냐 듣지 못하였느냐 영원하신 하나님 여호와, 땅 끝까지 창조하신 이는 피곤하지 않으시며 곤비하지 않으시며 명철이 한이 없으시며 피곤한 자에게는 능력을 주시며 무능한 자에게는 힘을 더하시나니 소년이라도 피곤하며 곤비하며 장정이라도 넘어지며 쓰러지되 오직 여호와를 앙망하는 자는 새 힘을 얻으리니 독수리가 날개 치며 올라감 같을 것이요 달음박질하여도 곤비하지 아니하겠고 걸어가도 피곤하지 아니하리로다(이사야40:28-31)."

"두려워 말라. 내가 너와 함께 함이니라. 놀라지 말라. 나는 네 하나님이 됨이니라. 내가 너를 굳세게 하리라. 참으로 너를 도와주리라 참으로 나의 의로운 오른손으로 너를 붙들리라(이사야41:10)."

"너는 두려워하지 말라 내가 너를 구속하였고 너를 지명하여 불렀나니 너는 내 것이라. 네가 물 가운데로 지날 때에 내가 함께 할 것이라. 강을 건널 때에 물이 너를 침몰치 못할 것이며 강을 건널 때에 물이 너를 침몰하지 네가 불 가운데로 행할 때에 타지도 아니할 것이요 불꽃이 너를 사르지도 못하리니(이사야43:2)."

"자기 아들을 아끼지 아니하시고 우리 모든 사람을 위하여 내어주신 이가 어찌 그 아들과 함께 모든 것을 우리에게 은사로 주지 아니하시겠느뇨... 누가 우리를 그리스도의 사랑에서 끊으리요. 환난이나 곤고나 핍박이나 기근이나 적신이나 위험이나 칼이랴. 기록된바 우리가 종일 주를 위하여 죽임을 당케 되며 도살할 양같이 여김을 받았나이다 함과 같으리라(로마서8:32,35-36)."

성령의 생기가 살린다

말씀으로 부족합니다. 여전히 해골 떼입니다. 모양은 사람의 모양이지만 그 안에 생명이 없습니다. "이에 내가 명령을 따라 대언하니 대언할 때에 소리가 나고 움직이며 이 뼈, 저 뼈가 들어맞아 뼈들이 서로 연결되더라. 내가 또 보니 그 뼈에 힘줄이 생기고 살이 오르며 그 위에 가죽이 덮이나 그 속에 생기는 없더라(7-8절)."

생기가 들어가야 합니다. "또 이르시되 인자여 너는 생기를 향하여 대언해야 합니다. 생기에게 대언하여 이르기를 주 여호와의 말씀에 생기야 사방에서부터 와서 이 사망을 당한 자에게 불어서 살게 하라 하셨다 해야 합니다. 이에 내가 그 명대로 대언하였더니 생기가 그들에게 들어가매 그들이 곧 살아 일어나서 서는데 극히 큰 군대더라(9-10절)."

생기가 무엇입니까? 하나님의 성령입니다. 하나님이 사람을 지으실 때 흙으로 육체를 만들고 그 코에 생기를 불어넣었습니다. 육체만으로 안 됩니다. 생기가 들어가야 생명입니다. 성령이 역사해야 합니다. 성령이 임할 때 초대 교회는 생명력 넘치는 살아 있는 교회가 되었습니다. 너희는 가서 모든 족속으로 제자를 삼아 아버지와 아들과 성령의 이름으로 세례를 베풀고 성령을 받아야 세계 선교의 사명을 감당할 수 있습니다. 오직 성령이 너희에게 임하시면 너희가 권능을 받고 예루살렘과 온 유대와 사마리아와 땅 끝까지 이르러 내 증인이 되리라.

성령이 생명입니다. 영적으로 살아야 합니다. 성령이 충만해야 합니다. 그리스도 예수의 좋은 군사가 되어야 합니다. 군복 입고 총과 칼을 들었다고 군대가 아닙니다. 군인 정신이 충만해야 합니다. 왜 군인이 되었는지, 누구와 싸워야 하는지 정신적으로 무장해야 합니다. 영혼이 없는 사람은 사람이 아닙니다. 영혼이 없는 군대는 군대가 아닙니다. 왕이 나라를 다스리고 법이 나라를 다스립니다. 조선에는 경국대전이라는 훌륭한 법이 있습니다. 왕권이나 법치의 힘은 칼에 있지 않습니다. 정신과 덕에 있습니다. 좋은 생각을 가지고 높은 덕을 가지면 법 이상의 힘을 발휘하지만 그 반대가 되면 법이 힘을 잃습니다.

기드온의 삼백 용사가 미디안의 대군을 물리쳤습니다. 어떻게 기드온의 삼백 용사가 탄생했습니까? 기드온이 처음에 나팔을 불 때 삼만 이천명이 모였습니다. 그 후 하나님의 말씀에 의해 전쟁에 겁을 내는 사람들을 돌려보냈더니 이만 이천명이 돌아가고 일만 명이 남았습니다. 그리고 다시 물가에서 정신없이 무릎을 꿇고 물을 마시는 사람을 돌려보냈습니다. 마지막에 남은 사람이 삼백 명입니다. 이들이 일당백의 역사를 감당하는 기드온의 용사들입니다. 육체만 아니라 영적으로 살아있는 군대가 진짜 군대입니다.

가수는 노래를 잘 부릅니다. 그런데 노래를 악보대로만 부르면 감동이 없습니다. 혼으로 불러야 감동을 받습니다. 최불암이 원래 연기를 잘한 것은 아니고 젊어서부터 노인역만 잘했습니다. 젊은이라도 노인의 혼을 더하면 노인 전문 배우로 성공합니다. 국민배우 소리 들으려면 연기에 영혼이 담겨있어야 합니다. 운동선수는 실전에서 모든 것을 쏟아 붓는 탁월한 정신력이 있어야 합니다. 연습 때만 잘하고 실전에서는 겁을 먹고 실력을 발휘하지 못하는 새 가슴은 후보 신세를 면치 못합니다.

말씀이 먼저입니까, 성령이 먼저입니까? 성령이 먼저입니다. 말씀을 통해서 성령이 역사하십니까, 아니면 성령이 말씀을 사용하십니까? 성령이 말씀을 사용하십니다. 말씀을 통해서 성령이 역사한다고 하면 말씀이 우선이고, 결과적으로 지적인 신앙으로 흐릅니다. 반대로 성령이 말씀을 사용한다면 하면 성령이 우선이고, 결과적으로 더 영적입니다. 성령이 역사하면 어린 아이를 통해서도 은혜를 받을 수 있습니다. 성령이 말씀에 생기를 공급합니다.

바울이 빌립보에서 선교할 때 안식일에 강가에서 말씀을 전했습니다. 그 때 자주 장사 루디아가 말씀을 듣고 예수를 믿었습니다. 성령이 루디아의 마음을 열어서 말씀을 듣게 했습니다. 말씀은 귀나 이성으로 듣는 것이 아니라 성령의 역사로 듣습니다. 성령을 통해 영혼의 변화가 일어납니다.

성령이 역사하지 않으면 그 말씀은 길가에 뿌려진 씨와 같아서 새가 와서 먹습니다. 하지만 성령이 역사하면 삼십 배, 육십 배, 백 배의 열매를 얻습니다. 머리로 아는 말씀이 가슴으로 내려가고, 가슴에 있는 말씀이 손과 발을 움직입니다. 말씀에 생명을 공급하는 것이 성령입니다. 말씀은 성령의 은혜가 숙성될수록 좋습니다. 인삼보다 홍삼,

마늘보다 발효된 흑마늘이 좋습니다. 성령이 역사할수록 생명이 넘칩니다.

살았다는 이름은 있으나 죽은 자입니까? 성령의 충만함을 받으십시오. 과체중이고 소화불량이 있습니까? 성령의 충만을 받으십시오. 가벼워집니다. 독수리처럼 비상하는 힘을 얻습니다. 십자가가 무겁습니까? 성령으로 충만해야 합니다. 성령이 은혜 주시면 감당하지 못할 십자가가 없습니다. 하나님이 못 고칠 죄인은 없습니다. 아무리 강퍅한 심령이라도 성령이 변화시킵니다. 땅 끝까지 이르러 주님의 증인이 되시기 바랍니다. 땅 끝이 아무리 멀고 힘해도 능히 도달할 것입니다. 땅 끝이 어디입니까? 복음 없고 성령 없는 심령이 땅 끝입니다. 골짜기 해골 떼가 산 군대를 이루는 비결은 오직 하나 성령 받는 것뿐입니다.

성령이여 그 음성을 항상 들려 줍소서.
내 마음은 정했어요. 변치 말게 하소서.

자녀들 위에 손을 얹고 기도합시다. 교회를 가슴에 품고 기도합시다. 폐허가 된 땅이라도 씨를 뿌리고 눈물로 가꿉시다. 오직 성령이 함께 하시면 생명의 싹이 나고 열매를 맺을 것입니다. 내게 능력 주시는 자 안에서 내가 모든 것을 할 수 있습니다.

제 3 부

성령으로 세운 공동체

Chapter 20

성령으로 세운 공동체

사도행전 2:43-47

43. ○사람마다 두려워하는데 사도들로 말미암아 기사와 표적이 많이 나타나니 44. 믿는 사람이 다 함께 있어 모든 물건을 서로 통용하고 45. 또 재산과 소유를 팔아 각 사람의 필요를 따라 나눠 주며 46. 날마다 마음을 같이하여 성전에 모이기를 힘쓰고 집에서 떡을 떼며 기쁨과 순전한 마음으로 음식을 먹고 47. 하나님을 찬미하며 또 온 백성에게 칭송을 받으니 주께서 구원 받는 사람을 날마다 더하게 하시니라

공동체와 삶의 질

한 개인의 행복은 개인만 아니라 공동체와 연관됩니다. 가족이 얼마나 중요한 가는 말할 필요가 없습니다. 부모를 잘못 만나거나 무슨 사연으로 고아가 된다면 인생길이 험해집니다. 부부도 그렇습니다. 서로 좋은 배우자를 만나야 합니다. 결혼 생활이 파탄나면 서로 불행해지고 자녀들까지 불쌍해집니다. 가정의 문제로 인해 가족 관계가 단절되거나 가출하는 식구도 생깁니다.

한 개인의 행복은 그가 태어난 사회나 국가와 연관되었습니다. 여권 값이 곧 개인의 행복입니다. 좋은 나라에 태어나면 많은 혜택을 누리며, 국민들은 국가 구성원의 한 사람으로 자부심이 넘칩니다. 국가가 부실하면 그 나라 국민도 부실한 대접을 받고, 그 나라가 일등 국

가이면 일등 대우 받습니다.

신자에게 신앙 공동체의 중요성은 아무리 강조해도 지나치지 않습니다. 좋은 교회를 만나고, 좋은 성도들을 만나면 영적으로 풍성해집니다. 반대로 악한 성도를 만나거나 그릇된 교회를 만나면 영적으로 병들거나 이단에 빠질 수 있습니다.

예루살렘 신앙공동체

초대 예루살렘교회는 어떤 신앙 공동체입니까? "사람마다 두려워하는데 사도들로 인하여 기사와 표적이 많이 나타나니(43절)." 예수님이 많이 행하시던 표적과 기사가 이제는 사도들을 통해 나타났습니다. 예수님이 직접 행하시던 표적과 기사가 예수의 이름을 믿는 사도들로 인해 나타났습니다. 이는 성령이 임한 생생한 증거입니다. "오직 성령이 너희에게 임하시면 너희가 권능을 받고." "두 세 사람이 내 이름으로 모인 곳에 내가 그들과 함께 하리라." 성령이 충만하고 합심하여 기도하면 이런 역사가 나타납니다.

재산을 공유하는 자발적인 공산 사회가 나타났습니다. 이것은 역사적으로 없던 일입니다. "믿는 사람이 다 함께 있어 모든 물건을 서로 통용하고 또 재산과 소유를 팔아 각 사람의 필요를 따라 나눠 주고(44-45절)." 바나바는 자기 재산을 팔아서 가난한 형제를 구제한 것으로 예루살렘에서 소문이 자자했습니다. 그로 인해 바나바는 영적 지도자로 인정받고 안디옥 교회에 파송되었습니다.

재산을 공유하는 일이 말처럼 쉽지 않습니다. 말과 혀로 사랑하는 것이 아니라 행함과 진실함으로 사랑한 결과입니다. 생활이 어려운 성도를 구제하고 서로 재산을 공유했습니다. 욕심을 버리고 이웃과 함께 고통을 나누었습니다. 내 것은 네 것이고, 네 것도 네 것입니다. 주는 자가 복이 있다 하신 예수님의 말씀을 몸소 실천했습니다. 이것은 오늘날 이념적인 사회주의나 공산주의와는 다른 것입니다. 이념과 혁명으로 평등을 강제하는 것이 아니라, 오직 은혜와 사랑으로 함께 나누었습니다.

예루살렘교회는 날마다 성도의 교제를 맛보았습니다. "날마다 마음을 같이 하여 성전에 모이기를 힘쓰고 집에서 떡을 떼며 기쁨과 순전한 마음으로 음식을 먹고(46절)." 떡을 떼었다는 말은 성찬을 거행했다는 말입니다. 당시 성찬과 애찬은 구분되지 않았으며, 사랑을 나누는 식탁인 동시에 주님의 죽으심을 기념하는 거룩한 예식이기도 했습니다. 시간이 지나서 나중에 애찬과 성찬은 구분되고, 애찬은 여러 가지 문제로 사라지고 성찬만 남게 되었습니다.

신앙생활은 무인도나 아무도 없는 깊은 산 속에서 하는 것이 아닙니다. 삶의 터전에서 함께 모여서 하는 것입니다. 여럿이 모일 때는 성전에서 모이고, 소그룹으로 모일 때에는 가정에서 모입니다. 주일은 교회에서 모이고, 평일에는 있는 처소에서 모입니다.

이 세상은 험하고 우리는 약합니다. 마귀는 우는 사자와 같이 택한 자라도 삼키려고 달려듭니다. 그러므로 우리는 모여야 하고 힘을 합쳐야 합니다. 삼겹줄의 역사는 쉽게 끊어지지 않습니다. 작은 불씨는 바람에 꺼질 수 있으나 함께 모인 장작불은 강한 바람에도 견딥니다. 바람이 불면 불수록 활활 타오릅니다. 아프리카의 얼룩말은 맹수의 공격을 받으면 머리를 모으고 원을 그립니다. 그리고 뒷발로 적을 물리칩니다. 혼자는 당할 수 없지만 여럿이면 사자라도 능히 물리칩니다.

예루살렘 신앙 공동체는 찬송이 넘쳤습니다. 믿지 않는 사람들에게 인정과 칭찬을 받았습니다. "하나님을 찬미하며 또 온 백성에게 칭송 받으니 주께서 구원받는 사람을 날마다 더하게 하시니라(47절)." 은혜가 있고 부흥하는 교회는 한 눈에 알아봅니다. 뜨겁게 기도하고, 감격으로 찬송합니다. 예배당을 들여다보면 성령이 충만하고 열기가 넘칩니다.

우리도 예루살렘 신앙공동체를 경험하기 원합니다. 가족이 따뜻한 품 안에서 함께 사는 것이 소원이고, 좋은 나라의 일등 백성으로 함께 사는 것이 꿈입니다. 좋은 신앙공동체를 경험하는 것이 거룩한 꿈입니다. 형제를 사랑하고 하나님을 사랑하는 성령의 공동체를 꿈꿉니다. 영혼이 잘되는 거룩한 복은 거룩한 공동체 안에 있습니다.

참된 신앙공동체는 피곤하기 때문에 더 모이고, 혼자 감당하기 어렵기 때문에 함께 짐을 나눕니다. 무거운 짐이 많기 때문에 더 열정으로 믿습니다. "오직 여호와를 앙망하는 자는 새 힘을 얻으리니 독수리의 날개 치며 올라감 같을 것이요 달음박질 하여도 곤비하지 아니하겠고 걸어가도 피곤하지 아니하리로다(사40:31)."

오직 성령으로 세운 공동체

어떻게 하면 예루살렘 신앙 공동체가 세워집니까? 해답은 오직 하나, 성령 충만이 임하면 됩니다. 성령은 성도 한 사람 한 사람을 변화시킬 뿐 아니라, 거룩하고 권능 있는 신앙 공동체를 만듭니다. 거대한 힘이 성령에 있습니다. 하늘로부터 성령의 권능이 예루살렘 교회에 임할 때 거룩한 공동체가 탄생했습니다.

애굽에서 해방된 이스라엘 백성이 40년 동안 광야 길을 통과하고 가나안에 들어갔습니다. 하루하루가 기적입니다. 하나님이 이스라엘을 낮에는 구름기둥으로 밤에는 불기둥으로 인도하셨습니다. 반석에서 생수가 나오고 하늘에서 만나가 내렸습니다. 하나님이 독수리가 새끼를 품에 안 듯 이스라엘 백성을 인도했습니다. 성령 하나님께서 이스라엘 공동체를 품으신 것입니다.

구름기둥이 무엇이고 불기둥이 무엇입니까? 하나님의 말씀과 성령입니다. 말씀이 빛을 비추시고 성령이 강력한 열기를 나타내십니다. 이스라엘 백성들은 인간이 생존하기 가장 척박한 땅에서 거룩한 복락을 누리며 살았습니다. 사막에 길이 나고 사막에 생수의 강이 흐릅니다. 애굽으로 돌아가자는 사람도 있었고, 앞을 가로막는 대적들도 있었지만, 하나님은 거룩한 성령으로 그 백성을 품으시고 앞으로 인도하셨습니다.

진정한 공동체는 성령으로 이루어집니다. 이념으로 세운 공동체는 한계가 있습니다. 인간의 죄성으로 균열이 생기고 결국에는 무너지고 깨집니다. 사회주의는 이미 실패한 것으로 판명되었습니다. 소련이 무너졌고, 사회주의 혁명의 상징과 같은 레닌의 동상이 파괴되었습니다. 경제 성장을 이루고 있는 중국도 겉으로는 사회주의를 유지하면서 속으로는 자본주의 경제를 받아들였습니다.

우리는 자유와 평등, 성장과 분배를 국가 기본 이념으로 여깁니다. 그런데 자유와 평등, 성장과 분배는 생각처럼 균형을 맞추기가 쉽지 않습니다. 한쪽에 신경을 쓰면 다른 한쪽이 손상되기 쉽습니다. 자유를 찾으면 평등이 무너지고, 성장을 추구하면 분배가 무너집니다. 이념은 이념이고 현실은 현실입니다. 이념보다 현실이 앞섭니다. 현실을 외면하는 낡은 이념은 설 자리가 없습니다. 이념에 포로가 되면 현실이 망가집니다.

진정한 공동체는 성령으로 이루어집니다. 돈으로 이루어지는 것이 아닙니다. 경제가 성장하면 사회 복지가 잘되지만 거기에도 한계가 있습니다. 독거노인의 문제를 국가가 해결할 것입니까? 복지 국가가 실현되어도 고독사는 어찌할 것입니까? 혼자 죽는 문제를 누가 해결할 것입니까? 복지 선진 국가인 유럽이나 이웃 일본에서 고독사는 이미 사회 문제가 되었습니다. 국민 소득과 행복 지수는 비례하지 않습니다. 방글라데시나 부탄 같은 나라의 행복 지수가 세계 1,2등을 다툽니다. 그들은 가난하지만 만족합니다. 행복 지수는 주관적인 것입니다.

밥보다 중요한 것이 사랑과 관심입니다. 그것은 돈으로 살 수 없습니다. 요즘 사람들이 왜 가족을 떠납니까? 왜 정든 고향을 떠나고 조국을 등집니까? 옛날에는 우리나라가 못살아서 배부르게 먹기 위해 이민을 갔습니다. 하지만 지금은 우리나라가 싫어서 이민 갑니다. 돈보다 더 나은 이상을 찾아서 떠납니다. 기러기 아빠가 왜 생겼습니까? 교육 문제만 아니라 사회의 미래가 암담하기 때문입니다. 자녀들만이라도 행복하게 살 수 있다면 기러기라도 만족하는 것입니다.

그런데 우리 신앙 공동체의 이상은 성령으로 이루어집니다. 성령이 임하면 그 공동체는 생명을 얻습니다. 골짜기 해골 떼가 산 군대를 이룹니다. 큰 교회 건물은 돈으로 세울 수 있지만 성령의 공동체는 오직 성령으로만 세웁니다. 조직과 직분으로 교회의 겉모습을 만들 수 있지만, 성령의 공동체는 오직 성령으로만 세웁니다. 눈물의 기도와 피 흘리는 순종과 헌신으로 세웁니다.

성령 받기를 간절히 사모해야 합니다. 성령에 귀 기울이십시오. 귀 있는 자는 성령이 교회들에게 하시는 말씀을 들으십시오. 말씀을 읽고 듣고 묵상하고 연구하고 실천해야 합니다. 그러면 성령이 강력하게 임합니다. 함께 모여 기도하십시오. 찬송하십시오. 성도를 사랑함으로 나누십시오. 베푸십시오. 전도하십시오. 선교하십시오. 눈을 들어 들판을 보십시오. 지금은 희어져 추수할 때입니다.

공동체의 미래

지금까지 여러 종류의 공동체가 있었고 앞으로도 다양한 공동체가 나타날 것입니다. 발전하는 공동체가 있는가 하면, 쇠퇴하거나 사라지는 공동체도 있을 것입니다.

가정은 공동체의 기초이고 출발점입니다. 그런데 이 시대를 보면, 영원할 것 같은 가족 공동체에도 변화가 일어납니다. 대가족에서 소가족으로, 소가족에서 핵가족으로, 핵가족에서 단독 세대로 점점 작아질 것입니다. 결혼은 필수가 아니고 선택입니다. 자녀 출산도 필수가 아닙니다. 부모를 모시고 함께 사는 것도 희귀한 일이 될 것입니다. 제사를 지내는 일은 줄어들 것이고, 산소를 찾거나 관리할 일도 사라질 것입니다. 매장보다 화장을 선호합니다. 가문의 자랑과도 같았던 조상들의 큰 산소도 납골당으로 대신합니다. 혈연 공동체는 쇠퇴할 것입니다. 혈연 공동체는 우리의 미래가 아닙니다.

혈연 공동체와는 반대로 성장하고 활성화 되는 공동체가 나타납니다. 동호인 모임입니다. 취미와 관심을 같이 하는 사람들이 모입니다. 초고속 인터넷의 보급으로 정보와 삶을 공유하는 것이 쉬워졌습니다. 혈통적인 현대인은 외롭지만 인터넷에서 친구와 가족을 가진 현대인은 결코 혼자가 아닙니다. 종이 신문이 아니라도 손 안에 인터넷 신문이 있습니다. 지구 구석구석에서 무슨 일이 일어나는지 실시간으로 뉴스를 제공합니다. 이제 더 이상 아침 신문을 기다릴 필요가 없습니다. 비행기를 타지 않아도 세계 일주가 가능합니다. "걸어서 세계 속으로" 같은 여행 다큐는 안방에서 전 세계 구석구석을 생생하게 보여줍니다.

그러나 이런 생활에도 영적인 생명은 없습니다. 사이버 공간에도 교회가 있고 예배가 있지만, 성령의 역사는 찾기 어렵습니다. 영적으로 허기지고 배고플 뿐입니다. 현실과 허구, 인격과 비인격을 구분하지 못하는 혼동에서 벗어나야 합니다.

진정한 공동체는 성령으로 세워진 신앙의 공동체입니다. 신앙의 공동체의 앞길은 두 가지입니다. 하나는 공동체를 상실하는 방향으로 나아가는 것이고, 다른 하나는 공동체를 강화하는 방향으로 나아가는 것입니다. 후자가 우리의 갈 길이고 살 길입니다. "두 세 사람이 내 이름으로 모이는 곳에 내가 함께 하리라." 삼겹줄의 역사를 이루십시오. 삼겹줄을 쉽게 끊을 수 없습니다. 아무리 많은 사람이 모일지라도 아는 사람이 없다면 혼자입니다. 군중 속에 고독입니다. 그러나 예수 그리스도가 우리의 머리이고 우리는 그의 지체입니다. 함께 땀 흘리고 한 피가 흐르는 생명을 공유한 진정한 공동체를 이루어야 합니다.

현대인은 개인을 드러내는 것을 싫어합니다. 익명성을 좋아합니다. 옛날에는 교회에서 나를 몰라준다고 시험에 들었지만, 요즘은 나를 알아보는 것으로 시험에 듭니다. 교회에 가는지 오는지 모르는 것을 더 좋아합니다. 이전에는 교회가 개인을 칭찬하고 책벌했지만, 요즘은 아는 듯 모르는 듯 그냥 지나치는 것이 미덕입니다. 그러다보니 성도들을 볼 때면, 우리 교인 같기도 하고 방문자 같기도 합니다.

신앙은 자유입니다. 신앙은 개인적입니다. 내가 예수 믿어야 구원받습니다. 남이 나를 대신할 수 없습니다. 그렇다면 공동체 생활은 어떻게 해야 합니까? 개인주의를 따를 것입니까? 아닙니다. 철저하게 공동체의 책임과 권리를 함께 나누어야 합니다.

현대 교회의 교인은 유목민입니다. 그 뿌리가 없습니다. 교인은 교인인데 섬기는 교회는 없습니다. 하나님을 믿지만 소속한 공동체는 믿지 않습니다. 공동체를 상실하거나 약화시키는 방향으로 나아가는 길은 바른 길이 아닙니다. 급속하게 공동체의 사막화가 이루어질 것이고 그 결말은 죽음입니다. 길을 걷다가도 그곳이 바른 길이 아니면 그 자리에서 멈추고 돌아서야 합니다.

우리가 나아가야 할 길은 신앙 공동체를 더욱 견고히 하고 활성화시키는 길입니다. "모이기를 폐하는 어떤 사람들의 습관과 같이 하지 말고 오직 권하여 그 날이 가까움을 볼수록 더욱 그리하자(히10:24)." 그리스도인이 되면 부모 형제보다 더 가까운 것이 그리스도 안에 있는 형제자매들입니다. 직장이나 사업보다 교회와 하나님 나라에 대한 관심을 더 많이 갖습니다. "나의 영원하신 기업 생명보다 귀하다. 나의 갈 길 다가도록 나와 동행하소서."

우리의 기업이 무엇입니까? 하나님 나라와 세계 선교를 섬기는 것입니다. 형제자매들을 사랑하고 섬기는 것입니다. 바울은 빌립보 교인을 이렇게 자랑합니다. "그러므로 나의 사랑하고 사모하는 형제들, 나의 기쁨이요 면류관인 사랑하는 자들아 이와 같이 주 안에 서라(빌 4:1)." 바울처럼 우리도 형제자매를 자랑해야 합니다. 나봇은 조상의 기업을 지키는데 목숨을 바쳤습니다. 아합왕의 제안을 거절하고 포도원을 지키다가 돌에 맞아 죽었습니다. 하나님이 주신 기업은 목숨과도 바꿀 수 없습니다.

다윗이 왕이 되기 전에 사울왕에게 심한 핍박을 받았습니다. 다윗이 아둘람 굴로 피했을 때, 그와 뜻을 같이 하는 많은 사람들이 그의 주변에 모였습니다. 사울의 나라가 아니라 하나님의 나라를 꿈꾸는 사람들입니다. 이들은 세상에 없는 신앙 공동체를 꿈꾸는 사람들입니다. 이들이 아둘람 굴에 모인 구약의 교회입니다. "그러므로 다윗이 그곳을 떠나 아둘람 굴로 도망하여 그 형제와 아비의 온 집이 듣고는 그리로 내려가서 그에게 이르렀고 환난 당한 모든 자와 빚진 자와 마음이 원통한 자가 다 그에게로 모였고 그는 그 장관이 되었는데 그와 함께 한 자가 사백 명 가량이었더라(삼상22:1-2)."

환난 당한 자는 정치적으로 핍박받은 자이고, 빚진 자는 경제적으로 불이익을 당한 자이고, 마음이 원통한 자는 영적으로 고통을 받은 자들입니다. 암울하고 질식할 것 같은 세상에서 하나님 나라를 꿈꾸는 자들이 다윗 주변에 모였습니다. 사울은 우상을 섬기고, 부자는 가난한 자를 착취하고, 권세 잡은 자는 불의를 자행했습니다. 사울은 하나님을 경외하지 않았습니다. 그렇기에 사울의 나라는 하나님의 나라가 아니라 세상 나라였습니다.

우리 미래는 혈연 공동체나 동호인 모임보다 더욱 생명이 넘치는 신앙 공동체에 달려 있습니다. 성령으로 세우고, 성령으로 움직이는 성령 공동체를 소망합니다. 나 혼자 그리스도인이 아니라 함께 하는 믿음의 공동체를 경험합시다. 개인 묵상도 중요하지만, 공예배와 공기도회에 참석합시다. 은사대로 봉사하고 직분대로 섬깁시다. 셀에 참석해서 작은 공동체를 경험합시다.

개인도 경건하고, 공동체도 경건해야 합니다. 개인의 경건과 공동체의 경건은 함께 해야 합니다. 로마 시대에 박해를 피해 지하 무덤으로 숨은 성도들은 공동체를 이루며 살았습니다. 어떤 어려움도 함께 나누면 이깁니다. "서로 돌아보아 사랑과 선행을 격려하며 모이기를 폐하는 어떤 사람들의 습관과 같이 하지 말고 오직 권하여 그 날이 가까움을 볼수록 더욱 그리하자(히10:24-25)." 말세를 사는 성도들에게 행복의 비밀은 좋은 공동체에 속하는 것이고, 성령이 세운 거룩한 공동체를 경험하는 것입니다.

Chapter 21

성령이 역사하는 거룩한 집회

사도행전 20:7-12

7. ○그 주간의 첫날에 우리가 떡을 떼려 하여 모였더니 바울이 이튿날 떠나고자 하여 그들에게 강론할새 말을 밤중까지 계속하매 8. 우리가 모인 윗다락에 등불을 많이 켰는데 9. 유두고라 하는 청년이 창에 걸터앉아 있다가 깊이 졸더니 바울이 강론하기를 더 오래 하매 졸음을 이기지 못하여 삼 층에서 떨어지거늘 일으켜보니 죽었는지라 10. 바울이 내려가서 그 위에 엎드려 그 몸을 안고 말하되 떠들지 말라 생명이 그에게 있다 하고 11. 올라가 떡을 떼어 먹고 오랫동안 곧 날이 새기까지 이야기하고 떠나니라 12. 사람들이 살아난 청년을 데리고 가서 적지 않게 위로를 받았더라

예배를 사모하라

바울은 3차 선교를 마치고 예루살렘으로 돌아가는 길에 드로아에서 7일간 머물면서 집회를 가졌습니다. 드로아는 바울이 아시아 선교를 포기하고 네압볼리로 건너가게 만든 마게도니아 사람의 환상을 본 항구로, 아시아와 유럽을 연결하는 관문입니다.

이 날 예배의 열기가 대단했습니다. "안식 후 첫날에 우리가 떡을 떼려 하여 모였더니 바울이 이튿날 떠나고자 하여 저희에게 강론할새 말을 밤중까지 계속하매(7절)." 안식 후 첫날은 주일입니다. 안식일이 아니라 예수님이 부활하신 날을 기념해서 첫날에 예배를 드렸습니다. 7일 동안 머무는 중에 마지막 날은 밤이 늦도록 강론했습니다. 내일

이면 바울은 떠나게 됩니다. 지금 가면 언제 다시 올지 모릅니다. "우리의 모인 윗다락이 등불을 많이 켰는데(8절)," 사람들은 윗다락이 있는 가정집에 모였습니다. 그곳은 3층까지 있는 집으로 사람들이 많이 모였기 때문에 등불을 많이 켰습니다.

　은혜를 받으려면 이렇게 은혜를 사모해야 합니다. 모이는데 은혜가 있습니다. 두 세 사람이 내 이름으로 모이는 곳에 내가 함께 하리라. 우리는 주일을 성수해야 합니다. 당시에는 밤에 예배를 드렸습니다. 밤이 깊은 줄 모르고 시간 가는 줄 몰랐습니다. 시간 가는 것이 아까워 강론에 귀를 기울였습니다. 집회가 늦게 끝난다고 시계만 보지 않아야 합니다. 사슴이 시냇물을 찾기에 갈급함같이 은혜에 목마른 영혼이 되시기 바랍니다. "조금만 더 말씀해 주세요! 우리에게 은혜가 필요합니다!" 바울은 순회전도자이기 때문에 드로아 교인들을 언제 다시 바울을 볼지 모릅니다. 오늘이 마지막이라는 생각으로 예배드리십시오. 성령의 임재를 사모해야 합니다.

　천국은 침노하는 자의 것입니다. 아람의 군대장관 나아만은 자신의 문둥병을 고치기 위해 이스라엘의 엘리사 선지자를 찾아왔습니다. 한 중풍병자는 친구들이 그의 침상을 매고 예수님께 나아왔습니다. 사람들 때문에 접근이 곤란하자 지붕을 뚫고 침상 채로 중풍 병자를 달아 내렸습니다. 거지 소경 바디매오는 여리고를 지나가는 예수님께 소리쳤습니다. 다윗의 자손 예수여 불쌍히 여기소서! 혈루증을 앓던 여인은 예수님 뒤로 와서 옷자락을 만졌습니다.

　사무엘은 이스라엘의 사사이고 제사장으로, 블레셋으로부터 이스라엘을 구원했습니다. 블레셋이 쳐들어 왔을 때, 그가 제일 먼저 한 일이 무엇입니까? 미스바에서 거룩한 성회를 열고 이스라엘의 회개를 촉구했습니다. 거룩한 은혜가 먼저입니다. 우리 영혼이 잘되면 범사가 잘되고 강건할 것입니다. 야곱의 가정이 왜 몰락했습니까? 왜 세겜에서 야간도주 하게 되었습니까? 왜 딸 디나는 겁탈당하고, 아들들을 피 흘리는 살인자가 되었습니까? 그것은 하나님과의 언약을 지키지 않았기 때문입니다. 그 후에야 야곱은 가족들을 모아 놓고 벧엘로 올라가서 지난 날 하나님께 한 서원을 갚자고 했습니다. "야곱이 서원하여 가로되 하나님이 나와 함께 계시사 내가 가는 이 길에서 나를 지키시고 먹을 양식과 입을 옷을 주사 나로 평안히 아비집으로 돌아가게 하시오면 여호와께서 나의 하나님이 되실 것이요 내가 기둥으로 세운 이 돌이 하나님의 전이 될 것이요 하나님께서 내게 주신 모든 것에서 십분 일을 내가 반드시 하나님께 드리겠나이다 하였더라(창 28:20-22)"

야곱은 그 동안 예배가 없이 살았습니다. 형 에서를 피해서 도망가던 20년 전에 하나님께 한 서원을 잊고 살았습니다. 그 후에야 하나님께 돌아갔습니다. 드라빔과 우상의 형상들을 다 버리고 벧엘로 올라갔습니다. 이와 같이 잃은 예배를 회복하는 것이 이스라엘의 첫 걸음이었습니다.

주일은 영혼의 장날입니다. 영혼이 필요한 것을 마음껏 사는 날입니다. 예배는 천국 잔치에 참여하는 것입니다. 한국 교회가 불같은 성장을 계속할 때 여의도 집회는 인산인해를 이루었습니다. 백만 그리스도인이 모여서 나라와 민족과 세계선교를 위해서 기도했습니다. 여름이면 골짜기마다 산상 부흥회가 열렸습니다. 교회에서도 정기적인 부흥회가 열렸습니다.

지금 우리는 예배의 자리에 있습니까? 예배의 은혜를 사모합니까?

밤이 깊도록 시간가는 줄 모르고 은혜에 붙들려 있습니까? 이스라엘 땅에 기근이 들자 나오미는 베들레헴을 떠나 모압으로 이주했습니다. 모압은 이방인의 땅입니다. 양식보다 귀한 것이 영혼의 양식입니다. 반면 베들레헴은 떡집입니다. 하나님이 책임지는 언약의 땅입니다. 나오미가 기근으로 영혼의 공동체를 쉽게 떠난 것이 잘못입니다. 그 결과 나오미의 남편과 두 아들이 죽었습니다. 예배가 없는 곳에 죽음만 있을 뿐입니다. "멀리 멀리 갔더니 처량하고 곤하여 슬프고 또 외로워 정처 없이 다니니."

오순절에 예루살렘 교회에 성령이 강림했습니다. 사도들과 성도들이 전심으로 기도했습니다. "여자들과 예수의 모친 마리아와 예수의 아우들로 더불어 마음을 같이 하여 전혀 기도에 힘쓰니라(행1:14)." 떡을 떼고 교제했습니다. 그리고 말씀을 강론했습니다. 기도했습니다. 거룩한 성회가 날마다 계속되었습니다. 예루살렘 교회는 3천에서 5천 명으로 부흥하는 놀라운 역사를 이루었습니다.

1907년 평양 대부흥운동이 일어났습니다. 길선주 목사로 시작된 새벽 기도회의 열기가 뜨거웠습니다. 이미 1903년 원산 사경회에서부터 성령의 불길이 서서히 일어나고 있었습니다. 많은 사람들이 교회로 모여서 기도하고 말씀을 배웠습니다. 그리고 은혜 받으면 흩어져 전도했습니다. 이 거룩한 집회가 오늘의 한국 교회를 이루었습니다.

미국 예일대학교 법과대학원 학장을 지낸 고홍주와 메사추세츠주 보건후생부 장관을 지낸 고경주 부모님은 방학이면 자녀들과 함께 신앙 캠프에 참석했습니다. 부모님은 교사로 봉사했고 자녀들은 여러 인종의 아이들과 함께 하는 신앙 훈련을 받았습니다. 주일이면 가족이 함께 예배드리고 식사의 교제를 나누었습니다. 이것보다 더 좋은 교육이 없습니다. 미국 암전문의인 원종수 권사의 모친도 믿음의 사람입니다. 새벽마다 기도회를 마치고 돌아오면 자녀들의 머리에 손을 얹고 기도했습니다. 어머니의 손은 차가웠지만 축복의 손이었습니다. 그리고 아침이면 가족 예배를 드리고 자녀들을 학교로 보냈습니다. 이런 영향으로 원종수 권사도 결혼 후에 예배 중심으로 살았습니다.

제가 아는 권사님은 여름 방학이면 자녀들을 데리고 기도원에 갔습니다. 지금도 출가한 자녀들의 집을 순회하면서 매월마다 예배드립니다. 함께 기도하는 기도의 동역자들을 초대해서 자녀들의 집에서 예배드리고 기도하는 모습이 얼마나 아름다운지요! "사철에 봄바람 불어 잇고 하나님 아버지 모셨으니 믿음의 반석도 든든하다. 우리 집 즐거운 동산이라." 성령은 우리를 예배의 자리로 초청합니다. 성령의 부르심을 거절하지 말아야 합니다. 거룩한 성령이, 거룩한 백성을, 거룩한 성회로 불러서, 거룩한 은혜를 베푸십니다.

기적을 보았다

"유두고라 하는 청년이 창에 걸터앉아 있다가 깊이 졸더니 바울이 강론하기를 더 오래 하매 졸음을 이기지 못하여 삼 층에서 떨어지거늘 일으켜보니 죽었는지라(9절)." 예배 시간에 사람이 떨어져 죽었습니다. 죽었다는 말은 실제로 숨이 끊어진 것을 의미합니다. 어떻게 은혜의 시간에 이런 일이 일어났습니까? 사단의 불같은 시험입니다. 사도행전을 기록한 누가는 의사입니다. 의사인 누가가 사망 판단을 내릴 때에는 의학적 근거가 분명합니다.

그런데 그때, 바울이 죽은 사람을 위해 기도했습니다. "바울이 내려가서 그 위에 엎드려 그 몸을 안고 말하되 떠들지 말라 생명이 그에게 있다 하고(10절)." 놀라지 마십시오. 죽은 청년이 살아났습니다. 유두고는 잠깐 기절했다가 정신을 차린 것이 아니라 진짜 죽었다가 다시 살아났습니다.

거룩한 집회에 불같은 시험이 있었지만, 또한 하나님의 불같은 기적이 일어났습니다. "불같은 시험 많으나 겁내지 맙시다. 구주의 권능 크시니 이기고 남겠네." 그렇습니다. 사단이 역사해도 하나님의 역사를 막을 수 없습니다. 사단은 불같은 시험을 일으키지만 하나님은 불같은 은혜의 역사를 일으킵니다. 은혜가 시험을 이깁니다.

어느 교회의 주일 예배 시간에 갑자기 2층에서 사람이 뛰어내렸습니다. 교인들은 놀라서 비명을 질렀다. 순식간에 일어난 정신 이상자의 소행으로 예배가 엉망이 될 위기입니다. 그때, 설교하시던 목사님은 아무 말씀도 없으시다가 찬송가를 부르기 시작했습니다. "나의 갈 길 다가도록 예수 인도하시니 내 주 안에 있는 궁휼 어찌 의심하리요…" 교인들도 함께 따라 불렀다. 이것으로 사건은 조용히 정리되었습니다. 다행히 뛰어내린 사람도 크게 다치지 않았습니다. 오히려 이 날 예배는 더 은혜로웠습니다. 백 마디 말보다 더 강한 하나님의 임재를 경험했습니다.

거룩한 예배 시간에 하나님이 역사하십니다. 죽은 자가 살아납니다. 골짜기의 해골 떼가 산 군대를 이룹니다. 예배의 시간은 절망을 희망으로, 실패를 성공으로, 인간의 것을 하나님의 것으로, 세상의 것을 천상의 것으로 바꾸는 시간입니다. 예배는 위대한 창조와 회복의 시간입니다. 예배보다 귀한 것은 없습니다. 예배보다 복된 것은 없습니다.

　사무엘이 미스바 성회를 마치고 기도할 때 이스라엘은 역사적인 승리를 거두었습니다. 하나님이 우박과 천둥으로 블레셋을 치셨습니다. 하나님이 여기까지 도우셨습니다. 그리고 사무엘은 에벤에셀이라는 기념비를 세웠습니다. 또 한나는 마음이 슬픈 여자였습니다. 그녀는 실로의 성막에서 기도하면서 천상의 평화를 경험했습니다. 그러자 더 이상 그녀의 마음속에 슬픔이 없습니다. "얼굴에 다시는 수색이 없으니라(삼상1:18)."

　빌립보의 자주 장사 루디아는 강가 집회에서 바울의 말씀에 은혜를 받고 예수를 영접했습니다. 빌립보 감옥에 갇힌 바울과 실라는 한밤중에 일어나서 찬송하고 기도합니다. 그러자 차꼬가 풀리고 옥문이 열렸습니다. 그리고 죄수들이 탈옥하였습니다. 간수는 눈앞에 벌어지는 광경을 보고 자결하려 합니다. 그러나 바울이 그에게 복음을 전했습니다. 주 예수를 믿으라. 그리하면 너와 네 집이 구원을 얻으리라. 예수를 영접한 간수와 그의 가족은 빌립보와 유럽 교회의 모태가 되었습니다.

　광야에도 교회가 있습니다. 광야 길을 걸어가던 이스라엘 백성이 광야 교회입니다. 어려운 일이 많았지만 하나님이 기적으로 인도하셨습니다. 만나와 생수를 공급하시고, 구름기둥과 불기둥으로 인도하셨습니다. 홍해 바다가 육지가 되기도 하고, 여리고성이 무너져 평지가 됩니다.

　교회에 불같은 시험이 많습니다. 이단이 들어올 때도 있습니다. 천사의 얼굴을 하고 들어와서 양들을 해칩니다. 물질의 시험도 당합니다. 교인이라고 믿다가 사기당하고, 교인끼리 이익 다툼으로 법정에 가서 재판하기도 합니다. 자녀들 때문에 마음이 상해서 시험에 들기도 합니다. 갈등이 있고 파벌도 있습니다. 고린도교회는 바울파, 예수파, 베드로파, 그리고 아볼로파로 사분오열 갈라졌습니다. 그러나 교회는 끝내 시험을 이깁니다. 내가 이 반석 위에 교회를 세우리니 음부의 권세가 이기지 못하리라. 원수가 한 길로 왔다가 일곱 길로 도망가는 것입니다. 하나님의 교회는 하나님이 책임집니다. 하나님의 기적은 거룩한 예배가 있는 곳에 나타납니다.

아무도 아버지의 품 안에서 우리를 빼앗을 수 없습니다. 강이나 물이나 불 가운데 지날지라도 해를 받지 않을 것은 주께서 우리와 함께 하심 때문입니다. 누구도 우리를 그리스도 예수 안에 있는 하나님의 사랑에서 끊을 수 없습니다. 은혜가 죄를 이기고, 성령이 사단의 시험을 이깁니다. 하나님의 기적이 우리 안에 있습니다. 하나님의 기적이 거룩한 예배 안에 있습니다. 교회는 기적의 전당입니다. 그리고 예배는 기적의 산실입니다. "나를 사랑하는 자들이 나의 사랑을 입으며 나를 간절히 찾는 자가 나를 만날 것이니라(잠8:17)." "나의 힘이신 여호와여 내가 주를 사랑하나이다(시18:1)." 드로아의 예배를 사모하는 자에게 드로아의 기적이 있을 것입니다. 죽은 자가 살아나는 기적을 볼 것입니다.

밤을 지새운 집회

"올라가 떡을 떼어 먹고 오래 동안 곧 날이 새기까지 이야기하고 떠나니라(11절)." 바울이 밤늦도록 말씀을 전할 때 은혜를 받았습니다. 창에서 떨어져 죽은 유두고가 살아나자 은혜는 더욱 컸습니다. 이대로 헤어지기 싫어졌습니다. 계속되는 은혜를 멈출 수 없어서 날이 밝을 때까지 거룩한 집회는 계속되었습니다. 은혜 위에 은혜, 충만 위에 충만입니다. 에스겔의 환상에서는 성전에서 흘러나온 물이 처음에는 발목, 나중에는 무릎과 허리를 적시고, 나중에는 헤엄칠 강을 이루고, 마지막에는 죽은 사해를 살립니다. 거룩한 예배가 가져다주는 은혜의 깊이와 넓이를 이루 측량할 수 없습니다!

사람이 모이면 1차로 회식을 합니다. 질서 있고 예의를 지킵니다. 식사를 마치면 2차를 갑니다. 술집에서는 기분을 좀 냅니다. 그것도 모자라면 3차를 갑니다. 이때부터는 '묻지 마 시간' 입니다. 해서는 안 되는 일도 하고, 책임지지 못할 행동도 합니다. 점점 시간이 지날수록 문제가 발생할 수 있습니다. 1차보다 2차, 2차 보다 3차가 더 안 좋아집니다.

뒤풀이를 보면 그 사람의 됨됨이를 알 수 있습니다. 대학생들이 신입생 환영회에서 경험하는 것이 폭탄주입니다. 대학 생활도 못해 보고 술 마시다 죽는 신입생이 해마다 있습니다. 직장인들도 뒤풀이가 괴롭습니다. 술자리와 익숙해야 하는 영업 부서의 직원은 건강을 해치기 일쑤입니다. 우리의 뒤풀이 문화가 개선되어야 합니다.

밤을 새운 추억이 있습니까? 철야 근무도 하고, 밤새 불침번도 섭니다. 할머니 이야기를 들으면서 밤하늘의 별을 보던 추억, 캠프파이어를 하면서 밤을 새운 추억도 있습니다. 낚시를 좋아하는 분들은 밤새는 줄 모르고 낚시합니다. 그런데 거룩한 집회로 밤을 샌 적이 있습니까? 드로아의 집회의 경험이 있습니까? 말씀으로 은혜 받고, 간증으로 밤을 샌 적이 있습니까?

미우라 아야꼬가 쓴 글에 이런 이야기가 있습니다. 부부가 두 사람 중에 누가 더 가난하게 살았는지 서로 자랑합니다. 마치 순진한 아이들의 자랑 같습니다. 사실 지난날을 돌아보면 정말 가난했습니다. 옛날을 추억해서 그런 자랑을 하다 보면 지금이 얼마나 행복한지 행복감에 젖어서 잠들게 됩니다. 이 모든 것이 감사할 따름입니다. 모든 것이 은혜입니다. 부부가 밤늦도록 이런 자랑을 한다면 그 가정은 틀림없이 천국입니다. 지옥처럼 사는 가정은 지금의 불만을 이야기 하고 내일의 걱정을 말하다가 잠을 못 이룹니다. 너만 안 만났으면 행복할 텐인데. 서로 원망을 품고 잠자리에 드니까 잠도 못 자게 됩니다.

작은 불꽃 하나가 큰 불을 일으킵니다. 은혜 위에 은혜, 충만 위에 충만입니다. 하나님의 기적은 끝이 없습니다. "예수로 나의 구주 삼고 성령과 피로써 거듭나니 이 세상에서 내 영혼이 하늘의 영광 보리로다." 미워하지 말아야 합니다. 사랑해야 합니다. 분열하지 말아야 합니다. 일치해야 합니다. 교만하지 말아야 합니다. 겸손해야 합니다. 다투지 말아야 합니다. 화평해야 합니다. 낙심하지 말아야 합니다. 꿈을 말해야 합니다. 하나님께 기도해야 합니다. 입을 넓게 열어야 합니다.

하나님은 죽은 유두고를 살리고 전에 없는 은혜를 주셨습니다. 사람의 일을 말하지 말고 하나님의 일을 말합시다. 성경을 펴서 읽읍시다. 그리고 아멘으로 화답 합시다. 사도행전은 지금도 계속됩니다. 밤을 새는 은혜는 지금도 계속됩니다.

1차 집회는 말씀 예배입니다. 믿는 사람도 은혜 받고, 아직 예수를 영접하지 않은 구도자도 은혜 받습니다. 2차 집회는 성찬 예배입니다. 세례 교인만 참석합니다. 포도주와 떡으로 거룩한 은혜를 경험합니다. 이것은 먹고 마시는 은혜입니다. 주님이 나를 위해 죽으셨으면 나도 주님을 위해 죽을 수 있습니다. 3차 집회가 간증과 은혜 나눔입니다. 하나님이 우리에게 행하신 일들을 찬양합니다. "이것이 나의 간증이요 이것이 나의 찬송일세. 나 사는 동안 끊임없이 구주를 찬송하리로다."

두 세 사람이 내 이름으로 모이는 곳에 내가 함께 하리라. 예배해야 합니다. 은혜를 사모해야 합니다. 말씀을 듣고 기도해야 합니다. 성령의 불을 일으키십시오. 기적을 바라십시오. 은혜를 나누십시오. 은혜의 강을 이루십시오. 성령이 역사하는 거룩한 집회, 드로아의 성회는 지금도 계속됩니다.

Chapter 22

성령과 교회 일군

행 6:1-7

1. 그 때에 제자가 더 많아졌는데 헬라파 유대인들이 자기의 과부들이 매일의 구제에 빠지므로 히브리파 사람을 원망하니 2. 열두 사도가 모든 제자를 불러 이르되 우리가 하나님의 말씀을 제쳐 놓고 접대를 일삼는 것이 마땅하지 아니하니 3. 형제들아 너희 가운데서 성령과 지혜가 충만하여 칭찬 받는 사람 일곱을 택하라 우리가 이 일을 그들에게 맡기고 4. 우리는 오로지 기도하는 일과 말씀 사역에 힘쓰리라 하니 5. 온 무리가 이 말을 기뻐하여 믿음과 성령이 충만한 사람 스데반과 또 빌립과 브로고로와 니가노르와 디몬과 바메나와 유대교에 입교했던 안디옥 사람 니골라를 택하여 6. 사도들 앞에 세우니 사도들이 기도하고 그들에게 안수하니라 7. ○하나님의 말씀이 점점 왕성하여 예루살렘에 있는 제자의 수가 더 심히 많아지고 허다한 제사장의 무리도 이 도에 복종하니라

구제로 인한 원망

"그 때에 제자가 더 많아졌는데 헬라파 유대인들이 자기의 과부들이 매일의 구제에 빠지므로 히브리파 사람을 원망하니(1절)."

그 때에 제자가 더 많아졌습니다. 그런데 삼천 명, 오천 명으로 급속하게 부흥하던 예루살렘 교회에 문제가 발생했습니다. 구제하는 일에 원망이 생겼습니다. 사도가 목회하던 날마다 폭발적으로 부흥하는 교회에도 시험거리는 있습니다. 구제하는데 헬라파 과부들과 히브리파 과부들 사이에 갈등이 있었습니다. 이 세상 교회는 미성숙합니다.

교회는 의롭다 함을 받았지만 여전히 죄성을 가진 죄인들의 모임이기 때문입니다.

　당시 과부는 두 종류가 있는데, 젊은 과부와 늙은 과부입니다. 젊은 과부들에게는 재혼을 권했고, 늙은 과부들은 명단을 작성해서 교회가 구제했습니다. 구제는 정기적인 것과 긴급한 것이 있었습니다. 금요일에 하루 두 끼에 해당하는 한 주간의 구제금을 전달하는 것과, 낯선 빈민들에게 긴급하게 구제하는 것입니다.

　갈등의 당사자는 과부들입니다. 헬라파 과부는 누구이고, 히브리파 과부는 누구입니까? 히브리파 과부들은 예루살렘에 사는 사람들이고, 헬라파 과부는 다른 지역에서 예루살렘으로 이주해 온 과부들입니다. 유대인들은 나이가 들면 예루살렘에서 살다가 죽기를 소원하여 예루살렘으로 모여듭니다. 성지 순례를 왔다가 돌아가지 않고 정착합니다. 이들 중에는 생활이 안정되지 않은 과부가 많습니다. 팔은 안으로 굽는다고 히브리파 과부들에게는 관심을 갖고 헬라파 과부들은 소외를 당했습니다. 그들 가운데 공평한 구제가 이루어지지 않았습니다.

　교회에는 여러 가지 문제가 발생합니다. 성령이 충만하고 부흥하는 교회도 예외가 아닙니다. 문제는 고쳐야 하고, 고칠 수 있습니다. 교회에는 먼지나 티끌이 하나도 없는 것처럼 생각하는 사람이 있는데 그렇지 않습니다. 지상 교회는 먼지나 티끌이 많이 일어나고, 불같은 큰 시험도 일어납니다. 그러나 어떤 시험이라도 능히 이깁니다. 교회는 성령이 만든 성령의 공동체입니다. 생명이 넘치는 거룩한 공동체입니다. 그러므로 상처난 교회도 곧 회복됩니다. 의인은 일곱 번 넘어져도 여덟 번째 다시 일어납니다.

지상 교회는 하늘에 있는 완전한 천국이 아니고, 천국의 그림자입니다. 교회의 문제에 대해 어떻게 그럴 수 있느냐고 탄식하는 소리를 많이 듣는데, 변명이 아니라 그럴 수 있습니다. 교인이나 교회를 보고 실망하지 말아야 합니다. 성령께서 책임지고 교회를 고치십니다. 이것이 지상 교회이고, 지상 교회가 세워져 가는 모습입니다. 교회는 성령의 은혜로 하나님의 자녀를 맡아서 양육하고 보호합니다. 성령의 은혜로 말미암아 교회는 그리스도의 장성한 분량까지 성장합니다.

일군을 세우라

"열두 사도가 모든 제자를 불러 이르되 우리가 하나님의 말씀을 제쳐 놓고 접대를 일삼는 것이 마땅하지 아니하니(2절)."

구제로 인해 발생한 원망을 어떻게 해결할 것입니까? 먼저 현실을 파악하고 인정할 것은 인정해야 합니다. 불공평은 잘못입니다. 회개하고 고쳐야 합니다. 아무 문제가 없다고 하거나, 문제를 은폐하려고 하면 안 됩니다. 무슨 원망이 있는지 확인하고, 원망의 해결책을 찾아야 합니다.

교회가 부흥하면 부흥할수록 더욱 겸손해야 합니다. 여호수아는 아이성 전투에서 예상치 않게 패배하자고 하나님께 무릎을 꿇고 물었습니다. "왜 이런 슬픈 일이 우리에게 일어났습니까? 여리고성을 함락시켰는데 이 작은 아이성에서는 왜 패배했습니까?" 하나님은 아간의 죄 때문이라고 알려주셨습니다. 아간은 여리고 성에서 취한 전리품을 자기 천막 밑에 숨겼던 것입니다.

사도들의 주된 임무는 기도와 말씀인데 구제까지 감당하기에 벅찹니다. 당연히 구제에 소홀하고 일도 공평하게 처리하지 못합니다. 당연히 교인들이 늘어나면 구제를 해야 하는 과부의 숫자도 늘어납니다. 일이 점점 많아지고 짐은 무거워집니다.

하나님의 일이라도 짐은 적당하게 져야 합니다. 자기가 감당할 수 있고, 잘 할 수 있는 짐만 져야 합니다. 은사와 직분대로 일해야 합니다. 사도들이 할 일은 말씀과 기도입니다. 구제는 집사가 맡습니다. 구제만 전담하는 집사를 따로 세우고 사도들은 기도와 말씀에 전념하는 것이 옳습니다.

집사가 사도보다 하등하다는 뜻이 아닙니다. 말씀과 기도가 중요하고, 재정과 구제도 중요합니다. 다 같이 중요합니다. 그러나 사도들이 할 일이 있고, 집사들이 할 일이 따로 있습니다. 사도와 집사는 명령과 복종의 상하 관계가 아니라, 은사대로 교회를 섬기는 동역자들입니다. 사도가 히브리파 유대인을 대변한다면, 일곱 집사는 헬라파 유대인을 대변합니다. 새로운 이해와 협력의 시대를 열어갑니다. 교회는 평안 중에 더 발전합니다.

교회는 하나님의 백성이 모인 공동체입니다. 그리고 구성원은 유동적입니다. 새로운 필요가 생기면 그 필요를 충족시켜야 합니다. 예루살렘 교회는 유대인 중심으로 시작했는데 교회가 급속하게 부흥하면서 헬라파 유대인들이 많이 들어왔고 이방인도 들어왔습니다. 이런 상황속에서 배타적이고 폐쇄적인 히브리파 유대인 중심으로는 미래를 감당할 수 없습니다. 헬라파 유대인들을 감당할 개방적이고 친화적인 새로운 일군이 필요합니다. 그들이 바로 일곱 집사입니다. 이들이 시대의 변화와 교회 구성원의 변화를 섬길 일군들입니다.

교회에 직분을 세우는 것은 공동체의 필요를 충족하기 위함입니다. 은사가 여럿이고, 직분이 여럿입니다. 다양한 은사와 직분을 통해 교회는 균형 있고 성숙하게 발전합니다. 시대가 변하고 다양성이 증가 할수록 직분은 더 분화되고 다양해집니다. 교회에 여러 직분 중에 귀하지 않은 직분이 없고 버릴 것이 없습니다. 다 하나님의 교회를 온전하게 하고, 하나님의 자녀들의 필요를 공급하기 위한 것입니다. 어느 하나만 고집할 것이 아니라, 변화를 포용하고 받아들일 수 있는 융통성과 개방성이 있어야 건전하게 발전하는 교회가 됩니다.

예루살렘 교회는 일곱 집사를 세우고 구제의 문제를 해결했습니다. 얼마나 은혜롭습니까? 이것이 성령의 역사입니다. 교회는 구원 받은 성도들이 모인 공동체입니다. 성령이 세운 공동체입니다. 성령은 교회 발전과 성장에 핵심적인 동력입니다. 성령이 움직이는 교회는 살아있습니다. 퇴보하지 않습니다. 원망이 사라지고 협력과 유기적 연합으로 지속적으로 성장합니다. 성령이 움직이는 교회는 갈등을 화합으로, 문제를 장점으로 발전시킵니다.

성령이 문제를 해결하는 방식은 둘입니다. 성령이 직접 해결하는 하는 것과 직분과 조직을 통해 간접적으로 해결하는 것입니다. 아나니아와 삽비라가 구제헌금을 하다가 성령을 속인 죄로 하나님의 진노를 받아서 그 자리에서 죽은 사건은 성령이 직접 해결한 예입니다. 그들은 밭을 판 돈의 절반만 드리고 전부라고 속였습니다. 그 때 성령의 직접적인 개입이 이루어집니다. 성령은 빠르고 무섭게 문제를 해결했습니다.

이와 대조적으로 과부들을 구제하기 위핸 일곱 집사를 세운 것은 간접적인 해결의 예입니다. 직분과 조직을 재편성함으로 해결했습니다. 이러한 방식은 시간이 걸리고 점진적인 발전으로 해결하는 것입니다. 성령은 특수한 경우에 직접 역사하기도 하지만, 대개는 사람을 세우고, 조직을 통해 문제를 해결합니다. 성령은 직접적인 방식보다 간접적인 방식을 즐겨 사용하십니다. 천둥과 벼락만 동반하는 것이 아니라 해가 뜨면 어둠이 물려가는 일상의 방식으로 해결합니다.

일군의 자격

"형제들아 너희 가운데서 성령과 지혜가 충만하여 칭찬 받는 사람 일곱을 택하라 우리가 이 일을 그들에게 맡기고(3절)."

공평한 구제를 담당할 집사는 어떤 자격을 갖추어야 합니까? 성령과 지혜가 충만하고 칭찬 받는 사람이어야 합니다. 성령이 충만하면 은사를 받습니다. 그 은사 중의 하나가 지혜입니다. 지혜와 지식은 다릅니다. 지혜는 상황을 잘 파악하고 문제를 잘 해결하는 능력으로 지식을 활용하는 능력입니다. 구제를 잘하려면 공평하고 정직해야 합니다. 과부를 이해하고 사랑하는 사람이어야 합니다. 성령의 은사가 아니면 이런 일을 감당하지 못합니다.

구제는 단지 행정적인 일이 아닙니다. 영혼과 생명과 교회 공동체를 사랑하는 일입니다. 구제를 통해서 당사자들에게 긍휼을 전하고, 교회에 덕을 세우고 하나님께 영광을 돌립니다. 구제를 통해서 사람을 기쁘게 하고, 하나님을 기쁘게 합니다. 구제는 하늘에 속한 신령한 일입니다. 성령의 은사가 아니면 이런 일을 흠 없이 감당할 수 없습니다.

공동체의 일을 하려면 공동체의 인정을 받아야 합니다. 혼자 지혜로운 사람이 할 일이 아닙니다. 독단적이거나 스스로 잘난 사람이 할 일이 아닙니다. 잠시 반짝이는 사람이 할 일이 아닙니다. 공동체의 일을 하는 사람은 자기의 이익을 추구하지 않습니다. 신뢰와 존경을 받아야 합니다. 삶으로 인정받아야 하고, 일의 결과로 인정을 받아야 합니다. 객관성을 얻어야 합니다. 권위를 가져야 합니다. 덕을 세워야 합니다. 칭찬은 하루아침에 얻는 것이 아닙니다. 오랜 시간이 경과하면서 신뢰를 쌓습니다. 잘한다는 평가가 하나 둘 쌓이면서 칭찬을 얻습니다. 기쁜 때나 슬픈 때나 변함없이 재정과 구제의 일을 잘 감당해야 합니다. 성령이 아니면 이런 사람을 찾아볼 수 없습니다.

성령과 지혜가 충만하지 않은 사람은 앞을 보지 못하는 맹인과 같습니다. 한 걸음도 스스로 움직일 수 없는 앉은뱅입니다. 하나님의 종이 아니라 마귀의 종입니다. 천사의 얼굴을 하였지만 속은 악마인 경우가 많습니다. 속사람을 누가 알겠습니까? 외모를 자랑하거나, 학벌이나 권력을 자랑하지 말아야 합니다. 이런 사람은 경건의 모양은 있으나 경건의 능력은 없습니다. 이런 사람은 사울 같은 사람입니다. 그는 키 크고 잘 생겼지만 하나님을 불신앙하고 불순종 하다가 하나님께 버림받았습니다. 우리는 다윗 같은 사람이어야 합니다. 내가 다윗을 보니 마음에 합당하도다. 하나님이 다윗에게 성령의 기름을 붓고 이스라엘의 목자로 세우셨습니다. 교회가 성령과 지혜와 칭찬이 없는 사람을 일군으로 세운다면 재앙입니다. 성령이 다스리는 성령의 공동체가 아닙니다.

성령이 교회를 세우고 인도합니다. 성령이 일군을 세우고 섬기게 합니다. 성령이 교회 기관이나 조직을 편성합니다. 성령이 일군과 조직을 사용합니다. 집사를 볼 때 성령을 보듯 해야 합니다. 구제를 볼 때 성령을 보듯 해야 합니다. 구제를 맡은 집사는 행정 처리를 한다고 생각하지 말아야 합니다. 집사는 천덕꾸러기 잡동사니 잡사가 아닙니다. 집사는 성령이 시키는 일을 하는 거룩한 성령의 도구입니다. 거룩한 하늘의 사람입니다. 그러므로 늘 성령과 지혜가 충만하도록 힘써야 합니다. 사람이 타락하고, 구제 제도가 타락하는 것은 성령의 역사를 거스르기 때문입니다. 늘 성령으로 새롭게 해야 합니다. 성령은 변하지 않습니다. 변하는 것은 우리들입니다.

   예루살렘 교회는 구제 문제를 해결하고 다시 부흥합니다. 교회의 부흥은 성령의 불꽃만으로 되지 않습니다. 사람을 통해서 일하시는 성령의 역사가 부흥의 원동력입니다. 혼자가 아니라, 공동체를 위해서 일하는 성령의 일군들의 공동 작품입니다. 구슬도 꿰어야 보배입니다. 교회에는 잘 조직되고, 잘 훈련 된 일곱 집사 같은 일군이 필요합니다. 성령 충만한 일군이 교회의 희망이고 미래입니다.

Chapter 23

기도와 부흥

사도행전 4:23-31

23. ○사도들이 놓이매 그 동료에게 가서 제사장들과 장로들의 말을 다 알리니 24. 그들이 듣고 한마음으로 하나님께 소리를 높여 이르되 대주재여 천지와 바다와 그 가운데 만물을 지은 이시요 25. 또 주의 종 우리 조상 다윗의 입을 통하여 성령으로 말씀하시기를 어찌하여 열방이 분노하며 족속들이 허사를 경영하였는고 26. 세상의 군왕들이 나서며 관리들이 함께 모여 주와 그의 그리스도를 대적하도다 하신 이로소이다 27. 과연 헤롯과 본디오 빌라도는 이방인과 이스라엘 백성과 합세하여 하나님께서 기름 부으신 거룩한 종 예수를 거슬러 28. 하나님의 권능과 뜻대로 이루려고 예정하신 그것을 행하려 이 성에 모였나이다 29. 주여 이제도 그들의 위협함을 굽어보시옵고 또 종들로 하여금 담대히 하나님의 말씀을 전하게 하여 주시오며 30. 손을 내밀어 병을 낫게 하시옵고 표적과 기사가 거룩한 종 예수의 이름으로 이루어지게 하옵소서 하더라 31. 빌기를 다하매 모인 곳이 진동하더니 무리가 다 성령이 충만하여 담대히 하나님의 말씀을 전하니라

기도와 부흥

"여자들과 예수의 모친 마리아와 예수의 아우들로 더불어 마음을 같이 하여 전혀 기도에 힘쓰니라(행1:14)." 예수님이 승천하신 후 제자들은 함께 기도했습니다. 마가의 다락방에서 기도할 때 오순절 성령 강림이 임했습니다. "오순절 날이 이르매 저희가 다 같이 한 곳에 모였더니 홀연히 하늘로부터 급하고 강한 바람 같은 소리가 있어 저

희 앉은 온 집에 가득하며 불의 혀 같이 갈라지는 것이 저희에게 보여 각 사람 위에 임하여 있더니 저희가 다 성령의 충만함을 받고 성령이 말하게 하심을 따라 다른 방언으로 말하기를 시작하니라(행2:1-4)." 오순절에 성령이 강림함으로 3천명으로 부흥하는 놀라운 역사가 일어났습니다.

　베드로와 요한이 제 구시 기도 시간에 성전에 기도하러 들어가다가 성전 미문에 앉아서 구걸하던 앉은뱅이를 일으켰습니다. 예수 그리스도의 이름으로 그의 손을 잡아 일으켰습니다. 예수 이름에 능력이 있습니다. "그가 저희에게 무엇을 얻을까 하여 바라보거늘 베드로가 가로되 은과 금은 내게 없거니와 내게 있는 것으로 네게 주노니 곧 나사렛 예수 그리스도의 이름으로 걸으라 하고 오른손을 잡아 일으키니 발과 발목이 곧 힘을 얻고 뛰어 서서 걸으며(행3:4-6)." 제사장이나 사두개인 같은 기득권자들이 기독교를 반대하고 핍박함에도 불구하고 앉은뱅이가 일어나는 기적으로 예루살렘 교회는 5천명으로 부흥했습니다. 하나님의 기적을 누가 막겠습니까! "백성을 가르침과 예수를 들어 죽은 자 가운데서 부활하는 도전함을 싫어하여 저희를 잡으매 날이 이미 저문 고로 이튿날까지 가두었으나 말씀을 들은 사람 중에 믿는 자가 많으니 남자의 수가 약 오천이나 되었더라(행4:2-4)."

　사도들은 이들 앞에 담대하게 예수님을 전했습니다. "너희와 모든 이스라엘 백성은 알라. 너희가 십자가에 못 박고 하나님이 죽은 자 가운데서 살리신 나사렛 예수 그리스도의 이름으로 이 사람이 건강하게 되어 너희 앞에 섰느니라. 다른 이로는 구원을 얻을 수 없으니 천하 인간에 구원 얻을 만한 다른 이름을 우리에게 주신 일이 없음이니라 하였더라(행4:10-12)." 관원들은 사도들을 어떻게 벌하지 못하고 위협하여 놓아주었습니다. "그들을 불러 경계하여 도무지 예수의 이름으로 말하지도 말고 가르치지도 말라 하니(행4:18)."

풀려난 사도들은 제자들이 모인 곳에 가서 일어난 모든 일을 알렸습니다. 그리고 합심하여 하나님을 찬양하고 기도했습니다. "주여 이제도 그들의 위협함을 굽어보시옵고 또 종들로 하여금 담대히 하나님의 말씀을 전하게 하여 주시오며 손을 내밀어 병을 낫게 하시옵고 표적과 기사가 거룩한 종 예수의 이름으로 이루어지게 하옵소서 하더라(행4:29-30)." 환난과 핍박을 이기는 것이 기도의 힘입니다. "환난과 핍박 중에도 성도는 신앙 지켰네. 이 신앙 생각할 때에 기쁨이 충만하도다."

1907년 평양에서 역사적인 대부흥이 일어났습니다. 길선주 목사는 장대현교회에서 모이는 사경회를 앞두고 교인들과 함께 새벽기도로 준비했습니다. 선교사들은 1906년에 열린 선교사들의 사경회에서 한국교회의 부흥을 위해 벌써부터 기도하고 있었습니다. 선교사들을 파송한 본국의 교회에서도 한국 교회의 부흥을 위해 함께 기도했습니다. 한국 교회의 부흥은 기도의 응답입니다. 새벽에 일찍 일어나서 기도하고, 금요일에는 철야로 기도했습니다. 기도원마다 교회와 민족을 위해 기도하는 부르짖음으로 가득했습니다.

스펄전 목사가 영국에서 큰 부흥을 일으킬 때 교회를 탐방하는 사람들에게 지하 보일러실을 보여주었습니다. 스펄전 목사가 설교하는 시간에 지하 기도실에서는 중보 기도팀이 뜨겁게 예배와 목사님을 위해 기도했습니다. 기도실이 보일러실입니다. 뜨거움과 부흥의 원천입니다.

에베소는 아시아의 수도이고 아데미 신전으로 유명했습니다. 온

도시에 우상이 가득했습니다. 바울이 3년 동안 두란노 서원에서 제자들을 가르칠 때 에베소는 우상을 버리고 회개하는 큰 부흥의 역사가 일어났습니다. "하나님이 바울의 손으로 희한한 능을 행하게 하시니 심지어 사람들이 바울의 몸에서 손수건이나 앞치마를 가져다가 병든 사람에게 얹으면 그 병이 떠나고 악귀도 나가더라(행19:11-12)."

그런데 아데미의 은감실을 만들어 파는 자들은 바울이 전한 복음 때문에 생계가 곤란하게 되었습니다. 이 때 데메드리오라 하는 은장색이 주동이 되어 사람들을 선동하여 폭동을 일으켰습다. "사람의 손으로 만든 것들은 신이 아니라 하니 이는 그대들도 보고 들은 것이라. 우리의 이 영업만 천하여질 위험이 있을 뿐 아니라 큰 여신 아데미의 전각도 경홀히 여김이 되고 온 아시아와 천하가 위하는 그의 위엄도 떨어질까 하노라 하더라(행19:27)."

바울은 폭동으로 죽음의 위기에 처했지만, 하나님만 의지함으로 극적으로 살아났습니다. 죽은 자를 다시 살리시는 하나님을 믿고 기도하였습니다. "형제들아 우리가 아시아에서 당한 환난을 너희가 알지 못하기를 원치 아니하노니 힘에 지나도록 심한 고생을 받아 살 소망까지 끊어지고 우리 마음에 사형선고를 받은 줄 알았으니 이는 우리로 자기를 의뢰하지 말고 오직 죽은 자를 다시 살리시는 하나님만 의뢰하게 하심이라(고후1:8-9)."

기도를 대신할 것이 없다

"주여 이제도 그들의 위협함을 굽어보시옵고 또 종들로 하여금 담대히 하나님의 말씀을 전하게 하여 주시오며 손을 내밀어 병을 낫게 하시옵고 표적과 기사가 거룩한 종 예수의 이름으로 이루어지게 하옵소서 하더라(29-30)." 풀려난 사도들은 성도들과 함께 기도했습니다. 환난과 핍박을 이길 힘은 기도 밖에 없습니다. 환난이 핍박이 심할수록 더욱 힘껏 기도했습니다.

변화산에서 내려오신 예수님은 단번에 귀신을 쫓아내셨는데, 왜 우리는 귀신들린 아이를 고치지 못했습니까? 제자들이 물었습니다. 기도 능력의 차이입니다. 제자들은 기도하지 않았고 예수님은 변화산에서 기도하고 내려왔습니다. 기도를 대신 할 것이 없습니다. 오직 기도뿐입니다. 기도 외에는 이런 종류가 나가지 않습니다. 예수님이 귀신들린 아이를 고치지 못한 제자들을 책망하셨습니다.

문화적 우월감으로는 안 됩니다. 한국에 온 선교사들은 자신들도 모르게 한국인에 대한 우월감이 있었습니다. 의료 선교사 하디도 그런 사람 중 하나였습니다. 강원도에서 선교했지만 사역의 열매가 없어서 낙심하고 있을 때 미스 화이트를 강사로 모신 선교사 기도회와 성경공부 모임에서 큰 은혜를 받았습니다. 그때, 자신도 모르게 인간을 의지하고 한국인에 대한 우월감을 갖고 있었던 것을 회개했습니다. 인간의 힘으로는 할 수 없습니다. 어떻게 하나님을 알 수 있으며, 하나님을 가까이 한단 말입니까? 말씀과 기도로 은혜를 받아야 합니다. 하디는 성령을 체험하고 복음 전파의 능력을 얻었습니다. 1907년 평양대부흥 때에도 선교사와 한국인 사이에 장벽이 있었습니다. 사경회에는 냉랭한 기운이 감돌았습니다. 선교사가 설교하면서 사냥하다가 다친 자기 손가락의 상처를 보여주면서, 그리스도의 몸은 하나라고 외칠 때 모든 장벽이 무너지고 봇물 터지듯 회개의 역사가 일어나고 성령의 강력한 역사가 나타났습니다.

돈으로 성령을 살 수 없습니다. 구해야 합니다. 찾으십시오. 두드리십시오. 성령을 구해야 합니다. 기도함으로 성령의 충만함과 능력을 받으십시오. "시몬이 사도들의 안수함으로 성령을 받는 것을 보고 돈을 드려 가로되 이 권능을 내게도 주어 누구든지 내가 안수하는 사람은 성령을 받게 하여 주소서 하니 베드로가 가로되 네가 하나님의 선물을 돈 주고 살줄로 생각하였으니 네 은과 네가 함께 망할지어다(행8:18-20)."

성경은 라오디게아 교회에 경고합니다. "내가 너를 권하노니 내게서 불로 연단한 금을 사서 부요하게 하고 흰 옷을 사서 입어 벌거벗은 수치를 보이지 않게 하고 안약을 사서 눈에 발라 보게 하라(계3:18)." 부자라고 자랑하지 말아야 합니다. 오직 은혜가 있어야 합니다. 하나님은 심령이 가난한 자에게 은혜 주십니다. 은혜의 보좌 앞으로 담대하게 나아가십시오.

오직 기도. 오직 성령입니다. 하나님의 위대한 능력과 지혜를 구해야 합니다. 하나님의 임재를 구해야 합니다. 행사나 홍보로 되지 않습니다. 경건의 모양이 아니라 경건의 능력을 구해야 합니다. 하나님의 거룩한 사업은 인간의 사업이 아닙니다. 거룩한 능력으로 거룩한 부흥을 일으켜야 합니다.

하나님은 영이십니다. 하나님을 눈에 보이는 형상으로 만들지 말아야 합니다. 말 못하고 걷지도 못하는 우상으로 만들지 말아야 합니다. 우상은 사람의 손으로 만든 공작품입니다. 우리는 하나님을 짐승이나 새나 바다의 물고기로 만들지 말고, 하늘의 일월성신으로 만들지 말아야 합니다. 오직 기도만이 영이신 하나님을 기쁘게 하고 성령의 역사를 일으킵니다.

　기도를 대신 할 것이 없습니다. 이 시대는 점점 새벽에 기도의 불이 꺼지고, 산기도의 부르짖음이 사라지고, 금요기도회가 사라지고, 금식기도가 사라지고 있습니다. 다 안 좋은 징조입니다. 성령의 역사가 사라지는 징조입니다. 그런데 거리마다 카페가 번창합니다. 교회의 기도실이 사라지고 대신 카페와 문화 센터가 문을 엽니다. 경건의 능력이 사라집니다. 사람의 입맛에 맞는 문화 현상이 그 자리를 대신합니다. 사슴이 시냇물을 찾기에 갈급함 같이 내 영혼이 주를 찾기에 갈급합니다. 은혜의 목마름을 무엇으로 대신하겠습니까? 오직 기도밖에는 성령을 받을 길이 없습니다. 다락방에 모인 제자들처럼 전심으로 기도하여 성령의 충만함을 받읍시다.

성령 안에서 기도하라

　"빌기를 다하매 모인 곳이 진동하더니 무리가 다 성령이 충만하여 담대히 하나님의 말씀을 전하니라(31절)." 사도들과 성도들은 합심하여 기도하고 성령이 충만했습니다. 다시 하나님의 말씀을 전했습니다. 기도하다가 성령 충만을 받았고, 성령이 충만함으로 더욱 기도했습니다. 그리고 다시 세상으로 나아갔습니다.

　기도문을 의지하지 말아야 합니다. 물론 즉흥적인 기도에 종종 문제가 있습니다. 예배 시간에 대표 기도를 하면서 중언부언해서 안 됩니다. 기도문을 작성하거나 간단한 메모를 해서 기도할 수 있습니다. 그러나 기도문을 의지하고 읽는 것도 안 좋습니다. 성령의 역사는 기도문에 얽매이지 않습니다.

형식적인 기도만 합니까? 길에서 손을 들고 기도합니까? 금식하는 것을 자랑하는 바리새인처럼 기도합니까? 사람에게 보이려고 하는 기도는 기도가 아닙니다. 히스기야의 기도를 기억해야 합니다. 죽고 살지 못한다는 사형 선고를 받고 얼굴을 벽으로 향하여 오직 하나님께 눈물과 통곡으로 기도했습니다. 우리는 성령 안에서 무시로 기도해야 합니다. 성령의 인도와 도움을 받아서 기도해야 합니다. 우리를 도우시는 성령의 말로 할 수 없는 탄식으로 기도해야 합니다. 밤이 가는 줄 모르고, 새벽이 오는 줄 모르고 기도해야 합니다. 환도뼈가 부러지는 것도 모르게 기도해야 합니다.

1907년 1월 14일 월요일, 평양 장대현교회에서 열린 저녁 집회를 한국의 오순절이라 합니다. 헌트 선교사가 설교를 마치고, 그레함 리 선교사가 회중에게 통성 기도를 요청했습니다. 2천 명이나 되는 회중이 연합하여 합심하여 기도하는데 놀라운 성령의 역사가 나타났습니다. 기도 소리는 마치 폭포소리와 같아서 기도가 하나님의 보좌로 올라가는 듯하고, 준비된 뇌관에 불을 당기 듯 가득 메운 실내를 하나님께 드리는 기도로 채웠습니다. 하얀 바지저고리를 입은 2천 명이 신발을 문 곁에 두고 무릎을 꿇고 기도하는 광경은 지극히 인상적이었습니다. 그곳에 하나님의 영광이 이곳에 임했습니다. 그 자리에 모인 사람들은 자신의 죄를 통회하지 않고는 견딜 수 없었습니다. 울부짖기 시작했습니다. 집회는 중단 없이 새벽 2시까지 계속되었습니다. 평양의 겨울 밤 2시는 춥습니다. 그러나 그곳에는 아직 자신의 죄를 통회하는 사람들이 있었습니다. 저녁 8시에 시작한 집회는 이튿날 새벽 5시까지 시간을 잊고 계속되었습니다. 웨일스에 일어난 부흥의 현장과 유사했습니다.

제가 목사가 된 것은 1980년 8월 15일, 청계산 기도원에서 기도하다가 성령을 충만히 받은 것이 결정적인 계기가 되었습니다. 새벽 기도회를 마치고 산에서 기도하다가 성령의 불을 받았습니다. 갑자기 방언이 터져 나오고, 성령이 충만하고 새로운 세상을 보았습니다. 순식간에 일어난 일입니다. "나 이제 주님의 새 생명 얻은 몸 옛 것은 지나고 새사람이로다. 산천도 초목도 새것이 되었고 죄인도 원수도 친구로 변합니다." 믿어지지 않을 정도로 찬송가처럼 산천도 초목도 새것이 되었습니다. 기도하다가 성령 받았고, 성령 안에서 성령의 충만을 경험했습니다. 모든 것이 변했습니다.

지하실 교회에서 목회할 때 교회에 큰 시험이 들었습니다. 35평 되는 작은 지하실 예배당에서 3부 예배를 드리고 있었는데, 앉을 자리가 없어서 건축하자는 이야기를 했더니 교인들이 이리저리 흩어졌습니다. 떠날 때는 안 좋은 말을 많이 하고 떠났습니다. 건축을 하긴 해야 하는데 누가 그 짐을 감당할 것입니까? 아무리 옳은 말이라도 짐이 무거우면 탈이 나는 법입니다. 교회는 사망의 음침한 골짜기에 빠졌습니다. 말로 격려한다고 회복이 말처럼 되지 않았습니다. 밥 한번 먹고 힘내자고 해도 힘이 생기지 않았습니다. 깊은 수렁에 빠졌습니다. 죽음의 골짜기를 통과하게 되었습니다. 끝이 안 보였습니다.

그런데 어느 금요일 밤, 교인들과 같이 고령산 기도원에 가서 목이 터지라 찬송하고 기도했습니다. 그 때 하나님이 은혜를 예비하셨습니다. 그곳에 성령의 강한 역사가 있었습니다. 모두 다 마음을 쏟아놓고 기도했습니다. 이 때 받은 큰 은혜로 말미암아 마침내 교회를 엄습하던 불같은 시험을 이기고 죽음의 골짜기에서 벗어나는 능력이 임했습니다. 오직 기도. 오직 성령 밖에 없습니다. 성령 안에서 찬송하고, 성령 안에서 기도하면서 교회가 다시 일어섰습니다. 그 때 기도원에서 이 찬송을 목놓아 불렀습니다.

주님여 이 손을 꼭 잡고 가소서 약하고 피곤한 이 몸을
폭풍우 흑암 속 헤치사 빛으로 손잡고 날인도 하소서
인생이 힘들고 고난이 겹칠 때 주님여 날도와 주소서
외치는 이 소리 귀기울이시사 손잡고 날인도 하소서

사도행전은 사도들의 기록이 아니라, 성령이 행하신 성령의 행전입니다. 성령 행전은 성령 단독의 행전이 아니라 기도로 성령의 역사를 일으킨 기도의 행전입니다. 성령 안에서 기도해야 합니다. 기도하면 성령이 충만하고, 성령이 충만하면 역사가 나타납니다. 환난과 핍박으로 죽을 수밖에 없는 교회가 죽음의 권세를 이기고 승리합니다.

Chapter 24

부흥과 성령 충만

사도행전 2:1-4

1. 오순절 날이 이미 이르매 그들이 다 같이 한 곳에 모였더니 2. 홀연히 하늘로부터 급하고 강한 바람 같은 소리가 있어 그들이 앉은 온 집에 가득하며 3. 마치 불의 혀처럼 갈라지는 것들이 그들에게 보여 각 사람 위에 하나씩 임하여 있더니 4. 그들이 다 성령의 충만함을 받고 성령이 말하게 하심을 따라 다른 언어들로 말하기를 시작하니라

부흥은 어떻게 임합니까?

부흥이란 무엇입니까? 하나님의 거룩함과 임재를 경험하는 것입니다. 하나님께 가까이 가는 것입니다. 벧엘 광야에서 노숙하던 야곱은 꿈에 하늘에 닿은 사닥다리를 통해 천사들이 오르락내리락 하는 것을 보았습니다. 그때 야곱에게 하나님의 언약의 말씀이 임했습니다. "내가 너와 함께 하리라. 아브라함에게 언약한 복을 네게 주리라." 야곱은 꿈을 깨고 일어나 즉시 제단을 쌓았습니다. "내 주를 가까이 하게 함은 십자가 짐 같은 고생이나 내 일생 소원은 늘 찬송하면서 주께 더 나가기 원합니다."

부흥이 무엇입니까? 죄를 멀리하며, 하나님을 사랑하고, 하나님이 주신 거룩한 직분에 충성하는 것입니다. "너희를 권하노니 너희 몸을 하나님이 기뻐하시는 거룩한 산 제사로 드리라. 이는 너희가 드릴 영

적 예배니라(롬12:1)." 부흥은 성령의 임재에 사로잡히는 것입니다. 부흥은 성령을 경험하는 것입니다. 성령의 강력한 역사가 있는 곳에 부흥이 있습니다.

부흥은 성령과 함께 임합니다. "오직 성령이 너희에게 임하시면 너희가 권능을 받고 예루살렘과 온 유대와 사마리아와 땅 끝까지 이르러 내 증인이 되리라(행1:6)." "오순절 날이 이미 이르매 그들이 다 같이 한 곳에 모였더니(1절)." 모인 무리들은 하나님의 약속의 말씀을 믿고 전심으로 기도했습니다.

오순절에 성령이 임했습니다. "홀연히 하늘로부터 급하고 강한 바람 같은 소리가 있어 그들의 앉은 온 집에 가득하며(2절)." 강한 바람 소리가 있었습니다. 바람은 눈에 보이지 않지만 강력합니다. "마치 불의 혀같이 갈라지는 것들이 그들에게 보여 각 사람 위에 하나씩 임하여 있더니(3절)." 불은 죄를 태우고 정결하게 합니다. 불은 하나님의 임재를 상징합니다. 불의 혀같이 갈라지는 것은 강력한 성령의 임재를 의미합니다. "그들이 다 성령의 충만함을 받고 성령이 말하게 하심을 따라 다른 언어들로 말하기를 시작하니라(4절)." 다른 언어는 방언입니다. 이들이 다른 언어들로 말한 내용은 예수 그리스도의 십자가 복음입니다. 성령의 역사로 통역 없이 다른 사람의 말을 알아들었습니다. 오순절 날 예루살렘에 성령이 임하실 때 3천명, 5천명 부흥하는 역사가 일어났습니다. 가이사랴와 에베소에도 동일한 성령이 역사가 있었습니다. 같은 부흥이 일어났습니다.

원산과 평양에 강력하게 임한 성령의 역사와 함께 우리나라 방방곡곡에 부흥의 계절이 임하였습니다. 나는 청계산 기도원에서 성령을 체험하고 신학대학원에 진학할 마음을 먹었습니다. 그날부터 일주일에 한 번씩 계속 기도원에 가서 철야 기도를 했습니다. 성령 충만을 받은 사건이 있은 후에 나의 생활이 변했습니다. 친구들 모임보다 교회에 가는 것이 즐거웠고, 성경 공부와 기도의 은혜를 알았습니다. 거룩한 열망이 내 안에서 일어났습니다. 하나님이 성령을 통해 주신 부흥을 누가 막을 수 있겠습니까!

성령은 어떻게 임하는가

성령은 간구하여 기다릴 때 임합니다. "사도와 함께 모이사 그들에게 분부하여 이르시되 예루살렘을 떠나지 말고 내게서 들은 바 아버지께서 약속하신 것을 기다리라. 요한은 물로 세례를 베풀었으나 너희는 몇 날이 못 되어 성령으로 세례를 받으리라 하셨느니라(행1:4-5)." 마가의 다락방에 모인 120명 성도들이 전심으로 기도할 때 성령이 임했습니다. "여자들과 예수의 모친 마리아와 예수의 아우들로 더불어 마음을 같이 하여 전혀 기도에 힘쓰니라. 모인 무리의 수가 한 일백 이십 명이나 되더라(행1:14-15)."

약속대로 오순절에 성령이 임했습니다. 기도하며 사모하여 기다리는 영혼에게 성령이 임합니다. 구해야 합니다. 찾아야 합니다. 두드려야 합니다. 성령을 구하면 성령을 받습니다. "빈들에 마른 풀같이 시들은 나의 영혼 주님이 약속한 성령 간절히 기다리네. 가물어 메마른 땅에 단비를 내리시듯 성령의 단비를 부어 새 생명 주옵소서."

1906년 평양의 선교사들은 하디를 사경회의 강사로 초청하여 서로의 경험을 나누었습니다. 그 후 뉴욕에서 한국으로 시찰 온 존슨 목사를 초빙하여 인도와 웨일즈에게 일어난 부흥 운동에 관한 보고를 들었습니다. 이 보고를 듣고 난 후 교인들은 자기 교회에도 이러한 은혜를 주실 것을 기도하였습니다. 한국 성도들만 기도한 것이 아니라 선교사들과 선교사를 파송한 본국 교회들도 함께 기도하였습니다.

장대현 교회는 사경회를 앞두고 길선주 목사의 모범을 따라 새벽 기도회를 열고 성령의 충만하신 은혜를 구하였습니다. 길선주 목사가 개인적으로 시작한 새벽 기도회는 교인들에게 알려졌습니다. 동참하기 원하는 교인들이 많아서 주일 예배 시간에 교회에 새벽 기도회를 광고하였습니다. 이튿날 아침에 예배당으로 모인 교인들이 수백 명이었습니다. 처음 종이 울렸을 때에는 4,5백 명이 모이고, 2,3일 후에는 6,7백 명이 모였습니다. 4일째 되는 날에는 기도 중에 부족한 것을 깨닫는 통회가 시작되었습니다.

하나님께 기도하면 반드시 응답하십니다. 기도하지 않는 우리가 문제입니다. 구해야 합니다. 찾으십시오. 두드리십시오. 그러면 아버지께서 제일 좋은 것으로 주십니다. "너희 중에 누가 아들이 떡을 달라 하는데 돌을 주며 생선을 달라 하는데 뱀을 줄 사람이 있겠느냐 너희가 악한 자라도 좋은 것으로 자식에게 줄 줄 알거든 하물며 하늘에 계신 너희 아버지께서 구하는 자에게 좋은 것으로 주시지 않겠느냐(마7:9-11)"

한 과부가 원한을 풀어달라고 불의한 재판관에게 찾아갔습니다. 불의한 재판관은 과부의 원한에 관심이 없습니다. 오직 그의 관심사는 돈입니다. 그런데 자주 찾아오는 과부로 인해 자기가 다른 일을 할 수 없음을 깨닫고 과부의 소원을 들어주었습니다. 이처럼 불의한 재판관도 과부의 소원을 들어주는데 하물며 하나님이 택한 자녀들의 밤낮 부르짖는 기도를 응답하지 않겠습니까? 말세에 믿는 자를 보겠느냐? 기도하지 않아서 받지 못합니다.

　성령의 임재와 충만을 구해야 합니다. 성령을 대망해야 합니다. 새벽에 일어나 기도해야 합니다. 금요일 밤에 기도해야 합니다. 예배의 시간마다 성령을 구해야 합니다. "은혜가 풍성한 하나님은 믿는 자 한 사람 한 사람 어제도 오늘도 언제든지 변찮고 보호해 주시네. 주여 성령의 은사들을 오늘도 내리어 주소서 성령의 뜨거운 불길로서 오늘도 충만케 하소서."

　성령은 어떻게 임합니까? 성령은 회개하는 자에게 임합니다. 회개하고 예수 그리스도를 영접해야 합니다. 그리하면 성령을 선물로 받습니다. "베드로가 이르되 너희가 회개하여 각각 예수 그리스도의 이름으로 세례를 받고 죄 사함을 받으라. 그리하면 성령의 선물을 받으리라(행2:38)."

　1907년 1월 15일(화요일) 저녁은 장대현교회에서 열린 2주간의 사경회가 끝나는 날입니다. 이날 평양의 오순절 성령이 임했습니다. 길선주 장로의 설교가 있은 후 돌아가기 원하는 사람들은 집으로 돌아가고 약 6백여 명의 교인들만 예배실에 남았습니다. 이들은 전날의 놀라운 성령이 다시 임하기를 고대하고 있었습니다. 길선주가 회개와 고백을 촉구하자 시내산의 섬광이 그들 위에 임하였습니다. 그곳에 모인 이들은 아무도 하나님의 부르심을 피할 수 없었습니다. 그들에게 이전에 경험하지 못한 무시무시한 죄의 공포가 임했습니다. 마치 심판 날에 심판대 앞에선 죄인처럼 죄의 공포와 두려움으로 견딜 수 없었습니다. 성령의 강권적인 역사 앞에서 죄악의 치부가 송두리째 드러났습니다. 성령의 찬란한 빛이 비취자 과거 어둠 속에서 보이지 않던 죄악의 광란이 적나라하게 드러났습니다. 평양대부흥 운동은 그야말로 내면에 숨겨진 온갖 죄악들을 드러내는 영적 각성운동이었습니다.

어떤 여인은 청일전쟁이 일어나자 아이를 등에 업고 피난을 하다가 무거운 아이를 업은 채 피난할 수 없어 아이의 머리를 나무에 부딪쳐 살해한 다음 도망한 것을 회개했습니다. 어떤 사람은 수년 전에 강도한 것을 고백하고 스스로 경찰에 자수하고 구속되었습니다. 기독교인이 되기 전에 딸 하나를 독살했다고 고백하는 사람도 있고, 남편이 새 아내를 얻기 위해 자신의 아내를 죽을 정도로 증오했다고 고백한 사람도 있었습니다.

1907년 이전에 이미 전국에 부흥의 불길이 일어나고 있었습니다. 1906년 중부 지방 송도(개성)에서 일어난 부흥에 대해서 이렇게 보고합니다. "성령의 주재 하에 사람들은 회개하고 죄를 고백하는 일들이 순수한 것이었습니다. 돈을 훔치는 자는 돌려주고, 형제를 미워하는 자는 당사자에게 용서를 빌며, 돈을 위하여 예수를 믿는다고 한 사람은 이제는 참으로 주님을 섬기겠다고 고백합니다. 양반이라고 천민을 멸시하던 사람은 이제부터 그들을 종이 아니라 친구와 형제로 대하였습니다."

성령이여 강림하사 나를 감화하시고
애통하며 회개한 맘 충만하게 하소서

중생과 성령세례

성령은 우리의 구원에 어떻게 관여합니까? 중생이 무엇이고, 성령

세례가 무엇입니까? 중생과 성령세례는 어떻게 다릅니까?

중생은 하나님이 우리에게 새 생명을 넣어주시는 것입니다. 중생은 우리가 의식하지 못합니다. 전적으로 하나님이 주신 선물입니다. 저항할 수 없는 은혜입니다. 중생은 성령을 처음 받는 것입니다. 성령을 받으면 우리 안에 새로운 생명이 들어옵니다.

중생에는 좁은 의미의 중생과 넓은 의미의 중생이 있습니다. 좁은 의미는 하나님이 우리 속에 생명을 넣어주심을 말하고, 넓은 의미는 예수 그리스도를 믿은 후 달라진 생활 전반을 말합니다. 좁은 의미의 중생은 처음 성령을 받음이고, 넓은 의미의 중생은 계속 성령 충만함을 받는 것입니다. 넓은 의미의 중생은 성화와 같은 의미입니다. 성화로서의 중생은 본인이 의식할 뿐 아니라 다른 사람도 눈으로 볼 수 있습니다. 노력을 하면 할수록 더 많이 변합니다.

구원의 서정에서 말하는 중생은 좁은 의미의 중생입니다. 구원의 서정은 예정, 부르심, 중생, 회개, 믿음, 칭의, 양자, 성화, 영화로 이어지는 구원의 순서를 말합니다. 중생 앞이 부르심이고, 중생 다음이 회개입니다. 과연 중생과 회개의 시간 차이를 둘 수 있겠습니까? 차이가 없습니다. 처음 성령을 받고 생명의 씨가 우리 안에 들어오면 회개합니다. 죽은 자의 의식이 돌아옵니다. 중생과 회개는 시간 차이 없이 연속적으로 일어납니다.

회개는 무엇입니까? 하나님을 믿지 않은 것과 하나님의 말씀대로 살지 못한 것을 깨닫습니다. 지정의로 깨닫는 것이 회개입니다. 회개가 얼마나 극적인지, 혹은 눈물을 동반하는지는 중요하지 않습니다. 진정한 회개이면 회개입니다. 처음 성령을 받고, 새 생명을 받으면 회개합니다. 회개는 새 생명이 이미 우리 안에 있다는 증거입니다.

성령 세례가 무엇입니까? 처음 받는 성령이 성령 세례입니다. 성령을 받으면 회개하고 믿음을 갖습니다. 회개는 소극적인 것이고 믿음은 적극적인 것입니다. 성령 받음과 회개가 연속적이라면, 성령 세례는 무의식 속에서 일어나는 것이 아니라, 의식 속에서 일어납니다. 무의식 속에서 일어난다 하더라도 곧 죄를 의식하고 고백할 것입니다.

성령을 받으면 크게 회개하고 은혜를 받습니다. 말씀이 믿어집니다. 그리스도인으로 살기를 소망합니다. 기도의 문이 열리고 찬송의 입술이 열립니다. 그리스도를 믿는다고 증거합니다. 마음이 변하고 생활이 변합니다. 무능한 자가 능력 받고, 무지한 자가 지혜를 얻습니다. 내가 죽고 내 안에 예수 그리스도가 삽니다. "내가 그리스도와 함께 십자가에 못 박혔나니 그런즉 이제는 내가 사는 것이 아니요 오직 내 안에 그리스도께서 사시는 것이라 이제 내가 육체 가운데 사는 것은 나를 사랑하사 나를 위하여 자기 자신을 버리신 하나님의 아들을 믿는 믿음 안에서 사는 것이라(갈2:20)"

성령 세례와 성령 충만

처음 성령을 받으면 중생하고, 중생하면 회개하고, 하나님을 믿습니다. 새 생명이 그 사람 안에 있는 것이 분명히 드러납니다. 본인도 고백하고 다른 사람도 그 변화를 알아봅니다. 성화의 단계에 진입합니다. 육체를 떠나 하나님 나라로 이전하기까지 평생 성화의 단계를 거칩니다.

우리 안에 들어온 성령은 우리 안에서 내주하십니다. 어떤 경우라도 떠나지 아니하고 영원히 함께 합니다. 이 성령은 인격입니다. 우리가 성령을 인정하고 성령의 뜻을 잘 순종하면 성령의 다스림이 강력하게 나타나고, 성령을 거역하고 불순종하고 불신앙 한다면 성령은 근심하고 슬퍼합니다. 성령의 다스림을 잘 받는 것이 성령의 충만함이고, 그렇지 않는 것은 성령의 근심입니다. 충만을 계속 유지하고, 더 큰 충만을 사모해야 합니다. 성령이 충만하면 할수록 더 거룩해집니다. 더 하나님을 닮아갑니다.

성령을 처음 받는 것이 성령의 세례이고, 성령의 세례가 성령의 첫 충만함입니다. 첫 충만함이 클 수도 있고 그렇지 않을 수도 있습니다. 그릇에 따라서 다릅니다. 첫 충만의 차이는 있지만 놀랍고 신비로운 경험이라는 점은 같습니다. 본인도 놀라고 다른 사람도 놀랍다. 새 생명을 경험합니다. 회개하고 믿음을 갖고 하나님의 자녀가 됩니다. 거룩함을 사모합니다.

그러므로 계속해서 충만을 사모해야 합니다. 그런데 죄를 지으면 충만하지 않습니다. 믿음이 약해지면 충만하지 않습니다. 우리가 변하기 때문에 계속해서 성령의 충만함을 받아야 합니다. 재충만 해야 합니다. 충만을 상실하면 안 됩니다. 지난날 경험하지 못한 충만함까지 사모해야 합니다. 성령을 받은 사람은 충만을 더욱 사모합니다.

성령이 충만하면 두 가지 역사가 나타납니다. 첫째는 성령의 열매가 나타나고, 둘째는 성령의 은사가 나타납니다. 열매는 그리스도인의 성품으로 나타나고, 은사는 그리스도를 위한 능력과 지혜로 나타납니다. 열매도 필요하고, 은사도 필요합니다. 이로 인해 우리는 그리스도를 닮아갑니다. 그리스도의 능력과 지혜를 행합니다. 그렇습니다. 성령이 해답입니다. 성령을 구해야 합니다. 성령의 충만함을 거듭

받으십시오. 성령과 비교할 수 있는 것은 아무 것도 없습니다. 성령보다 귀한 것이 없습니다.

어떻게 성령과 돈을 비교할 수 있습니까? 성령을 오해하지 말아야 합니다. 마술사 시몬은 성령을 돈으로 사려다가 책망을 받았습니다. "시몬이 사도들의 안수함으로 성령 받는 것을 보고 돈을 드려 가로되 이 권능을 내게도 주어 누구든지 내가 안수하는 사람은 성령을 받게 하여 주소서 하니 베드로가 가로되 네가 하나님의 선물을 돈 주고 살 줄로 생각하였으니 네 은과 네가 함께 망할지어다(행8:18-20)." 우리는 돈을 좋아합니다. 그런데 성령을 얼마나 사모합니까? 어쩌면 돈으로 성령을 사려고 한 시몬보다 더 성령에 무관심하지는 않습니까?

성령이 없으면 구원의 역사가 없습니다. 구원의 서정은 성령의 역사입니다. 구원을 예비하고, 구원을 시작하고, 구원을 완성하는 모든 과정이 다 성령에 달려 있습니다. 성령은 십자가에 복음을 전 세계에 선포하는 위대한 능력입니다. "오직 성령이 너희에게 임하시면 너희가 권능을 받고 예루살렘과 온 유대와 사마리아와 땅 끝까지 이르러 내 증인이 되리라 하시니라(행1:8)" 성령은 골짜기의 해골 떼를 산 군대로 일으키는 생명의 영입니다. 죽은 사해 바다를 생명의 바다로 살리는 생명의 영입니다.

Chapter 25

생수의 강

에스겔 47:1-10

1. 그가 나를 데리고 성전 문에 이르시니 성전의 앞면이 동쪽을 향하였는데 그 문지방 밑에서 물이 나와 동쪽으로 흐르다가 성전 오른쪽 제단 남쪽으로 흘러내리더라 2. 그가 또 나를 데리고 북문으로 나가서 바깥 길로 꺾어 동쪽을 향한 바깥 문에 이르시기로 본즉 물이 그 오른쪽에서 스며 나오더라 3. ○그 사람이 손에 줄을 잡고 동쪽으로 나아가며 천 척을 측량한 후에 내게 그 물을 건너게 하시니 물이 발목에 오르더니 4. 다시 천 척을 측량하고 내게 물을 건너게 하시니 물이 무릎에 오르고 다시 천 척을 측량하고 내게 물을 건너게 하시니 물이 허리에 오르고 5. 다시 천 척을 측량하시니 물이 내가 건너지 못할 강이 된지라 그 물이 가득하여 헤엄칠 만한 물이요 사람이 능히 건너지 못할 강이더라 6. ○그가 내게 이르시되 인자야 네가 이것을 보았느냐 하시고 나를 인도하여 강 가로 돌아가게 하시기로 7. 내가 돌아가니 강 좌우편에 나무가 심히 많더라 8. 그가 내게 이르시되 이 물이 동쪽으로 향하여 흘러 아라바로 내려가서 바다에 이르리니 이 흘러내리는 물로 그 바다의 물이 되살아나리라 9. 이 강물이 이르는 곳마다 번성하는 모든 생물이 살고 또 고기가 심히 많으리니 이 물이 흘러 들어가므로 바닷물이 되살아나겠고 이 강이 이르는 각처에 모든 것이 살 것이며 10. 또 이 강 가에 어부가 설 것이니 엔게디에서부터 에네글라임까지 그물 치는 곳이 될 것이라 그 고기가 각기 종류를 따라 큰 바다의 고기 같이 심히 많으려니와 11. 그 진펄과 개펄은 되살아나지 못하고 소금 땅이 될 것이며 12. 강 좌우 가에는 각종 먹을 과실나무가 자라서 그 잎이 시들지 아니하며 열매가 끊이지 아니하고 달마다 새 열매를 맺으리니 그 물이 성소를 통하여 나옴이라 그 열매는 먹을 만하고 그 잎사귀는 약 재료가 되리라

성전에서 흐르는 생수

"그가 나를 데리고 성전 문에 이르시니 성전의 앞면이 동쪽을 향하

였는데 그 문지방 밑에서 물이 나와 동쪽으로 흐르다가 성전 오른쪽 제단 남쪽으로 흘러내리더라(1절)."

본문은 한 폭의 아름다운 그림 같은 환상을 소개합니다. 성전 문에서 흘러내리는 생수가 있습니다. 처음에는 미약하나 큰 강을 이루다가 나중에는 죽은 사해 바다까지 회복시켰습니다. 성전이 있는 예루살렘은 고지대입니다. 강이 없는 척박한 땅입니다. 그런데 예루살렘에 생수가 흐릅니다. 성전에서 나오는 물이 신령한 강을 이룹니다. 그 강은 마침내 사해 바다를 살립니다.

물은 생명의 근원입니다. 물이 없으면 동식물은 물론이고 사람도 살지 못합니다. 인체의 대부분이 물로 구성되었습니다. 물은 삶의 원천이고 문명 발생의 근원입니다. 역사적으로 볼 때 큰 강이 흐르는 곳에 문명이 발달하고 세계적인 제국이 건설되었습니다. 중국의 양자강, 애굽의 나일강, 그리고 바벨론의 유브라테스와 티그리스강이 그렇습니다. 한반도의 주인공이 누구입니까? 한강을 차지하는 사람이 한반도를 지배한 주인입니다. 고구려와 백제와 신라가 한강을 차지하기 위해 서로 치열하게 싸우다가 신라가 승리함으로 삼국 통일을 이루었습니다.

여기서 주목할 것은 성전과 생수입니다. 성전에서 생수가 흐릅니다. 성전은 하나님이 계신 집입니다. 죄가 생기기 전에는 에덴동산 전체가 하나님의 성전입니다. 하나님이 직접 아담과 하와를 방문하셨습니다. 이스라엘이 광야 길을 걸을 때에는 성막이 하나님의 집입니다. 비록 천막으로 지어졌지만 하나님이 계시는 집으로 손색이 없었습니다. 가나안에 정착한 후에는 솔로몬의 화려하고 웅장한 성전이 하나님의 집입니다.

그러나 사람의 손으로 지은 성전은 완전하지 않습니다. 에덴동산은 죄로 폐쇄되었고, 성막은 퇴락했으며, 화려하고 웅장한 예루살렘 성전도 바벨론의 침략으로 불탔습니다. 눈에 보이는 성전은 없어졌습니다.

그렇다고 하나님의 성전이 아주 없어진 것은 아닙니다. 성전은 보다 발전하고 완전한 형태로 우리에게 나타났습니다. 성육신 하신 하나님의 아들 예수 그리스도가 참 성전입니다. "말씀이 육신이 되어 우리 가운데 거하시매 우리가 그의 영광을 보니 아버지의 독생자의 영광이요 은혜와 진리가 충만하더라(요1:14)." 거한다는 말은 천막을 친다는 말입니다. 인간으로 오신 예수님의 몸이 참 성전입니다.

예수님은 헤롯이 지은 성전을 헐고 사흘 만에 새 성전을 건축한다고 하셨습니다. 새 성전이 무엇입니까? 새 성전은 예수님 자신입니다. 예수님은 고난 받고 죽은 지 삼일 만에 다시 살아나십니다. 다시 사신 예수 그리스도가 참 성전입니다. 훼손되지도 않고 불타지도 않는 완전한 하나님의 집입니다. 성전에서 생수가 흘러나옵니다. 성전은 예수 그리스도입니다. 예수 그리스도에게서 생수가 흘러나옵니다. 나를 믿는 자는 그 배에서 생수의 강이 흘러나리라. 부활하시고 승천하신 예수 그리스도가 보혜사 성령을 보내십니다. 끊임없이 계속 보내십니다.

예수님이 수가성 우물에서 만난 여인에게 말씀하셨습니다. "이 물을 먹는 자마다 다시 목마르려니와 내가 주는 물을 마시는 자는 영원히 목마르지 아니하리니 그 속에서 영생하도록 솟아나는 샘물이 되리라(요4:13-14)." 예수님은 그 여자에게 다시 목마르지 않는 생수를 주셨습니다. 십자가의 복음이 다시 목마르지 않는 생수입니다. 믿는 자에게 주신 보혜사 성령이 목마르지 않는 샘물입니다. 수가성의 여인은 남편을 다섯이나 두고 지금은 결혼도 하지 않고 다른 남자와 살고 있습니다. 예수 그리스도가 아니면 다섯 남자들로도 부족합니다. 목마릅니다. 그러나 세상의 무엇으로도 인생의 목마름이나 영적 목마름을 해갈할 수 없습니다.

우리 안에 그리스도가 계십니까? "내가 문 밖에 서서 두드리노니 누구든지 내 음성을 듣고 문을 열면 내가 그에게로 들어가 그로 더불어 먹고 그는 나로 더불어 먹으리라(계3:20)." 예수 그리스도를 구주로 영접해야 합니다. 그리하면 성령을 선물로 받습니다.

성전을 사모해야 합니다. 예배를 사모해야 합니다. 그리하면 성령의 생수를 받습니다. "만군의 여호와여 주의 장막이 어찌 그리 사랑스러운지요. 내 영혼이 여호와의 궁정을 사모하여 쇠약함이여 내 마음과 육체가 생존하시는 하나님께 부르짖나이다(시84:1-2)."

믿음의 가족들을 사랑해야 합니다. 그리하면 성령의 생수를 공급받습니다. "그러므로 나의 사랑하고 사모하는 형제들, 나의 기쁨이요 면류관인 사랑하는 자들아(빌4:1)."

그리스도의 몸 된 교회를 충성으로 섬겨야 합니다. 그리하면 성령의 생수를 받습니다. "네가 죽도록 충성하라. 그리하면 내가 생명의 면류관을 네게 주리라(계2:10)." "늘 울어도 눈물로써 못 갚을 줄 알아 몸 밖에 드릴 것 없어 이 몸 바칩니다."

전도와 선교에 몸 바치십시오. 그리하면 성령의 생수를 받습니다. "오직 성령이 너희에게 임하시면 너희가 권능을 받고 예루살렘과 온 유대와 사마리아와 땅 끝까지 이르러 내 증인이 되리라." 예수 그리스도 안에, 믿음의 공동체 안에, 예배와 섬김의 공동체 안에 성령의 생수가 강같이 흐릅니다.

더욱 풍성한 은혜

성전 문지방에서 나온 생수는 점점 더 풍성해집니다. 처음에는 조금 흐릅니다. "그 문지방 밑에서 물이 나와서 동으로 흐르다가 전 우편 제단 남편으로 흘러내리더라(1절). 흘러내린다는 말은 배어나오는 정도입니다.

그리고 조금 지나면 물이 스며 나옵니다. "북문으로 나가서 바깥 길로 꺾여 동쪽을 향한 바깥문에 이르시기로 본즉 물이 그 오른쪽에서 스며 나오더라(2절)." 스며 나온다는 말은 세차게 솟구친다는 뜻입니다.

이후로는 동쪽으로 천척을(약 500미터) 나아갈 때 물은 발목에 오르고(3절), 다시 천척을 나아갈 때 물은 무릎에 오르고(4절), 다시 천척을 나아갈 때 물이 허리에 오르고(4절), 다시 천척을 나아갈 때 물은 건너지 못할 강을 이루었습니다(5절). 헤엄칠만한 강이고 사람이 능히 건너지 못할 강을 이루었습니다.

생수의 강은 점점 깊어지고 풍성해지는 특징이 있습니다. 성전의 문지방에서 생수가 계속 나오기 때문입니다. 성령의 은혜는 점점 더 풍성해집니다. 발목에서 무릎으로, 무릎에서 허리로, 허리에서 헤엄칠 만큼 풍성해집니다. 나중에는 사람의 마음대로 통제할 수 없을 만큼 강해집니다. 이것은 불가항력적인 은혜입니다. 처음에는 내가 성령을 받는 것 같지만, 나중에는 성령이 나를 붙드십니다. 내가 죽고 내 안에 성령이 사는 것입니다.

바울은 고백합니다. "죄인의 괴수인 나에게 과분한 은혜를 주셨습니다." 바울은 스데반을 죽이고, 초대교회를 두렵게 한 유명한 핍박자였습니다. 그런데 다메섹 도상에서 부활하신 그리스도를 만나고 성령을 받았습니다. 너는 이방인을 위한 나의 택한 그릇이다. 성령이 바울을 붙들고 강권적으로 역사함으로 바울은 세계 선교와 교회를 위해서 죽기까지 충성했습니다. 관제와 같이 벌써 내가 부음이 되고 바울은 심장의 피 한 방울까지 다 쏟아 부었습니다. 바울의 의지가 아니라 바울 안에 역사하신 성령의 역사입니다.

처음 받는 은혜는 피부에 와 닿습니다. 물이 흐르는 것은 눈으로 보고 손으로 만질 수 있습니다. 하나님의 은혜가 무엇인지 겨우 이해하는 정도입니다. 은혜를 받긴 받았지만 아직 발목도 적시지 않았습니다. 여전히 목마르고 허기집니다.

다음 단계는 발목이나 무릎에 오르는 은혜입니다. 은혜는 은혜인데, 내가 의지한 만큼의 은혜입니다. 힘을 쓰면 물을 거슬러 올라갈 수 있습니다. 물을 건널 수도 있습니다. 내가 주인입니다. 은혜도 있지만 여전히 내가 있습니다. 은혜로 하는 것보다 내가 하는 것이 더 많습니다. 봉사도 하지만 봉사하면서 여러 가지 문제도 만든다. 물 건너는 소리가 첨벙첨벙 나기도 합니다. 일을 하면서 자랑이나 갈등이나 마찰을 일으킬 수 있습니다.

다음 단계는 허리에 이르는 은혜입니다. 이 정도면 내 마음대로 못합니다. 강의 흐름을 거역할 수 없습니다. 내 생각과 자아가 있지만 대부분은 은혜가 지배합니다. 은혜로 봉사합니다. 하지만 아직 2% 부족합니다. 때로는 원망이나 자기 자랑, 세상에 대한 부러움이 불쑥 나타납니다. 아직도 하나님께 완전히 순종하지 못하는 부분이 남아 있습니다.

마지막 단계는 헤엄치는 은혜입니다. "다시 천척을 측량하시니 물이 내가 건너지 못할 강이 된지라. 그 물이 가득하여 헤엄칠 만한 물이요 사람이 능히 건너지 못할 강이더라(5절)." 이 정도면 내가 하는 것이 아니라 성령이 하는 대로 따릅니다. 바울의 수준입니다. 내가 죽고 내 안에 오직 예수만 삽니다. 나의 나 된 것은 오직 하나님의 은혜입니다. 내가 일을 하지만 내가 한 것이 아니라 내 안에 성령께서 하신 일입니다. 하나님께 영광을 돌립니다. 모든 것이 하나님께로부터 와서 하나님으로 인하여 하나님께 돌아갑니다.

예수 믿고 풍성한 삶을 살고 있습니까? 성령의 생수의 강에서 헤엄치고 있습니까? 아니면 이를 악물고 굳은 의지로 믿습니까? 머리로 복잡한 계산을 하면서 믿습니까? 도살장으로 끌려가는 것처럼 억지로 믿습니까? 은혜의 강을 아직 모르는 사람입니다.

교회 갈 시간이 없습니까? 교회 가는 길이 멉니까? 예배가 길게 느껴집니까? 은혜가 없어서 그렇습니다. 은혜 위에 은혜, 충만 위에 충만을 경험해야 합니다. 목사님과 성도들 만나기를 손꼽아 기다립시다. 예배의 감격을 누리시기 바랍니다. 세상에서 천 날 보다 성전에서 문지기로 하루가 더 좋다! 이것이 바로 성령의 생수의 강에서 헤엄치는 사람의 모습입니다.

물론 처음부터 성령의 강에서 헤엄치는 것은 아닙니다. 시간이 지날수록 성령의 다스림을 받으면서 점진적으로 변합니다. 육신은 죽고 영이 삽니다. 육신의 소욕은 죽고 성령의 소욕이 다스립니다. 같은 씨앗이라도 어떤 밭에 떨어지는가에 따라서 결과가 달라집니다. 길가에 떨어지면 새들이 와서 먹고, 돌밭에 떨어지면 뿌리가 얕아서 어려운 일에 넘어집니다. 가시덤불에 떨어지면 염려와 근심으로 더 이상 성장하지 못하고, 좋은 밭에 떨어지면 백배의 결실을 합니다.

은혜는 자신과 환경을 극복하면서 자랍니다. 죄가 더 한 곳에 은혜가 더 합니다. 환난과 시험이 강할수록 성령의 역사가 더욱 넘칩니다. 처음 사랑이 전부가 아닙니다. 사랑은 계속 진보 발전합니다. 더 깊은 곳에 가서 그물을 던지십시오. 탤런트 이순재가 텔레비전 인터뷰에서 이런 말을 했습니다. "연기의 끝이 어디 있어. 자기가 최고라고 하는 사람은 정신없는 사람이야. 예술에 끝이 없어."

그렇습니다. 성령의 은혜와 신앙의 깊이를 어찌 다 측량할 수 있습니까? 야곱이 하루아침에 이스라엘이 된 것이 아닙니다. 환도뼈가 위골되는 아픔을 극복하면서 이스라엘이 되었습니다. 세겜성에서 딸 디나가 수치를 당하고 야간도주하는 환난을 극복하면서 이스라엘이 되었습니다. 아들 요셉이 죽을 줄 알고, 자식을 가슴에 묻은 아픈 세월을 지내면서 이스라엘이 되었습니다. "야곱이 바로에게 아뢰되 내 나그네 길의 세월이 백삼십 년이니이다. 내 나이가 얼마 못 되니 우리 조상의 나그네 길의 연조에 미치지 못하나 험악한 세월을 보내었나이다 하고(창47:9)."

욥은 하나님이 인정하는 믿음의 사람입니다. 사탄의 참소로 불같은 시험을 받았으나 하나님을 원망하지 않고 잘 참았습니다. "주신 자도 여호와시오 취하신 자도 여호와시오니 여호와의 이름이 찬송을 받으실지니이다 하고(욥1:21)." "나의 가는 길을 오직 그가 아시나니 그가 나를 단련하신 후에 내가 정금 같이 나오리라(욥23:10)." 마침내 욥은 하나님께 회개하고 새로운 은혜를 체험했습니다. "내가 주께 대하여 귀로 듣기만 하였삽더니 이제는 눈으로 주를 뵈옵나이다(욥42:5)." 환난을 당하기 전에는 자기가 의롭다고 생각했는데, 환난을 겪으면서 하나님의 하나님 됨을 충분히 경험했습니다. 이것이 강에서 헤엄치는 큰 은혜입니다.

택함 받은 사람과 그렇지 못한 사람의 차이가 무엇입니까? 택함 받은 사람은 결국 구원에 이릅니다. 넘어지기도 하고 수렁에 빠지기도 합니다. 사기도 당하고 핍박도 당하나 결국에는 독수리처럼 올라갑니다. 내가 하나님을 붙드는 것이 아니라 하나님이 나를 붙드십니다. 모든 것이 합력하여 선을 이룹니다. 지금부터 천국까지 성령이 책임집니다. "내가 너를 지명하여 불렀나니 너는 내 것이라. 네가 물 가운데로 지날 때에 내가 함께 할 것이라. 강을 건널 때에 물이 너를 침몰치 못할 것이며 네가 불 가운데 행할 때에 타지도 아니할 것이요 불꽃이 너를 사르지도 못하리니(사43:2)." "우리가 알거니와 하나님을 사랑하는 자 곧 그 뜻대로 부르심을 입은 자들에게는 모든 것이 합력하여 선을 이루느니라(롬8:28)."

반면에 택함 받지 못한 사람은 마지막 순간에 자리에 없습니다. 시작은 심히 창대하나 나중은 없습니다. 나의 갈 길을 다가지 못합니다. 낙오자가 되거나 길을 잃고 방황합니다. 육신적인 신앙생활이나 윤리와 도덕을 중심하는 신앙생활은 끝까지 가지 못합니다.

우리는 예수 그리스도로 의의 세마포 옷을 입어야 합니다. 예수 그리스도의 피로 거듭나야 천국 잔치에 참석합니다. 성령의 도움을 받아야 합니다. 겨우 솟아나는 정도가 아니라 헤엄칠 강만큼 성령의 도움을 받아야 합니다. 내가 죽고 내 안에 성령이 살아야 합니다. 삼손의 부르짖음을 기억해야 합니다. 하나님, 한번만 나를 생각하사 힘을 주시면 단번에 원수를 갚겠습니다. 육체의 소욕은 십자가에 못 박고 성령 소욕을 따르라. 그리하면 생수의 강이 넘칠 것입니다.

풍성한 열매

성전에서 나온 생수가 강을 이룹니다. 강이 흐른 결과가 무엇입니까? 예수 그리스도의 복음과 성령의 생수의 강이 흐르는 곳에 풍성한 삶이 있습니다. "내가 돌아간즉 강 좌우편에 나무가 심히 많더라(7절)." 여기서 나무가 많다는 것은 숫자만 아니라 풍성한 열매가 많다는 것입니다. 양이 아니라 질이 좋다는 뜻입니다. "강 좌우 가에는 각종 먹을 과실나무가 자라서 그 잎이 시들지 아니하며 열매가 끊이지 아니하고 달마다 새 열매를 맺으리니 그 물이 성소를 통하여 나옴이라 그 열매는 먹을 만하고 그 잎사귀는 약 재료가 되리라(12절)." 약 재료는 라파에서 파생된 말로, 병들고 썩은 것을 고치는 의학적인 효능을 의미합니다. 복음은 병들고 썩은 세상을 치유하고 생명을 줍니다.

열매의 풍성함은 에덴동산을 연상케 하고, 장차 임할 하나님의 나라의 풍성함을 미리 보여줍니다. "저가 수정같이 맑은 생명수의 강을 내게 보이니 하나님과 및 어린 양의 보좌로부터 나서 길 가운데로 흐르더라. 강 좌우에 생명나무가 있어 열두 가지 실과를 맺히되 날마다 그 실과를 맺히고 그 나무 잎사귀들은 만국을 소성하기 위하여 있더라(계22:1-2)."

생수의 강은 마침내 사해 바다로 흘러들어갑니다. 죽은 바다가 소성합니다. 생수의 능력이 죽은 바다를 살립니다. "이 강물이 이르는 곳마다 번성하는 모든 생물이 살고 또 고기가 심히 많으리니 이 물이 흘러 들어가므로 바닷물이 소성함을 얻겠고 이 강이 이르는 각 처에 모든 것이 살 것이며(9절)." 일시적인 변화가 아니라 근본적인 삶의 변화가 나타납니다. 강가에 어부가 삽니다. 풍성한 고기로 인하여 마을을 떠난 어부들이 다시 돌아와서 정착합니다. 성령의 생수의 강은 사람을 살리고, 영혼을 살리는 참된 번영과 축복을 가져옵니다.

이와 대조적으로 사람이 개발하면 의도하는 것과 반대로 죽음과 파멸이 나타날 수 있습니다. 청계천 복개로 이전의 맑은 물이 흐르던 강이 사라졌고, 시화호와 새만금 간척 사업으로 인해 살아 있는 바다가 죽은 바다로 변했습니다. 환경은 파괴되고 이전에 생명의 보고인 갯벌이 사라졌습니다. 한강을 비롯한 4대강 사업도 이전에 없는 환경과 생태계의 문제를 일으킵니다. 사람이 개발한 강은 문제가 많습니다.

우리에게 풍성한 열매가 있습니까? 은혜를 받으면 은혜의 포로가 되어야 합니다. "죄인의 괴수인 나에게 사도의 직분을 주셨으니 목숨을 바쳐서 충성하겠습니다." 하나님의 은혜를 받으면 은혜를 갚아야 합니다. "몸 밖에 드릴 것 없어 이 몸 바칩니다." 축복을 받으면 축복의 통로가 되어야 합니다. 좋은 포도를 심었으면 극상품 포도열매를 거두어야 합니다.

그렇다면 열매 중의 열매가 무엇입니까? 천하보다 귀한 한 영혼입니다. 예수님이 베드로를 부르셨습니다. 너는 이제부터 사람 낚는 어부가 되리라. 성령 충만함을 받은 그리스도인의 열매는 사람 낚는 어부가 되는 것입니다. "또 이 강 가에 어부가 설 것이니 엔게디에서부터 에네글라임까지 그물 치는 곳이 될 것이라. 그 고기가 각기 종류를 따라 큰 바다의 고기 같이 심히 많으려니와(10절)." 세상에는 잡을 고기가 많습니다. 전도와 선교는 사역 중의 사역입니다. 주님이 주신 지상 명령입니다. 이것이 곧 예수 믿고 성령 충만 받은 사람의 졸업장과 같습니다.

영혼을 사랑하는 마음이 있어야 합니다. 삶의 본을 보이고, 많은 영혼을 주님께 돌아오게 해야 합니다. 열매 중의 열매가 전도와 선교인데 한 영혼을 주님께 인도하기가 어렵습니다. "아골 골짝 빈들에도 복음 들고 가오리다. 소돔 같은 거리에도 사랑 안고 찾아가서 종의 몸에 지닌 것도 아낌없이 드리리다. 종의 몸에 지닌 것도 아낌없이 드리리다."

목회를 하면서 느끼는 안타까움 중의 하나가, 성도의 간절한 기도 제목을 이루어주지 못하는 것입니다. 마음 같아서는 당장에 해결해 주고 싶지만 내 맘대로 할 수 없는 현실입니다. 또 다른 안타까움이라면, 목회를 열심히 해도 열매 맺는 성도가 많지 않은 점입니다. 알곡이 되라 했는데 쭉정이 되고, 성령의 열매를 맺으라고 했는데 여전히 육체의 소욕대로 사는 것을 볼 때 안타깝습니다. 목회자로써 지고 가야할 짐 같습니다.

성전에서 흘러나오는 성령의 생수가 강이 아니면 아무 희망이 없습니다. 육은 육이고 영은 영입니다. 성령으로 아니하면 열매가 없습니다. 열매가 없으면 저주 받습니다. "그 진펄과 개펄은 소성되지 못하고 소금 땅이 될 것이며(11절)." 바닷물이 소통하지 못하는 펄은 죽음을 면치 못합니다. 예수 그리스도의 은혜와 성령의 충만함만이 우리의 살 길입니다.

그래, 해답은 성령이다

■
초판 1쇄 인쇄 / 2016년 4월 15일
초판 1쇄 발행 / 2016년 4월 20일

■
지은이 / 이 병 각
펴낸이 / 민 병 문
펴낸곳 / 새한기획출판부

■
100-230 서울 중구 수표동 47-6 천수빌딩 1106호
☎ (02)2274-7809 • 2272-7809
FAX • (02)2279-0090
E-mail • saehan21@chollian.net

■
출판등록번호 / 제 2-1264호
출판등록일 / 1991. 10. 21

파본은 교환해 드립니다.
본 출판물은 저작권법으로 보호 받는
저작물이므로 출판사나 저자의 허락 없이
무단 전재나 무단 복제를 할 수 없습니다.

값 10,000원
ISBN 978-89-94043-90-6 03230
Printed in Korea